カバラー心理学

ユダヤ教神秘主義入門

E・ホフマン
村本詔司／今西康子訳

人文書院

日本語版序文

今から二十五年前に私が本書を著して以来、ユダヤ教神秘主義は世界のあちこちで、再び大きな関心を巻き起こしてきた。当初の私の目的は、古来のカバラーの教えが、新しく生まれた人間性心理学およびトランスパーソナル心理学の分野に、驚くほど大きな意味合いを持っていることを示すことだった。仏教、道教、ヨーガのような極東の伝統はすでに、人間の心をより広い見地から理解しようとする革新的思想家たちから大いに注目されていた。ところが、長い歴史をもつユダヤの神秘の伝統はなぜか人々から見過ごされているように思われたのだ。

この状況はそれほど私を驚かせるものではなかった。なぜなら、カバラーは百年近くの間ずっと世に埋もれてきたからである。それ以前の時代には、ユダヤ人・非ユダヤ人の別を問わず、人々の興味をかき立てる存在だった。ところが残念なことに、ユダヤ教神秘主義は結局、単なる迷信として片付けられ、その魅力を失うことになった。ユダヤの哲学や歴史に造詣の深い学者たちの間でさえ、霊感を与えるその教えは、完全に忘れ去られていたといってよい。ところが、今再びカバラーは、ついこの間まではあり得なかったような勢いで、世界の注目を浴びるようになっている。もはや忘れ去られた存在ではなくなったのだ。

予想される通り、カバラーへの関心の新たなる目覚めは、今までのところ主として西洋で起こってきている。けれども、この蘇った関心は、じきに東洋をも巻き込んでゆくに違いない。それはなぜか。先端技術のおかげでどんどん、地理的距離は霊性の研究にとって問題にならなくなっているからである。インターネットの時代には、文化の違いを超えて愛や友情を育み、知識や知恵を吸収する機会が、かつて経験したことのないほどに増大する。地理的な隔たりはもはや、たいした障害ではないのだ。また、カバラーそのものが、その教えにもある通り、真に普遍的な見地に立っており、時間と場所の違いを越えた普遍的人間性について語っている。

日本が大好きで、たびたび訪れている私としては、ユダヤの神秘の道が、今この国で受け入れられるのを見るのは嬉しい。なぜならば、日本人の同僚たちと積極的に協力している心理学者として、東西の魂の教えの交流がさまざまな面で利益をもたらすことを確信しているからである。

何世紀もの間、あまり接触がなかったユダヤ教神秘主義と日本古来の霊性との間に、今ようやく、霊感あふれる対話が起こりつつあるのかもしれない。前例のないこうした関わり合いから、いったいどれだけの利益が得られるかは想像もつかない。それは、人間の感受性や能力、そしてより高次の可能性に対する我々の理解を広げるだけでなく、より平和な世界の創造にも寄与するかもしれない。今日の我々に課せられたこの難題を解決してゆく上で、この翻訳書が役立ってくれることを願うものである。

はしがき

私が一九八〇年に『カバラー心理学』の執筆をはじめたとき、カバラーに強い関心をもっているのはほとんど自分だけだと感じていた。宗教や霊性に多少とも好感を抱いているのは、ごく少数の仲間の社会科学者たちだけで、ユダヤ教に何らかの価値を認めている者など皆無にひとしかった。けれども、ユダヤ教神秘主義には人間の心の探究にとって今日的意義があることを私は確信しており、知的面での孤立感が研究意欲の妨げになることはほとんどなかった。私は同僚たちのためにカバラーの知恵に光を当てる必要性を痛感していたし、少数の協力的な友人たちがこの仕事を成し遂げるのに十分な励ましを与えてくれた。

それでもやはり、『カバラー心理学』を書き終えたときには、どのように受け止められるか気がかりだった。ほかの人びともやはり、カバラーの聖なる果樹園のなかに、大いなる詩的な美と刺激的な洞察の数々を見出すであろうか。とりわけ心理学者たちは――というか、高次の能力に通じたいと願っている人はみな――ユダヤの神秘の伝統がもたらしてきたものに関心を示すだろうか。もちろん、私はそうなることを望んでいた。

本書が出版されて以来、カバラーの教えに対する関心が爆発的に高まったと言っても過言ではない。たちまちのうちに、ユダヤ人であるとないとに関わらず、さまざまな背景や職業をもつ人びとが、私を惹きつけたのと同じカバラーの喚起的側面に惹かれはじめたのである。『カバラー心理学』がまもなく、心理学者だけの読みものではなく、ユダヤ教神秘主義という広大な領域への重要な架け橋となりはじめたことに、私はたいへん満足した。同時に、自分の受けてきた宗教教育や訓練が、その魅惑的な領域に人びとを案内するのに役立ったことを誇らしくも感じた。本書に対するポジティブな反応に触発されて、私はカバラーの伝統に関する別の本の執筆に取りかかった。

それから八年の歳月が流れ、今日では大勢の人びとがユダヤの神秘家や賢者たちの思想を、日々の生活にインスピレーションを吹き込む強力な指針として利用するようになってきている。芸術や文学、心理療法、物理学といったさまざまな分野の専門家たちも、人間存在の本質や我々と宇宙との関係について、カバラーが魅惑的な考えを説いていることに気づきつつある。私の専門である心理学分野でも、じつに多くの理論家や実践家が、カバラーの思想を会得して日々の仕事に応用しようとするのを見てきた。このような状況は、つい十年前には想像もつかなかったことであろう。ユダヤの歴史の書物でさえも、この聖なる伝統をまったく無視したり、言葉少なに卑下するだけだった時代はもう永久に去ったのである。

とはいえ、カバラーが現代において真に重要な霊的力になろうとするならば、数々の課題を成し遂げなくてはならない。注目すべきヘブライ語やアラム語のテキストの多くが、いまだ手書きの写本のままの状態にある。重要な一次資料を含む無数のテキストが、英語やその他の現代語に翻訳される日を辛抱づよく待っている。幸いなことに、このような事態は着々と改善されつつある。

しかし、もっと顕著なのは考え方の壁であり、そのせいで多くの知的な人びとがカバラーの意義深い教えを受け入れられずにいる。テンポの速い我々の社会では、古いものはすべて役立たずか時代遅れだと決めてかかる人があまりにも多い。このことが、もちろんユダヤ教神秘主義のみならず、あらゆる偉大な宗教的伝統の潜在的影響力を弱める要因となっている。しかし今日では、古来の真理に受容的な態度を示す人の数が増えつつあるようで、私と同じような目でカバラーを見るようになっている。つまり、人間の内面世界に関する時代を超越した知恵の源泉と見なすようになっているのである。ユダヤ人にとってもそうでない者にとっても、そのような姿勢は、この地球をもっと調和のとれた住みやすい場所にするのに大いに役立つと確信している。

この『カバラー心理学』の新版によって、カバラーの洞察に富む教えへの関心がますます喚起されたならば、本書にかけた私の願いは叶えられたことになるだろう。

緒言

ユダヤ教の秘教であるカバラーは、何世紀もの間、あらゆる信仰の大勢の人々を魅了してきた。カバラーに示されているのは、人間存在の本質や我々と宇宙の関係についての、広範かつ詳細にして首尾一貫した世界観である。その力強く、詩情ゆたかな展望は、ユダヤ人か否かに関係なく、地球上のほぼすべての国において人々の想像力を刺激してきた。しかし、現代では多数の人々がこの魅力的な伝承に気づき始めたばかりである。

この雄大で刺激的なテーマと私との関わりは、歳月を経るごとに着実に深まってきた。子供の頃、正統派ユダヤ教のイェシヴァ（ヘブライ語学校）に通っていた私は、物心ついた時分からずっと、ユダヤ教の神秘的な側面に興味を引かれてきた。もちろん、カバラーに関する正規の授業など行なわれていなかった。かりにそれを教えようとする先生がいたとしても、禁じられていたことだろうし、たとえ教えてもらったとしても、ユダヤ教神秘主義の複雑深遠な世界など、まだ年端も行かぬ私たちには理解できるものではなかったろう。けれども、子供向けに語り直された伝説や言い伝えを聞いては、おぼろげに垣間見えてくる別世界に好奇心を募らせたものだった。また、私の母方の祖父は、長年ユダヤ教礼拝の先唱者として、米国における指導的な人物だった。私がわずか五歳のときにこの世を去ったが、ユダヤ精神には言葉の制約を超える強い力があるということを気づかせてくれたのは、この祖父であった。

その後、一九六〇年代になって、それまで私の受けてきた宗教教育と普通教育の成果が一つに合わさることになる。その頃はちょうど、東洋の古来の伝統が高波のごとく西洋に押し寄せてきた時期で、まず最初に学生層に、やがて数年のうちに、広く社会一般にその影響が波及していった。当時私は、コーネル大学で心理学の学士号の取得を目指しながら、その一方で、ユダヤ教神秘主義やハシディズムについて書かれたマルティン・ブーバーの刺激的な著作を胸おどらせながら読んでいたのを思い出す。ブーバーの本は、同じく私が夢中になって読んでいたヨーガ、ヒンドゥー教、仏教に関する書物とは全く異質でありながら、不思議にもそれなりに補完し合うものであるように思われた。

しかし、実を言うと、私が改めてカバラーの伝統に関心を向けるようになったのは、その数年後にミシガン大学で心理学の博士号を取得してからのことだった。カバラーの歴史に関するゲルショム・ショーレムの権威ある著作は、心理学者向けに書かれたものではなかったが、それにもかかわらず、人間の心について明確な理論を述べているように思われた。カバリストたちが夢や瞑想、変性意識状態に対してどのような関心を抱いてきたかを、きっちりと典拠を示しながら述べている彼の論考に私は興味をそそられたのだ。その象徴体系は実に難解であった。おそらく、新たに現れて落としていたのであろう。

きた人間性心理学者やトランスパーソナル心理学者の一団は、東洋的なるものに一気に惹かれてゆくあまり、きわめて今日的な意義を持ちながらも忘れ去られている知識体系の存在を、うっかり見落としていたのであろう。

カバラーに関する主要な著作群をさらに詳細に研究し始めた私は、自分の直感が間違ってはいなかったことを悟った。ユダヤの神秘の伝統は、中世の恐怖と迷信がないまぜになったものとして描かれがちだが、実はけっしてそのようなものではない。初めのうちは当惑させられるとしても、明らかにそれは、人間の心に関する洞察と思索の広大な宝庫なのであった。一九七八年の夏、私はアメリカ心理学会の年次大会において、「カバラーと人間性心理学」と題するペーパーで当初の所見を手短に述べた。その反応に大いに励まされた私は、この見解を発展させて論文にまとめ、さっそく『人間性心理学ジャーナル』に発表した。それから間もなく、友人や同僚たちからの勧めを受けて、これらの考えをさらに包括的な論考へと発展させてゆくことになる。以後ずっと、私はこの課題と楽しく取り組んできた。

本書の目的は、複雑きわまるユダヤ哲学にもユダヤ教神秘主義にもなじみのない一般の人々に、カバラーに示されている心理学的洞察の数々を紹介することにある。したがって本書は、実際のカバラー伝承への架け橋となるように書かれている。つまり、一次文献に代わる書物というよりは、むしろ、随所で待ち受けている複雑かつ難解な箇所で道に迷わないための手引書として書かれている。そしてこの目的に沿うべく、カバラーの根本書に十分に依拠し、必要に応じてそれを直接引用している。

心理学分野の教育を受けてきたという有利な立場から執筆するにあたり、まっさきに強調しておきたいことだが、本書は決してカバラーを現代心理学の用語に還元しようとするものではない。私はそのようなことをしてもあまり意味はないし、断じてすべきではないとさえ思っている。カバラーの思想家たちは、人間の心の仕組みや高次の可能性について、今日の我々が耳を傾けるべき多くの事柄を語っている。しかし何よりもまず、ユダヤ教の秘教の体系は宗教的次元に関わるものであって、最終的に我々は宗教的な領域においてこの体系と対面する必要がある。本書が、この偉大なる伝統をささやかにでも照らし出すことができれば、その目的は達成されたことになるだろう。

謝辞

本書は多くの方々の貴重なご協力を得てはじめて実現したものである。最初にこの企画のヒントを与えてくださったのは、私の同僚であり友人でもある、ヨーク大学のW・エドワード・マン教授であった。ハーヴィー・ギトリン氏には多大な調査の労を賜ったうえに、本書のコンセプトをどのようなものにするかについてもたいへんお世話になった。ジャック・フェイ氏とアーロン・ホスティク氏は長い時間をかけて、本書のテーマについて刺激になる議論をしてくださった。執筆中、たゆみなく私を励まし続けてくれた両親と弟、そして誰よりも妻ローレルに心から感謝したい。また、ガートルード・ブレイニン氏とジョン・ホワイト氏にも感謝の意を表したい。サミュエル・ベルホルツ氏とラリー・マーメルシュタイン氏の熱意あるご支援と編集上のご判断にも厚くお礼を申し上げたい。

カバラー心理学＊目次

カバラー心理学

——ユダヤ教神秘主義入門

わが祖父母の霊にささぐ

序

いつしか廃れたまま、長年のあいだ世に埋もれていたカバラーが、現在、真に関心を取り戻しつつあるように思われる。一九六〇年代の初めに、長い歴史をもつ多くの宗教的伝統の今日的意義が再発見されたのに伴って、カバラーの魅力も再認識されるようになったのである。信条の違いをこえてますます多くの人々が、この昔ながらのユダヤ教の支流に惹かれるようになってきている。世界のあちこちで今、この秘められた知恵の体系を探求しようとする動きが加速化している。こうした有望な傾向が現れた背景には、いくつかの興味深い状況展開があるように思われる。

まず第一に、これまで大ざっぱに「ユダヤ教神秘主義」と呼ばれてきたものについての研究が、以前よりもはるかに、胡散臭いとか怪しげとは見られなくなってきたことが挙げられる。十九世紀の間ほぼずっと、さらには二十世紀に入ってからでさえ、ユダヤ人の学者や専門家たちは、このテーマに触れようとさえしなかった。オカルティズムに首を突っ込んでいるなどと言われて名誉に傷がつくのを恐れたからである。おそらく、そのような研究者たちは、それまでユダヤ人には門戸が閉ざされていた西洋の大学にやっと入れたばかりで、その地位を失うことにまだ不安があったのであろう。実際、彼らがもっとも嫌ったのは、公衆から、迷信的で非科学的な研究をしている人物らしいと思われることだった。たとえばフロイトは、今では周知のとおり、カバラーに並々ならぬ関心を抱いていたことが知られているにもかかわらず、そのことを一生涯、周到に隠し通した。一部のユダヤ人合理主義者たちから徹底的に嘲笑されたことを除けば、この伝統全体が、近代の西洋の思想家たちから無視されていたのである。

ところが最近、明らかに立派な実績をもつ学者たちが、世界の至る所でこの研究に打ち込むようになってきた。時には畏敬の念にも近い敬意を払いながら、久しく忘れ去られていた著作を発見し、分析し、翻訳することに助力している。たとえカバラーの興味深い教義が現代の主流をなす思想に一致しなくとも、だからといって、カバラーの思想に本気で取り組む価値がないということにはならないのだと、研究者たちは十分に理解してきている。

現代の学術的研究の結果として、カバラーの体系は少しずつ現代人にとって近づきやすいものになってきている。何十年間も埃まみれの文書館に眠っていた写本が、科学技術時代の今になって日の目を見つつある。歴史上初めて、カバラーの根本書の、すべてではないにせよその一部が、厳しい修行を長年積まなくとも読めるようになっている。また、一九六〇年代後半から一九七〇年代前半にかけてさまざまな大学にユダヤ研究課程が設置されたことで、この昔のユダヤの思潮に対する好奇心がさらに喚起されてきた。学生たちは、マルティン・ブーバーやゲルショム・ショーレムの著作を手引きとしながら、深遠かつ広大なこの魅力的なアプローチに検討を加え始めている。このようにして、カバラーの研究が、主流派の知識人たちの間に浸透し始めるようになってきたのである。喜ぶべき兆しの一つとして、ここ数年、主要大学のなかに、カバラーやハシディズム運動のさまざまな側面についての博士論文を認めるところが出てきており、その分野は文学から心理学にまでわたっている。さらに、現在では、いくつかの専門誌が、以前は蔑まれていたこのテーマに定期的に紙面をさくようになっている。そして、それら機関誌の「母体」である学会が、全米規模の集会でこのテーマに関する講演を主催したりもしている。

実際にカバラーは、人間の心について、さらには科学と神秘主義の統合という新たな動きについて、より深く理解したいと願っている今日の大勢の人々にとって、ますます魅力あるものとなりつつある。科学的研究者たちはこの十年から十五年の間に、古来の宗教的伝統の中に、我々の心と体の仕組みに関する驚くべき洞察の数々を繰り返し、見出してきた。たとえば、心拍数、呼吸数、あるいは体温を意のままに変えられるというヒンドゥー教のヨーガ行者の話は、つい最近までは馬鹿げていると思われていた。ところが、バイオフィードバック装置を備えた今日の研究所や診療所では、普通の人でも数週間で同じようなことができるようになったりする。東洋的瞑想法にあるとされるヒーリング効果もやはり、迷信が吹聴されたにすぎないと思われていた。ところが今日では世界中で、医師やその他の保健専門家たちが、心臓血管疾患、高血圧、さらには癌といった広範な慢性疾患に苦しむ人々に、古典的瞑想法をアレンジしたものを処方して効果をあげている。こうして、日を追うごとに、古来の宗教の修行が非現実的なものではなくなってきているのである。

自分の潜在能力を最大限に高めることに興味をもつ多くの人々に、カバラーはまだほとんど知られていない。けれども、ユダヤの神秘の伝統は、人間の心の根本的本質を鋭く見抜くすべを与えてくれるものである。たとえば、夢についての考え方は、七百年近くも現代心理学に先行しており、いまなお主流派の見解より優っている点もいくつかある。また、カバラーは現代の音楽療法に先んじて、歌や踊りを有効な治癒手段として重視してきた。通常の意識状態と変性意識状態のモデルも同様に、心の働きに関する最新の諸理論を不気味なほど先取りしている。預言や透視、臨死体験、さらには肉体的な死の後の意識の継続といった、ひどく荒唐無稽に思われることがらさえも、大勢の革新的研究者たちによって真剣に取り上げられ始めている。

それと同時に、今日カバラーが広まりを見せている背景には、ユダヤの宗教的指導者自身の姿勢も大きく影響している。イスラエル建国期にパレスティナのラビ長、アブラハム・イツハク・クックは、ユダヤ教神秘主義の趣旨を長年にわたって詳しく説明し続けた。超越的なものを望むのは、人間の基本的な欲求であり、それを獲得しようとすることは、人間にとって最も価値ある目標だと彼は考えていた。一九三五年に没するまで、肉体的自己と情動的自己と霊的自己は一つのまとまりを成しているとも説き続けた。たとえば「憂鬱は悪性疾患のごとく、からだ全体、こころ全体に広がってゆく[1]」と述べている。近いうちに、彼の教えによって、カバラーの理解がますます広まってゆくことは間違いない。その教えの一部は、最近英語に翻訳され、目下、息子のツヴィ・イエフダ・クックによってイスラエルに広められている。

ハシディズムのグループ、特にルバヴィッチ派がここ数年来、力を入れるようになってきたのは、今日蔓延している「ベーグルとロックスサンドをたらふく食う」ようなユダヤ教に飽きたらずに、もっと確固たる霊的同一性を求めるユダヤ人たちへの働きかけである。そのようなハシディズムの組織は、すでに様々な東洋的瞑想法を体験してきた人々を特に惹きつけているようである。北米の大都市にはほとんど必ずあるハバド（ルバヴィッチ派の正式名称）センターでは、「ユダヤ式瞑想」と「秘教心理学」の授業を受けられるところが増えてきている。そこで重視されているのは、その創始者である十八世紀後半のラビ、リアディのシュヌール・ザルマーンの教えである。他の組織のプログラムは、ルバヴィッチ派ほどには宗教への深い関わりを要求するものではないが、やはり、神秘の道がユダヤ教主流派の価値観と一致する点を強調している。

このように、原典に依拠する度合いはさまざまではあるが、総じて彼らは、入門者たちに古典的なカバラーの瞑想法を教えようと努めている。いかにすれば忘我の境地を体験し、創造力あふれる心の状態が得られるかを知りたいという今日の人々の渇望に、ユダヤの秘教で応じようとし始めたユダヤ教の権威者たちもいる。皮肉なことに、カバラーの後進性と思われるものと闘うべく、二百年近く前に起こったこのユダヤ教改革運動が今や、カバラー的な見方を、ユダヤ教の然るべき位置に戻す必要性を痛感しているのである。今日のユダヤの若者の中には、権威崇拝を見かけ倒しと感じている者がいることをはっきり認識しているラビたちは今、カバラーがもたらす超越的な啓示をためらうことなく讃えている。このようなことはすべて、ほんの十年前には想像もつかなかったであろう。

要するに、科学技術の時代の今、世間一般でもユダヤ教体制派内でも、かつて例を見ないほどに大勢の人々が、この古来の知識体系の価値に気づき、敬意を示してきている。しかしこれまでのところ、カバラーに対する関心はまだ、より広いユダヤ文化とも、さらには、禅仏教やヨーガをはじめとした、人間の高次の能力を引き出す様々な東洋的アプローチへの西洋の内なる憧れとも、まだ十分に結び付いていない。したがって、そのような修行を現代心理学に関連づける書物が、文字通り何十冊も出版されている一方で、こうした形でカバラーを論じている本は、現在のところ、ただの一冊もないのである。

このような事情をふまえて、本書では、カバラーの心理学的側面に焦点を当ててゆくつもりである。ユダヤ教神秘主義の際立った特徴の一つは、神秘体験が日々の生活にもたらす意義を強調する点にあるからである。これまで多くの学者が述べてきたように、この道の基本的な目標は、神的なるものをいかにして日々の営みの流れの中に導き入れるかを入門者に教えることである。本書では、カバラーの歴史上の展開や形而上学的前提について述べた後で、人間の情動、心身の関係、意識の本質、さらには自己超越の可能性といった事柄について、カバラーがどう見ているかを探ってゆくつもりである。最後に、超心理学、死後の世界、輪廻転生といった興味深いテーマについて、カバラーがどのように考えているか、私なりの見解を述べようと思う。

当初はまったく意図していなかったにもかかわらず、執筆の過程で浮かび上がってきた重要なテーマの一つは、カバラーと他の古い宗教的伝統との間に、驚くほど類似する点があるということである。確かに、こうした世界的宗教の間にははっきりとした違いが見られるが、それらに共通する特徴は、差違よりもはるかに顕著なように思われる。各々の思想間で実りある交流があったことは疑いないにしても、この共通性という現象から、次のことも言えるのではなかろうか。すなわち、これらの知識体系に見出される結論は、広く一般に通用するものであり、今日的意義をも有するものだということだ。さらに私は、これらの古来のアプローチがいずれも楽観論的で、人間の進取の気性を信頼していることに繰り返し深い感銘を受けてきた。苦難と混乱の時代には、古来の宗教的伝統が人類にとってかつてなく重要なものとして立ち現れてくる。

命の神聖さを根本的に信じ、我々一人ひとりの心の内に高次の領域があることを強調し、ユダヤ教に確固たる倫理的基礎を持つカバラーは、普遍的でしかも時宜を得た意味を宿している。

第一章　ユダヤの神秘家たち——一なるものを求める人々

「ユダヤ人の強みは、その独自の精神史の中で、ずっと以前から、意識研究のその後の発展を先取りしてきたことだ。それはすなわち、カバラーのことである。」

カール・ユング

「哲学が終わったところから、カバラーの智慧が始まる。」

ブラツラフのラビ・ナフマン

「カバラー」という言葉は、「伝承する」という意味のヘブライ語に由来するもので、その起源は中世にまでさかのぼる。カバラーには、我々と宇宙との関係についての広範かつ詳細にして首尾一貫した世界観が織り込まれている。計り知れない力についての形而上学的言説と結びつけながら、いかにすれば日常の世俗的な心の枠を超えられるかという、具体的な方法を説いてくれる書物である。しかし、カバラーのおもとになったものは、古代社会が崩壊していく中で失われてしまった。次第に明らかになってきたことだが、四千年ほど前に発祥した当初から、ユダヤ教はほぼずっと秘教的な側面を持ち続けてきた。このような神へのアプローチが、ユダヤ人の心の奥深くにまで入り

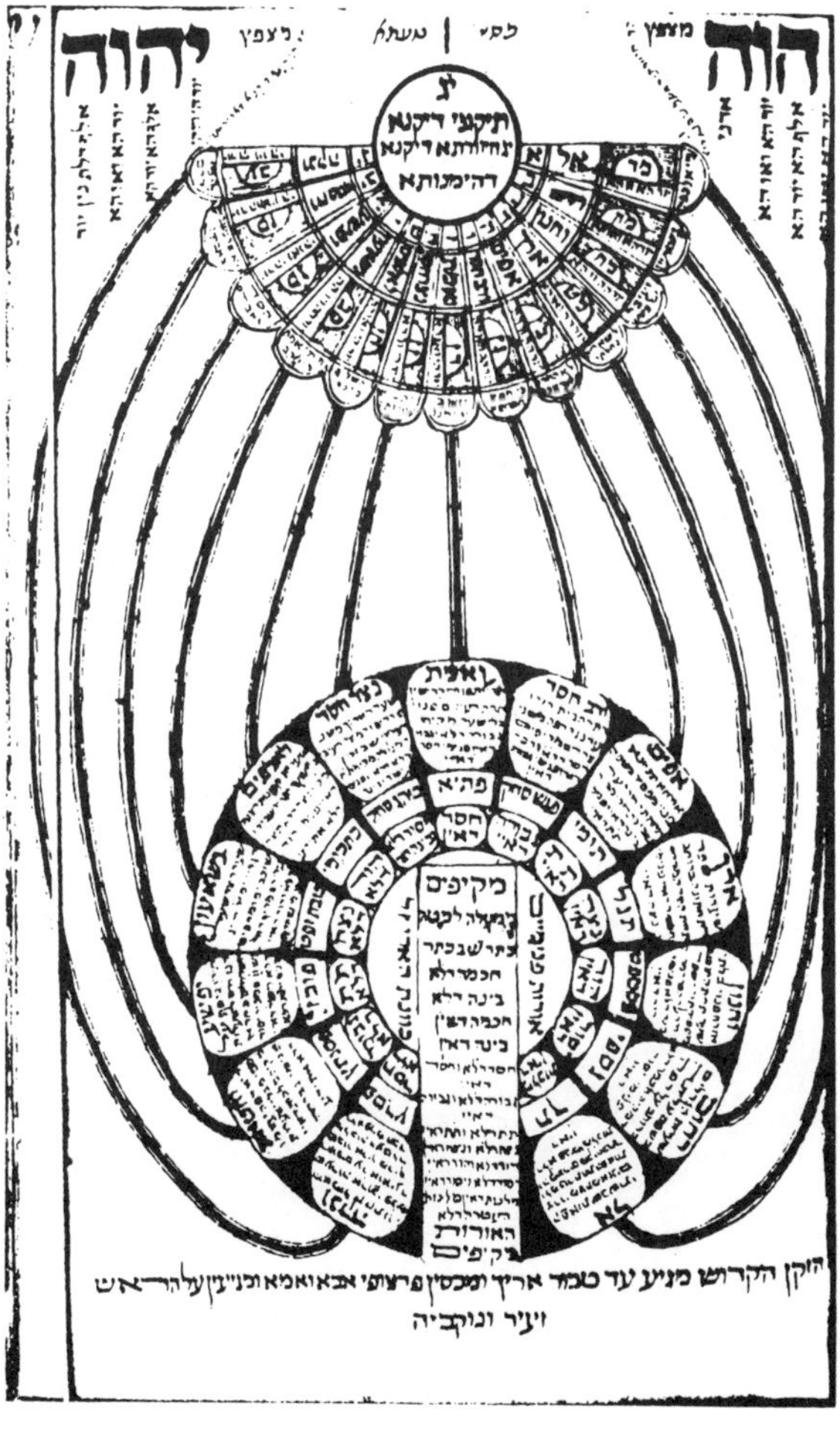

「内なる光を取り囲む光」と呼ばれるセフィロートを象徴的に描いた図。

こみ、ほとんど気づかれぬまま隠れた力を揮っていた時期もある。かと思えば、ユダヤ史上には、突如それが一斉に開花して、ほぼすべての世代を魅了した時代もある。

歴史学者は、このような修行の記録が残されている最初の時代を、一般に「メルカヴァー」（戦車時代）と呼んでいる。それは、紀元前一世紀から紀元十世紀までの長きにわたり、パレスチナを中心にして歴代の世俗権力者による統治を受けた時代である。この修行は、長い歴史をもつ伝統でありながら、高次の意識状態に関する一連の教義と技法を軸にして、ある程度まとまりをもった知識だった。それは、この時代の誉れ高きラビの何人かによって作られたもので、後に現れてくるカバラーは、これをそのまま発展させたものだと考えられている。

文献によると、この修行体系の実践家に支配的な影響を及ぼしていたのは、二つの主流派、すなわち『マアセ・ベレーシート』（創造のわざ）と『マアセ・メルカヴァー』（神の（戦）車のわざ）であった。前者の方がより理論的で、世界の創造や最初の神の啓示について論じている。後者は、預言者エゼキエルが天の戦車について語ったことをもとに、神と我々との関係について考察している。これら二つの道はいずれも神秘に覆われており、当時の最も敬虔なユダヤ教学者以外の者には秘密にされていた。『タルムード』（ユダヤの律法、注釈、および聖書解釈の主要テキストで、五百年頃に完成）の編纂に携わった偉大な賢者の多くは、この秘密の伝統のことをよく知っていたけれども、全員がそれを実践しようとしたわけではなかった。当時からすでにその達人たちは、この隠喩の庭に飛び込む者には、その目標がいかに真摯なものであろうとも、実際の精神的、肉体的危険が待ち受けているのと警告していたのである。

この点を強調した典型的な説話がある。四人のユダヤ人の賢者、ベン・アザイ、ベン・ゾーマ、ベン・アブヤ、ラビ・アキバが極限にいたる隠された道を追求したと言われている。四人とも、紀元一世紀にイェルサレムの神殿が二度目の破壊を受けているさなかに学者として迎えられた人物だった。ところが、その体験から無事に生還できたのは、ラビ・アキバただ一人だったのだ。他の三人は死んだり、発狂したり、背教に走ったりした。そこで、同じような運命をたどる者が二度と出ないように、達人たちは原則として口伝による教授だけに限ることにした。師から、選ばれた弟子へと代々伝えられていったのである。そして、成文化された形で知識が得られるようになってからも、ユダヤ人の一般民衆にはほとんど常に知らされないようになっていた。実際、今日に至るまで、ラビ団によってこうした姿勢が貫かれてきている。

神秘の伝統への入会者は、ヨルデ・メルカヴァー（戦車にのって降りてゆく者）と呼ばれた。自らの心の深奥に向かってさらに深く「降りて」ゆくからである。最も深い瞑想の領域に達すると、この霊妙なる戦車は消えて見えなくなるという。そうなると、あらゆるレベルの意識を通り抜けて、エゼキエルの語る天上のイメージが見える状態にまで高められるのである。『ヘーハロート』（天の広間）の書には、地図製作の達人のように、この体系の師たちが、求道者にはなかなか渡れない霊的領域のありかを示し、入会者が見たり感じたりするかもしれないことを描写していた。たとえば、第六の天の平原は、眩しく光を反射する波が果てしなく広がる海原のようだという。そして、さらに一歩踏み込むたびに、ますます混乱をまねく、恐ろしいまでのヴィジョンが待ち受けているという。紀元四、五世紀にさかのぼる、独特の象徴を用いた断篇の中で、その匿名の著者は次のように述べている。「マクホンからアラヴォトまでの五百年の旅・・・そこに何があるのだろうか。天の恵みの宝庫、純白な雪の貯蔵庫、平和の貯蔵庫、義人の魂とやがて誕生する魂、邪悪な者を待ち受けている恐ろしい罰・・・[1]」

けれども、賢者たちがほのめかしているように、そのようなイメージは結局のところ、その弟子自身の心が生み出しているものにすぎない。それゆえ、この書物では実践家に対し、現れる幻影に圧倒されてはならないと忠告している。予め訓練を受けて十分に準備ができていれば、タイミングよく適切な言葉を発することによって、魂を打ち砕くようなヴィジョンを消し去ることができると師は教えた。たいていの場合、断食や特殊な呼吸訓練、リズミカルな詠唱を用いて、入門者が変性意識状態に入りやすいようにしていた。興味深いことに、このような高次の意識に至る方法とよく似たものが、他のさまざまな宗教的伝統にも見られる。たとえば、チベット仏教でも同様に弟子たちは、「バルド（肉体を離れた状態）で体験される神々のヴィジョンは、この世での霊的な変遷と体験を反映するものだ[2]」と諭される。

この時代のユダヤ教において主流をなしていたもう一つの秘教は、さらに思弁的であり、宇宙の構造や宇宙と我々との関係に焦点を当てていた。その最も重要な書物『セーフェル・イェツィーラー』（創造の書）は、ユダヤの形而上学的研究を初めて成文化したものと考えられている。著者は不明だが、『タルムード』が最終的な形にまとめられたのとほぼ同じ、三世紀から六世紀頃に成立した。計り知れない影響力を有していながら、『セーフェル・イェツィーラー』は非常に短くて、どの版も二千語に満たない。忘我や瞑想について詳述するのではなく、簡潔だがイメージを呼び覚ますような表現を用いて、宇宙の秘められた働きの大要を一定の形式で述べている。

『セーフェル・イェツィーラー』では、神へと向かう三十二の秘密経路が論じられる（興味深いことに、古代中国の書物『易経』では、宇宙には六十四の状態があるとされており、三十二はちょうどその半分にあたる）。これらの経路を象徴しているのが、セフィロート（エネルギーの枠）と呼ばれる十個の根本数と、二十二文字のヘブライ語アルファベットである。空間、時間、および時空と我々の相互作用のありようなど、宇宙のあらゆる側面は、このような超自然的なほとばしり出る力が絶えず影響し合うことによって支えられているという。十のセフィロートという概念が、後のカバラーの基礎となる。カバラーはこうした概念を、「生命の樹」と呼ばれる明確な体系に発展させていくのである。

『セーフェル・イェツィーラー』は、厳密かつ演繹的な形式をとっており、六世紀に流布し始めた当初からユダヤ教神秘主義者の関心を大いに惹き付けていた。後に、カバラー学者たちによって、エネルギーの母体たる我々の成立ちや、我々を取り巻く宇宙のエネルギーと我々との関係について研究が進められてゆくが、その土台となったのがこの書物である。長年にわたり多数の『セーフェル・イェツィーラー』の注釈書が世に出された。『セーフェル・イェツィーラー』はおそらく、十三世紀のスペインに『ゾーハル』（光輝の書）が現れるまで、最も広く研究されていたユダヤ教神秘主義の書であろう。

この時代に、『セーフェル・イェツィーラー』とメルカヴァー派は、高次の知識を求めるユダヤ人の中心的な関心事になっていた。そうした信奉者たちがどのような生活を送っていたかはほとんど知られておらず、その動機が何であったのかさえわかっていない。大方が、タルムードの律法や通常の聖書論議に飽き足らず、そこには見出されない何かを切望するラビ学者であったことは間違いない。彼らは自らを高遠な伝統に従う者と見なしていた。その伝統を聖書の預言者たちやアブラハムにまで結びつけ、『セーフェル・イェツィーラー』の著者はアブラハムであると主張したのである。この風変わりな書物を著した人々は、名声を得ることよりも、メッセージを広めることの方にはるかに関心があった。当然ながら、本当の著者が誰であるかはまったくの臆測でしかない。この時代には、スーフィズム（イスラム教神秘主義）やキリスト教神秘主義の教義も混じり合った。一例を挙げると、十一世紀にバハヤ・ベン・ヨセフ・イブン・パクーダが著した古典的なユダヤ教の著作『心の務め』は、当時のスーフィズムの書にきわめてよく似ている。

一一七五年頃、南フランスのプロヴァンス地方に現れた著者不明の『セーフェル・バーヒール』（清明の書）は、真のカバラー時代の到来を告げるものだった。この魅力的な書の題名は、冒頭の「さて、今や光を見る者なし、されど天空は清明なり」(3)という一節に由来している。この書物の中核をなしている前提は、決まりきった日常の体験を超えたところに目に見えない雄大な秩序が存在するという考え方である。おそらく、迫害を受けていた中世のユダヤ人の状況を見てのことだろう、こうした初期のカバリストたちは、神の隠された側面を繰り返し強調した。『セーフェル・バーヒール』は次のように明言している。「王に会いたくても、王の家がどこにあるのかわからないのなら、まず最初に『王の家はどこですか』と尋ねなければならない。それがわかって初めて『王はどこにおいでですか』と尋ねることができるのである。(4)」

『セーフェル・バーヒール』はやがて、俗世間の背後に栄光を見出す方法を述べた論述書兼手引書として、ユダヤ人社会全体に急速に広まっていった。高次の意識に達する方法のなかには、人体中を流れているという生命エネルギーのチャネリングに焦点を当てたものもある（これはクンダリーニ・ヨーガのような他の伝統にも見られる考え方である）。こうして、歴史上初めて、ごくゆっくりとではあるが、ユダヤの大勢の人々の間に秘教の概念が浸透し始めたのである。一二〇〇年にはすでに、とりわけ南フランスやスペインでは、カバリストたちが明確なアイデンティティを持つようになっていた。人数は多くなかったが、そもそも彼らは大々的な運動など目指していなかった。カバリストたちの目的は、大きな集団ではなく個人ひとりひとりが、当時のユダヤ人に共通する苦難を乗り越えられるように導くことだった。そんなわけで、最も初期に流布したカバラーの書の中で、ラビ・アブラハム・ベン・ダヴィッド（ラアヴァド）は「こうした秘密の教えはすべて『口から口へと』口伝によってのみ伝承されるべきである」[5]と述べている。

歴史的にみてほぼ同じ頃、北ヨーロッパのユダヤ人社会、特にドイツにおいても似たようなことが起きていた。一一五〇年から一二五〇年頃、ハシディーム（「敬虔なる者たち」）と呼ばれる一団が、ドイツのユダヤ人社会に長らく影響を及ぼし続けていた（十八世紀の東欧に興ったハシディズム運動と混同してはならない）。このグループの主要な著作である『セーフェル・ハシディーム』（敬虔者の書）は、当時のこの地方から集めたさまざまな文書を集大成したものだった。

ドイツのハシディームは「神の統一性の神秘」やトーラーの秘教的分析に思索の照準を合わせた。後のカバリストたちと同じように、モーセ五書の一節一節に、それどころか言葉一つ一つにさえ、隠された秘密の意味があると信じていた。また、自動筆記のような不思議な現象を起こす変性意識状態の本質についてもかなり詳しく探究した。さらに、高次の知識に至る道として、夢を利用することにも非常に熱心なグループだった。ただし、大多数のユダヤの神秘家たちとは異なり、現世への失望から解放される手段として禁欲的な生き方を唱道した。生粋のユダヤ人として生き続けるにはあまりにも苛酷な状況におかれていた彼らは、俗世での目的を真に理解するための最善の方法として、肉体的な自己の否定を重要視したのである。

アブラハム・アブラフィア――預言的カバラー思想と「ユダヤ教のヨーガ」

アブラハム・ベン・サムエル・アブラフィア（一二四〇頃―一二九二）は最も重要なカバリストの一人であり、おそらく、ユダヤ史全体を通じて最も興味を惹く人物の一人だろう。彼は預言的カバラー思想全般の発展にも、また、三百年後のパレスチナでカバラーが全盛期を迎えることにも、非常に大きな影響を及ぼした。宗教と政治の絡んだ謀を企てて、死の寸前まで追い込まれながら、奇跡としか思えない神の介入によって救われるなど、彼の人生は波瀾に満ちていた。それをつぶさに語れば、どんな歴史小説にも劣らぬほど好奇心をそそる読み物になるだろう。ところが、最新のユダヤの哲学や歴史の説明に、彼の話はほとんど出てこないのだ。それが彼独特の物議を醸す思想のせいであることは疑う余地もない。

スペインのサルゴサ生まれのアブラフィアは、とても賢い博識の若者だった。けれども、当時の大多数のカバリストとは異なり、ラビになるための正規の教育はほとんど受けていなかった。若い時代にあちこちを旅して回り、結局、バルセロナの町に落ち着いた。そこで徹底的に探究したのが、マイモニデースの『迷えるものたちへの導き』（十二世紀のユダヤ思想家による知的思索の名著）であり、そしてカバラーだった。アブラフィア自身の言によれば、三十一歳のとき、霊的な悟りを得るとともに、さまざまな心霊能力を授かったという。

アブラフィアは、スペイン、イタリア、ギリシャなど、旅して回った国々で預言的ヴィジョンを公然と語った。主として口伝によって、高次の意識に達する方法を広めていったが、同時に、カバラーの伝統を破って、秘教の道についての具体的な手引書を著したりもした。他のカバリストたちに強い影響を与え続けるうちにだんだんと、自分をいわば救世主のような人物と見なすようになる。一二八〇年、アブラフィアは大胆不敵にも、ある人物をユダヤ教に改宗させようとした。その人物とは、強烈な反ユダヤ主義のローマ教皇ニコラウス三世にほかならなかった。

ユダヤ教の主流派組織は、キリスト教の権威者たちと手を組んで、余計な厄介事を作るのはやめてほしいとアブラフィアを非難した。キリスト教世界の最高権威者にカバラーを伝えようとする熱意が裏目に出て、神秘の道とはあまり縁のないユダヤ人同胞を現実の危険にさらすことになったかもしれないからだ。そこで、ラビたちは急遽使者を送り、この危険な賭けやそれに付随する彼の冒険には断固反対である旨を示した。実際、正統派ユダヤ教が歴史的にずっと、この秘密の学問に不安を感じてきた理由の一つは、それがしばしばメシア運動につながったり、地上における民族としての地位の急展開を望むユダヤ人の期待を、異常に膨らませたりしたからなのだ。

アブラフィアとその弟子たちは、数週間かけて徹底的にその任務に備えた。祈りをささげ、断食をし、さらに、任務の成功を期してヘブライ語アルファベットを並べ替えるといった秘密の瞑想儀式を執り行なった。教皇は、アブラフィアがローマの町に到着する前に、彼に死刑を宣告していた。用意されていたのは火あぶりの刑だった。ところが、この情熱的な神秘家は、ローマの城門までやってきて、教皇ニコラウス三世が夜間に急死したことを知った。フランシスコ会士は彼を投獄したけれども、すぐに釈放した。アブラフィアのカリスマ性のある人柄に心を揺さぶられたらしい。

こうしたことがあって後、アブラフィアは再び放浪の旅に出た。イタリアにおいて、教導しながら執筆を続け、誰にでも超常能力が得られると自らが信じる方法を、人々に説いた。そうした能力やそこから生じる忘我の境地は、我々の誰もが手にしうるものであると彼は考えていた。ラビたちはタルムードの律法を重視しすぎるあまり、宇宙の高次の力と直接交われる可能性を奪っていると、彼らを痛烈に非難した。アブラフィアはまた、他の信仰に寛容で、知り合ったキリスト教やイスラム教の神秘家たちとも仲が良かった。クンダリーニ・ヨーガの師たちと同様にアブラフィアは、神に近づく道として、特別の姿勢をとったり、呼吸の仕方を変えたり、独りで黙想したりすることを勧めた。それだけでなく、極度に精神を集中している最中に、身体から発することのある「火」に用心するようにとも警告した。東洋の教えと同様に、あまりに急速な進歩を求めてはならないと弟子たちに助言した。心も体も荒廃させるような反応が起こるのを懸念してのことであった。「体を洗い清めて、誰にも声を聞かれない人里離れた家を選びなさい。そこに座して・・・誰にも自分の秘密を明かさないこと(6)」と記している。

救済をめざす努力が、広く知られながらも実を結ばなかったアブラフィアは、一二九〇年に、マルタ島近くのコミノ島にのがれた。そして、一二九二年頃に死去したと考えられている。伝説によると、二十六巻のカバラーの手引書と二十二巻の預言の書を著したという。後者のほぼすべてが散逸してすでに久しい。けれども、彼の著した瞑想の手引書の多くは現存しており、今日でもカバリストの間で広く読まれている

『ゾーハル』——カバラーの根本書

アブラフィアが大胆な預言をし、当時のラビたちと激しく争っていたこの時期、スペインでは、一二八〇年代か一二九〇年代に、ユダヤ教の神秘の教えを伝える注目すべき書物が現れた。『ゾーハル』（光輝の書）と題するその書物を世に出したのはモシェ・デ・レオン（一二五〇—一三〇五）であるが、著者名はシメオン・バル・ヨハイとなっていた。それは、エルサレムの第二神殿が破壊されて間もない頃に生きていた、偉大な二世紀のラビの名前である。『ゾーハル』は、アラム語の格調高い文体で書かれており、その内容は、形而上学、神話的宇宙生成論、秘教心理学を見事に融合させたものだった。カバリストの間でも、そうでない人々の間でも、たちまち大きな反響が湧き起こった。いったいどうやってこの風変わりな書物を手に入れたのかと問われたデ・レオンは、パレスチナの賢者ナハマニデスが偶然これを見つけ、特使に持たせてよこしたのだと説明した。しかし現在、学者たちのほぼ一致した見解によれば、『ゾーハル』は一二八〇年代初めにデ・レオン自

身が著したものだという。そして数年後には、匿名の著者による『ゾーハル』の最終巻、すなわち『ラアヤ・メヘムナ』（真の羊飼い）と『ティクーネー・ゾーハル』（ゾーハルの補説）がまとめられた。

デ・レオンの生涯はほとんど知られていないが、アブラハム・アブラフィアの親類たちと親しい間柄にあり、アブラフィアを信奉する弟子の一人に付いて学んだという。とはいえ、この預言的カバラー思想の創始者と、『ゾーハル』の「著者」とが実際に出会ったという証拠は何もなく、両者とも著書の中で相手に言及することさえしていない。デ・レオンが自分の名前で発表した著作は、一二八六年に初めて登場したが、その書はきわめて思弁的な形式をとり、聖書の物語の隠された意味に焦点を当てている。このような特徴はいずれも『ゾーハル』全体に広く認められるものである。デ・レオンはたぶん、この難解な書物を、高名なラビ、シメオン・バル・ヨハイの著したものとすることで、自分の思想が当時の人々に受け入れられやすくなることを願ったのだろう。

『ゾーハル』は安易な分析を寄せつけない書物である。さまざまな巻から構成され、重複する部分もかなり多い。節ごとに象徴的表現が簡明だったり難解だったりまちまちだが、大多数の節は、ラビ、シメオン・バル・ヨハイとその息子のエリエゼル、および仲間のラビたちの会話を記録したものらしい。その挑発的な議論の背景にいつもあるのは、当時ローマの支配下にあったパレスチナの地のことである。ユダヤ民族は自分たちの聖なる神殿が破壊され、卓越した学者たちが皆殺しにされるのを目撃したばかりだった。けれども『ゾーハル』は、敗北感や沈鬱な気分よりもむしろ畏敬の念や神秘感に満ちている。文言の多くが美しく詩的であり、象徴的な言葉で、神の作り上げた宇宙の不可思議を語っている。その中心となるイメージは「生命の樹」である。それはカバリストたちにとって、あらゆる生物と無生物に宿るエネルギーの基本構造なのである。

『ゾーハル』の最も基本的な前提はおそらく、宇宙の万物は絶えず相互に作用し合っており、すべての根底には、それ以上単純化しようのない秩序が存在するということだろう。我々の身に起こることで、無意味なことや偶然にすぎないことなど何もないと考える。我々が現実と思っているもの（アラン・ワッツがかつて「うち沈んだ月曜日の朝に見る世界の姿」と呼んだもの）は、習慣になってしまっている意識の一領域にすぎないのだ。『ゾーハル』は次のように言明する。「人はこの世に暮らす間、自分が何に立脚しているかをじっくり考えることも、振り返ることもせず、日々それが無へと消えてなくなったかのように思いこんでいる」[7]と。『ゾーハル』はまた、我々が地上で正しく生きてゆくには、高次の意識だけでは十分ではないとも強調する。その理由は次章で論じるが、我々が暮らしているのは行動の宇宙であるから、実際に行動することが必要だと教えるのである。このような考え方は、「千里の道も一歩から」[8]といった、老子の説く道家の思想にも通ずる。

他のカバラーの書と同様に、『ゾーハル』もエロティックな比喩的表現に満ちている。夫婦間の性交は、何にもまして強力な魂のいとなみの一つであり、日常の世俗的な心の枠を打破して変化させる力をもっていると断言する。『ゾーハル』はまた、神の「女性的」側面の存在を重視する。そして、エロティックな言い方をするならば、家庭が用意され、「男性が女性を訪ねて結ばれたとき」[9]にのみ、「天上の母」が男性に現前すると述べている。それどころか、『ゾーハル』では、聖なる至福に満ちた最高の忘我の境地が、愛による性的結合の最中に味わいうるものに喩えられさえする。

長くて難解であるにもかかわらず、『ゾーハル』はたちまち人々の間に広まっていった。十四世紀になると、スペインのユダヤ人社会から外部へ、特にイタリアや中東へと伝わっていった。『ゾーハル』でカバラーの本質的概念が明らかにされたので、やがて、ユダヤ教の律法や儀式のもつ秘密の意味や個人的超越を求める道について、注釈や解説を加える書物が続々と登場した。このような著作が生み出す興奮がときに昂じて、唱導者たちは、こうした奇抜な潮流を生みだす力もないユダヤ教は不毛だなどと言い立てた。結局、『ゾーハル』自体にはそこまであからさまに書かれていないが、「ありふれた物語や平凡な言葉しか律法に見いだせない者は、ああ悲しいかな！・・・律法の一語一語には崇高な意味と荘厳な神秘が隠されているというのに[10]」と彼らは主張した。この素晴らしいカバラーがなければ、ユダヤ教の伝統は空っぽの殻でしかないと、そうした解説者たちは言い放ったのである。

このような発言が、ラビ体制の反発を招いた。そのせいで、直解主義者や主流派哲学者から、カバラーには断固として反対だと言われることが多く、異端として徹底的に非難されることもあった。このような権威的な思想家から見れば、『ゾーハル』やそれに類する書物は、善悪を否定する非二元論的概念や、自分こそメシアだという気取りに満ちており、敵意に満ちたキリスト教世界でユダヤ人が生きのびてゆく現実の厳しさを、危険なまでに軽んじるものだった。しかし、ラビ学者の中には、カバラーを研究することに問題はないと考える者もいた。ただし、それは複雑なユダヤ教の律法をすでに十分に理解し、その深奥にまで精通している者に限るべきであって、さもないと、その魅力に眩惑されて道を踏みはずす者が続出するだろうと力説した。

サフェドとカバラーの全盛期

『ゾーハル』をはじめとするカバラーの書は、何十年間にもわたって、ユダヤ人かどうかに関係なく人々の関心を引きつけたが、カバラーが世界中に無視できないほど多数の信奉者を集めるようになったのは、一五〇〇年代になってからのことだった。今日の歴史家のほぼ一致した見解によると、その決定的なきっかけとなったのは、異端審問制の開始と一四九二年のスペインからのユダヤ人追放だった。ホロコースト以前に、ユダヤ人がこれほど破滅的な経験をしたことはなかった。だが皮肉にも、こうした悲惨な境遇が、カバラー史上未だかつてない全盛期をもたらす直接の原因となったのである。

八世紀にイスラム軍がカトリックの西ゴート王国を倒して以来、スペインは三つの宗教の国になった。それ以後、ユダヤ教徒、キリスト教徒、イスラム教徒が、たいていは互いに何とか寛容な態度を保ちながら暮らしてきたのだった。スペインでのユダヤ人の暮らしは、けっして楽だったとはいえないが、何世紀もの間、少なくとも生存は保証されてきた。さらに言えば、ユダヤ人は職人、熟練工、医者、学者として、スペインの中流階級の重要な部分を構成していた。学問や高度の知識を身につけていたおかげで、高い地位にまで出世した。マラノス（「豚」の意。改宗していないユダヤ人が、かつての信者仲間を指すのに使う言葉）と呼ばれる人たちの中には、キリスト教を奉じ、貴族と結婚した者もいる。

その後、一四六九年に、スペインのイザベラ女王がアラゴン王国のフェルディナンドと結婚し、まもなく教会と王国との間に盟約が結ばれることになった。一四七四年、ローマ教皇シクストゥス四世は、スペインに国立の異端審問所を設立するという恐ろしい声明書を出した。それから数年して、恐怖の車輪が回転し始めたのだった。その後の十年間に、かつてユダヤ教徒だった何千人もの人々がアウト・ダ・フェ（信念の堅さを試す裁判）にかけられ、火刑に処せられた。一四九二年、ユダヤ人は一人残らず四か月以内に国外退去すること、留まった者や戻ろうと試みた者は全員死刑に処す、との命令が下された。何百年も昔からの故郷を捨てることを拒んだ者には、即刻、拷問と死刑が言い渡された。

まさに社会をひっくり返すような大変動で、ユダヤの民衆は精神と魂の根底から揺さぶられた。六百年の間、スペインで波風立てることもなく暮らし、芸術、科学、貿易に大いに貢献してきたその報いがこれだとしたら、世界中どこへ行こうが、生き延びる見込みなどありそうもなかった。ユダヤ人社会が中東や北アフリカへと散っていくにつれて、主流派の説教ではもうそれほど心を慰められなくなっていった。終末論的なムードが大勢の人々を捉えていた。メシア到来の日が近いと考える者もいた。異端審問とスペイン追放は紛れもなく神の応報のしるしであり、したがってある意味で、信心を深めるようにとの神命なのだと考える者もあった。

たとえば、当時のあるユダヤ人学者は、大勢の同僚の意見を代弁して、その時代の人々のことを「反乱と背信行為を限りなく続ける邪悪な世代」(11)と呼んでいる。スペインから退去しても直ちにメシアの介入があるわけではないことがわかってくると、カバラーが要求する厳しい魂の修行が、急にとてつもなく大きな魅力を持つようになった。信心深い者には法悦の境地や忘我状態での幻視が約束されると説く秘教の伝統が、今や多くの人々の心を惹き付けた。また、政治的、社会的活動が実質的に不可能な状況にあったことも、相当数のユダヤ人を神秘主義的な生き方へと駆り立てる力になった。

この退去命令により、スペインにいた大勢のユダヤ人がパレスチナ周辺地域に避難した。まもなく、パレスチナのガリラヤ地方にあるサフェドという町が、カバラー研究の新たな中心として知られるようになる。古くからパレスチナの中心で、もっとも聖なる都市といえばエルサレムだが、多くのユダヤ人は経済的および政治的な理由から、エルサレムよりもこの小さな町の方を好んだ。サフェドはまた、霊的な理由でも人々を惹き付けた。有名なシメオン・バル・ヨハイがこの地に埋葬されており、その墓所は世界中の敬虔なユダヤ人にとって聖地だったのだ。スペイン追放後の数十年間に、知的にも霊的にも当時の指導的立場にあった大物たちが、ひとり、またひとりとサフェドに移ってきた。こうした人物については、生前からすでに伝説が生まれていたが、なぜか正確な歴史的情報はほとんどない。

サフェド最大のカバリストの一人に、ずば抜けた学者・著述家だったモーゼス・コルドヴェロ（一五二二—一五七〇）がいる。生まれた場所や幼少期のことはわかっていない。サフェドに住み、当時の高名なカバリストたちのもとで学んだ。二十六歳のとき最初の主著を書き上げると、たちまち、人間存在の隠れた本質を体系的に論じている点に人々の関心が集まった。『パルデース・リンモーニーム』（石榴の園）と題するその著書は、高次の意識に至る十三の「道」について論じている。彼は多数の書物を著したが、その中でただ一つ『トメル・デボラ』（デボラの椰子の木）だけは英訳で読むことができる。

コルドヴェロの高次の意識へのアプローチは、すぐれて知的なものだった。その時代までのさまざまなカバラーの流れ、特に『ゾーハル』に関連する流れを事実上すべて、見事に統合して発展させた。彼によれば、さまざまなセフィロート（神の経路）間での絶えざるエネルギーのやりとりこそが、我々自身の霊的成り立ちを理解する上でも、また、宇宙の目に見えない力と我々との関係を理解する上でも鍵となるという。

この多大な影響力をふるったカバリストは、ユダヤの秘教の伝統にとって重要な倫理的書物の基礎をも築いた。コルドヴェロとその弟子たちは、現世での生活に消極的、退避的な態度をとることは勧めずに、むしろ、日常の社会生活の中でどのように行動するかこそが重要であると力説した。実は、非神秘主義的、道徳主義的なムサル運動は、十九世紀になっても、倫理的行動の重要な規準として彼の『トメル・デボラ』（デボラの椰子の木）を必修書にしていた。『ゾーハル』の考え方に似て、この書においても、夫婦間のセックスは霊的人生に不可欠なものとして賞賛されている。「シェヒナー（神の女性的要素）がいつも自分に寄り添い、けっして離れていかないように、よく注意して行動しなくてはならない」とコルドヴェロは述べている。「男性は、二人の女性の間にいる。肉体を有する女性と・・・天上から祝福してくれるシェヒナーとの間に。」(12)

「ハヴェリーム」（朋友）と自らを称するグループの指導的立場にあったコルドヴェロは、メンバーの日常生活を律する道徳律一覧を作成している。興味を引かれる行動規範に、次のような項目がある。けっして怒りに駆られたりしないこと。過食して身体を傷めないこと。常に真実を語ること。現世の生活の喜びも苦しみも甘受すること。食事の前と就寝前に必ず、その日の自分の行動を反省すること。

コルドヴェロの師であり同僚でもあった人物に、当時注目を集めていたカバリスト、ヨセフ・カロ（一四八八—一五七五）がいる。カロは世間の受けが良く、当時の主流派律法学者たちからも賞賛されていた。その理由としては、一風変わった関心を抱きつつも、それを長年秘密にして明かさずにいた点が大きい。実際、カロが広い方面から高い評価を受けているのは、ユダヤ教律法至上主義の立場から書かれた二冊の主著、『ベート・ヨセフ』（ヨセフの家）と『シュルハン・アルーフ』（用意されたテーブル）に対してなのだ。彼の著書は一五六四年に初めてヴェネツィアで印刷され、今なおユダヤの律法を研究する上でよく読まれている。

スペインのトレドに生まれたヨセフ・カロは、一四九二年の大追放の後、家族とともに国際都市コンスタンチノープルに定住した。タルムード学者および律法主義の思想家として有名になったが、結局、カバラーの世界に惹かれていくことになる。注意深い指導を受けながら彼が体験したのは、今日の心理学者なら変性意識状態あるいはトランス現象と呼ぶようなものであった。やがて彼は、トランス状態での霊媒術を身につけるまでになる。

カロが生涯書き続けた日記に記されており、それを読んだことのない人々も認めていることだが、このトランス状態に入ったカロは通常の心の枠を失い、普段と違った声になった。そして、何かを語り始めるのだった。すらすらと淀みなく喋ることもあれば、訳の分からないことをつかえながら喋ることもある。その内容は、夢のもつ高次の意味、正しい瞑想の仕方、神の本質、さらには死後の生や生まれ変わりといった、聴き手の何かを呼び覚ますような話題だった。カロや当時のサフェドの人々は、これをマギード現象と呼び（マギードは、天の御言葉を取り次ぐ者という意味の専門用語）、霊的実在が霊媒者の作ったチャンネルを通じて積極的に何かを伝えようとしているのだと信じていた。ユダヤの伝統では、こうした魅惑的な出来事が起きても珍しくも何ともないということに、今日の学者たちは気づきつつある。「実際に、ユダヤ教神秘主義の歴史について新たな発表がなされるたびに新事実が明らかになる」[13]と、R・J・ツヴィ・ヴェルブロウスキ教授は著書『ラビ学者および神秘家のヨセフ・カロ』（ユダヤ教出版会、一九七七）の中で述べている。

この有名なタルムード学者は、一五三六年にサフェドに移住し、それから十年も経たないうちに、そこの主席ラビに指名されるほど有名になる。長年の間――八十七歳で死去するまで――その町で暮らしたカロは、若輩のカバリストたちの指導者的役割を務め、ユダヤの律法の枠を越えてまで神秘の道に没頭することのないようにと助言した。しかし、マギードによるお告げを記した日記『マギード・メシャリーム』に開陳されている考え方の多くが、ヨーガやチベット仏教といった他の霊的修行と非常によく似ている。

ここで言及すべきサフェドの重要なカバリストで、最後に残ったのは――そして紛れもなく、その預言者集団の最重要メンバーだったのは――イツハク・ルーリア（一五三四―一五七二）である。存命中から伝説の人物同然になり、その思想の信じがたいほどの力によって、ユダヤ思想のさまざまな面でカバラーを高い地位にまで引き上げた。サフェドで暮らし活動した期間は短かったが、その後何世紀にもわたって、ユダヤ教主流派に絶大なる影響を及ぼした。

エルサレムに暮らすドイツ系ユダヤ人の家に生まれたルーリアは、幼少の頃から目覚ましい頭脳を発揮した。父親の死後、経済的に困窮した一家は、カイロに移住する。そこに住んでいた裕福なおじが一家を引き取って、幼いルーリアにその後もずっと教育を受けさせてくれた。結婚して二年後の十七歳のときから、本格的にカバラーの勉強を始める。特に熱心に学んだのが『ゾーハル』やコルドヴェロの著書で、高次の知識を求めて禁欲的な暮らし方を好んだ。そして、カバラーの技法を実践し続けるうちに、とうとう幻視を体験するようになる。

一五七〇年の初めごろ（成人後、この年までのルーリアの生活の詳細はわかっていない）、サフェドに定住すべしという魂の呼びかけを感じる。ヨセフ・カロと同様に彼もまた、家族を連れて何百マイルも離れた土地に移住するようにと神が熱心に勧めているのだと信じたのだ。サフェドに移るとたちまち地元のカバリストたちから歓迎され、短い期間だが、コルドヴェロその人のもとで学んだ。その年のうちに世を去ったコルドヴェロは、ルーリアを自分の霊的継承者に指名したと言われており、ルーリアはクブスと呼ばれるグループの長になった。アシュケナジ・ラビ・イツハクという称号のイニシャル三文字を合わせて、「ライオン」を意味する「アリ」または「リオン」というヘブライ語の略称で呼ばれていた。

ルーリアは、弟子や家族たちが暮らす特別な区域の建設に助力した。安息日にはいつも朝早くから、彼とその弟子たちが行列を作って周辺の野原に出かけて行った。流れるような白い衣服を身にまとって、「サバトの女王」の精が訪れるのを待つのだった。それは、聖なる安息日が人の姿をとって現れたもの、と思われていた。この天上の存在を歓迎して、『レハー・ドディ』(来たれ、愛しき者よ)を歌うのだった。この歌は今もなお、保守派および正統派ユダヤ教の儀礼の一部をなしている。このような折にはたいてい、人間の意識や宇宙のもつ隠れた作用について、ルーリアが説教を行なった。

他の多くのカバリストと同様に、彼の説教もほとんどが口伝によるものだった。自分の教えを書き留めるのは無理であるとあっさり認めており、次のように述べたという。「なぜ不可能かといえば、ありとあらゆることがらが互いに関連し合っているからだ。喋ろうとして口を開くや、海水が堰を切って溢れ出すような感じになる。そんな状態のとき、私の魂が受け取ったものをどうやって表現すればよかろう。書物に書き留めることなど、どうしてできようか。(14)」

したがって、我々が知るルーリアの思想というのは、フィルターを通して、つまり腹心の弟子たちを通じて伝えられたものなのだ。この上なく壮大かつ強力なヴィジョンによってルーリアが成し遂げたのは、ユダヤ人の体験全体をまったく新しい光に照らして捉え直すことだった。その最大のテーマは、現世の苦悩と悪についての根本的問いに答えることだった。ユダヤ民族が約束の地を追われただけでなく、聖なる存在そのものが源泉から切り離されているのだとルーリアは説いた。この宇宙的規模の流浪は、天地創造という行為のただ中で始まった。物質界を創るために神は、神の光の一部——「アリ」はこれをツィムツームと呼んだ——と契約を結び、聖なる「船」を用意して、それを神の精髄で満たした。ところが、「船」はそのエネルギーの強さに耐えきれずに砕け散ってしまった。こうして、宇宙に混乱や悪がもたらされたのである。神の光から生まれた聖なる煌めきは、あらゆるものに宿っているとルーリアは説いた。それらを高めて元の源泉に戻してやることが、我々一人ひとりの務めなのであり、ついにそれが成し遂げられたときに、ふたたび神の調和が達成されるであろうという。

そのようなわけで、ルーリアや同世代の弟子たちにとっては、一見この上なく無意味に見える行為にさえ、宇宙的な意味があった。ルーリアは、瞑想しながら祈るときに人々の想念を集中させる特殊な技法を考案し、それを実践する際には精神と身体とを完全に集中させるように求めた。彼は、カバラーの伝統の中にすでにあったセフィロートの図式を大々的に用いた。興味深いことに、彼の技法は、道教やタントラ、ヨーガの伝統に古くから伝わる複雑な視覚化の行と相通じるところがある。また、彼が大いに信奉した生まれ変わりの教義も、ある東洋の霊的教えときわめてよく似ている。

「アリ」の処世訓を記録する仕事は、彼の一番弟子であり、伝記作家および写本の筆写者でもあったハイム・ヴィタル（一五四三―一六二〇）が行なった。ヴィタルは師の語ったことを一言一句、徹底的に書き留めていった。後にヴィタル自身がそう述べている。彼は「アリ」の死後、師の説教の唯一の「正式」解釈者として認められんがために弟子たち数人と張り合った。ヴィタルの著作には、『セーフェル・ハ・エーツ・ハッハイーム』（生命の樹の書）、『セーフェル・ハ・ヘズヨーノート』（幻視の書）、『セーフェル・ハ・ギルグリーム』（変容の書）などがある。こうした書物にはサフェドのグループの関心事が反映されているが、それは夢、瞑想、変性意識状態、超心理学など、今日の我々にとっても興味深いテーマである。

流浪と帰郷、死と再生という大胆なイメージをもつルーリアの世界観は、ユダヤ世界全体に驚異的なスピードで広まっていった。スペインでの異端審問や国外追放といった出来事がなぜ起こったのかについて、彼の教えは大勢の人々に明確な答えを与えるものだった。肉体が死んだからといって、人間としての存在が終わるわけではない。誰しもみな、ある特定の目的のためにここ地上に存在しているとアリはほのめかしていた。彼の力強い思想は、敵対的なキリスト教世界のただ中にいるユダヤ人に、新たな希望と目的意識を与えた。彼のメッセージはまずトルコや近東へ、それからイタリア、オランダ、ドイツへ、そして最後にポーランドや東欧へと伝わった。ユダヤの律法の伝統を尊重し、しかも素晴らしい詩的な力を湛えたルーリアの言説は、十六世紀後半から十七世紀に、多数の著作を通じて大衆に浸透していった。さらに言えば、それは、展望のきいた秘教の視点から倫理的行動を教えようとする書物の基礎にもなった。サフェドの信仰共同体での実践から、今までにない新しい祈祷書が生まれ、どんどん広まっていった。ルーリアとその弟子たちの思想は、新しい世代の詩人たちにも霊感を与えるものだった。モーゼス・ツカート（一六二〇頃―一六九七）やモシェ・ハイム・ルザット（一七〇七―一七四六）のような偉大な宗教作家は、その詩的文章が呼び覚ますカバラー的イメージによって、大勢のユダヤ人に精神的強さを取り戻させた。ルザット自身が熱心なカバリストであって霊媒者でもあり、秘教心理学に関する著書を何冊か残している。

しかし、トップクラスのユダヤ教学者以外は、実際にカバラーを研究することを禁じられるようになった。一六六〇年から一六七〇年にかけてトルコや周辺諸国で起きたメシア運動の結果として、風紀が乱れてきたこともあり、ラビたちは断固たる態度でこう宣言した。カバラーの書、すなわち『ゾーハル』やコルドヴェロ、ヴィタルなどの著作に触れることは、当代随一のタルムード思想家以外は、なんぴとたりとも絶対に「御法度」であると。正統派ユダヤ教は次のような公式見解を示し、それが今日まで続いている。つまり、四十歳を越え、結婚し、タルムードをはじめとする正統派ユダヤ教の重要側面について「存分な」知識を会得するまで、カバラーの探究は禁ずるということだ。ユダヤ社会のどこでも指導的立場にあるラビたちは、カバラーの伝統に大きな敬意を払い、畏れさえ抱いていたが、カバラーは大衆からあまりにも誤解されやすいので、簡単に手が届くようにはできないと考えていた。ユダヤ教体制派は、訓練を積んでいない者がやみくもにカバラーの教義をかじると、すぐに自分をメシアと勘違いしたり、背教に走ったり、場合によっては狂気に陥ったりといったことが頻発するだろうと思っていた。

ちょうど同じころ、学識あるキリスト教徒の間では、カバラー研究を始める者が増えつつあった。たとえば、一五八七年には画期的な書物『アルティス・カバリスティカ・スクリプトレス』が出版された。これは、キリスト教学者がカバラーの書について論じた様々な論文が掲載されている本で、たとえば、『ゾーハル』は実際にナザレのイエスの神性を肯定するものである、といったことを示そうとするものだった。一六五一年には、フランス人の書誌学者ガファレルが『ゾーハル』の写本目録を発表した。さらに、一六七七年から一六七八年にかけてクノール・フォン・ローゼンロートが、アラム語とヘブライ語の原典が読めない学者のために『ゾーハル』の教えをラテン語に翻訳した。この訳書は何百年間もキリスト教神学者の判断規準となり、現代では、スイスの精神分析家カール・ユングがこれを熟読した。特にこの時期のキリスト教思想家の興味を惹いたのはセフィロートの理論体系だったようだ。新約聖書を独自な秘教的観点から解釈するうえで、光を投げかけてくれるものと思われたのだ。たとえば、三位一体とはそもそも何か、ということに関する解釈である。

理性と科学技術の時代のカバラー

ハシディズム――一般大衆のためのカバラー

キリスト教学者たちが個々にひっそりとカバラーの伝統を探究していたころ、東欧中のユダヤ人社会に新たなヴィジョンへの渇望が生じていた。十七世紀の半ば、コサックの首領ボグダン・フメルニツキが行なった一連の大虐殺によって、ポーランドだけでも三十万から五十万人のユダヤ人が惨殺されたと推定される。これは、三百年後に起きるホロコーストにも匹敵するほど、ユダヤ民族がひどい蹂躙を受けた出来事だった。さらに、シャブタイ・ツヴィ（一六二五―一六七六）によるユダヤ教メシア運動が一代限りで失敗したことで、ますます絶望感が募っていった。

東欧のユダヤ人のほとんどは、教育を受けていない貧しい人々で、より広い政治経済システムに参加する道を完全に閉ざされていた。十九世紀後半になってもまだ封建制度が全盛を極めている社会だった。また、二十世紀の初頭にもなって、ロシア系ユダヤ人が儀礼的殺人のかどで訴えられ、裁判にかけられるという事件があった。申し立てによると、過越しの祭のマッツォー（種なしパン）を作るために異教徒の少年を殺めたという。この事件は後に、バーナード・マラマッドの小説『修理屋』のテーマにもなった。敵意ある環境に置かれ、身の安全すら望めないユダヤ民族にとって、宗教以外には信じられるものなどないに等しかった。にもかかわらず、その宗教は、厳格な直解主義者やタルムード一辺倒の識者たちに強く支配されていて、慰めや目的意識を求める人々の心を真に満たすものにはなり得なかった。

このような歴史を背景に、カバラーが未だかつてないほどの強い影響力を持つようになっていった。それを指導したのは、正規の教育を受けていない、名もない男のカリスマ的なリーダーシップだった。その人物、イスラエル・ベン・エリエゼル（一六九八頃―一七六〇）について確かなことはほとんど何もわかっていないが、バアル・シェーム・トーヴ（「誉れ高き人」の意）、略してベシュトと呼ばれるようになる。彼が起こした運動は、やがてハシディズム（ヘブライ語で「敬虔なる者」の意）と呼ばれるようになった。これはユダヤ教神秘主義史上、まちがいなく最も広く知られている時期だが、そうなったのも、マルティン・ブーバーをはじめとする二十世紀の哲学者の著作が一般に広まったおかげである。しかし、ひどい誤解を受けている側面もあり、文献の中には昔のハシディーム（こちらは、野原をはねまわる暢気な汎神論者とほとんど変わりない）のことを述べているものもある。ハシディズムのリーダーたちは、実は古典的なカバラーの教義から徹底的に影響を受けており、そのことを示す証拠がだんだん見つかりつつある。

今日の学者たちのほぼ一致した意見によると、イスラエルは、カルパティア山脈にほど近い、ウコフという小さなウクライナ人の村で生まれた。たいした社会的地位も教養もない家の出身だったようだ。幼いうちに両親と死別した彼を、おそらく村の誰かが引き取って育ててくれたのだと思われる。若いころの彼は、正規の宗教の勉強よりも、村はずれの森の中を一人でさまようことの方にはるかに強い関心を示したという。教師の助手として雇われて、村の子供たちを学校まで送り、また連れ帰るのを主な仕事にしていた。その後、シナゴーグの堂守の代わりに肉体労働をするようになる。伝説によると、夜中にこっそりシナゴーグに戻って、何時間も熱心にユダヤ教の主流派や秘教の書物を勉強していたという。

イスラエルは幅広い勉強の成果を秘密にしていたので、誰からも、まるで教養のない粗野な人間としか思われていなかったようだ。それどころか、著名なラビであった義兄でさえ、無知を装った妹の花婿に愛想を尽かして、離婚するようにと妹に迫った。そんなことはできないと妹が断ると、兄は二人に馬車をあてがい、どこかよそに行ってしまえと命じたのだった。

結局、新婚の二人は、カルパティア山脈にある辺鄙な村に住みつき、自然に帰った生活で何とか細々と食いつないだ。しばらくして、妻の実家と和解したのをきっかけに、二人はもっと大きな町、メドジボスに移って宿屋の経営を始める。イスラエルはその町で、ちょっとした奇跡を起こす人物、「バアル・シェーム」としてしだいに有名になる。風説では、このときにはもうカバラーの癒しの術に熟達していたと言われている。けれども、当時生きていたカバラーの師から教えを受けたという記録はどこにもない。

言い伝えによると、イスラエルの霊的能力の全容が明かされたのは、一七三四年ころ、彼が三十六歳のときだった。最初に秘密を打ち明けたのは義兄で、彼はすぐさまイスラエルに忠実な支持者になったという。当時、ラビとしてもカバリストとしても高く評価されていた義兄は、イスラエルが火付け役となった運動が急成長していく過程で、ユダヤ教主流派組織と村の人々との重要なつなぎ役を果たすことになる。

ベシュトの教えはたちまち、ユダヤの大多数をしめる無学の人々の間に広まっていったが、まもなく、当時の最も優れた学者たちの中にもそれに興味を示す者が出てきた。学者たちの多くは、難解なタルムードの解釈にかけては、ベシュトよりもはるかに詳しかったが、彼のカリスマ性をもった人柄に否応なく惹き付けられたのだった。ベシュトの死の直後に生まれた数々の伝説によると、彼はずば抜けてカバラーに精通しており、学識の面では上をゆく人々でさえ、彼は本当に高次の力をもっていると信じて疑わなかったという。二百年前のイツハク・ルーリアと同様にベシュトも、厳密に口伝だけで教えを伝えた。何百もの名言、訓戒、解説が今に伝えられているが、彼のペンから直に発せられた言葉は一つもないのだ。しかし、書物こそ著さなかったものの、盛んに書簡のやりとりをした人で、バアル・シェーム・トーヴの自筆とされる手紙が四通、今も残っている。

言ってみれば、ベシュトはカバラーの深遠な思想を会得して、それを、言い伝えや伝説によると、ただひたすらその人間的魅力によって、東欧の貧しいユダヤ人たちに伝えたのである。タルムードの学識を重視する正統派ユダヤ教を重苦しく感じるようになっていた何万というユダヤ人にとって、希望と情熱あふれる彼のメッセージは、心を浄め、爽やかにしてくれるものだった。書物で学ぶのは素晴らしいことだが、その知識が心の道としっかり結びかなければ結局無駄になってしまうとバアル・シェーム・トーヴは力説した。また、こうも述べたといわれる。「歓喜と悦楽を経ずして子を授かることなどあり得ない。そう考えると、祈りが実を結ぶことを願うのならば、歓喜と悦楽のうちに祈らなくてはならない[15]。」

ベシュトは信徒たちに、できるだけ熱い想いで祈りなさい、シナゴーグの壁や扉が溶けてなくなるように思えるくらいに、と教えた。また弟子たちに対し、物質界の喜びを受け入れて味わいなさいとも勧めた。地上の生活は、喜びに満ちたもの、讃えられるものとなるように意図されているのであった、けっして軽んじてはならないと述べ、「歓喜が呼び起こす愛の感情を知らずして、真の神の愛を感じとることは難しい[16]」と説いた。

さらにイスラエルは、イツハク・ルーリアと同じく、高次の意識に到達するための特別の瞑想技法を広めた。この十六世紀の賢者の教えに呼応してバアル・シェーム・トーヴも、物質界に落下した無数の火花を解放することが我々の使命なのだと説いた。ベシュトが強調したとされるのは、どんな行為も正しい意図すなわちカヴァナーで行なえば、宇宙を闇と混乱から救う助けになるということ。また、自分がどんなに無力と感じていようとも、すべての道は神の御前に通じているということだった。バアル・シェーム・トーヴは次のように述べている。「能力が同じ人間など二人といない。人はみな、自分の才能に見合ったかたちで神に仕えるべきなのだ。人の真似をしようとすれば、自分の長所を活かして善を為す機会を失うことにしかならない[17]」。このような考え方が、彼の教えの中心をなしていた。

死の数年前、ベシュトは自分の跡を継いでハシディズム運動を広めてくれる弟子たちを慎重に選び、訓練をほどこした。一七六〇年に彼が逝去してから五十年も経たないうちに、運動は驚異的な勢いで広がり（特定のユダヤ人たちからの強硬な反対がなかったわけではないが）、ロシアとポーランドのユダヤ人口の過半数から支持を得るまでになる。ロシアとポーランドは、十八、九世紀に、ユダヤ人の生活の一大中心地だった場所である。まちがいなく、バアル・シェーム・トーヴのメッセージには、ユダヤ人社会の深い深い部分に触れるものがあったのだ。

ベシュトの後継者——偉大なマギード

イスラエルの衣鉢を継いだのは、メジリッチのラビ・ドヴ・ベール（一七一〇—一七七二）だった。「マギード」（魂の師）と呼ばれた人物で、若いころは、才気煥発だがあまりにも禁欲的な学者として知られていた。典型的な伝説によると、初めてベシュトと会見したおりに、ベシュトから『ゾーハル』の難解な一節を解釈してみるように言われた。マギードが語り終えた後に、ベシュトがその一節について説き始めると、天人たちの目の眩むような輝きが部屋中に満ち溢れたという。「あなたの解釈は間違っていませんが、魂の欠けた学び方をしています」と、バアル・シェーム・トーヴは静かに語りかけた。それからほどなく、マギードはベシュトと固いきずなで結ばれ、ベシュトの言説をより学問的な形にまとめ上げていく。

師と同様に、メジリッチのラビ・ドヴ・ベールもまったく本を書かなかった。安息日に彼が説教を行なうと、その翌日に、弟子たちが彼の見解を記録するのが習慣になっていた。そうした記録の随所に彼の言葉が引用されているので、それを読めば、彼の教義がどのようなものだったかがわかる。興味深いことに、マギードはどうやら「自動発話」の形で講義をしたらしい。多くの信徒たちが、マギードは見るからに変性意識状態すなわちトランス状態で喋っていた、と証言している。実際、マギードは、こうした心の状態を作り出すことにこそ、瞑想の重要な目的があると教えていた。J・G・ヴァイスは、『ユダヤ研究誌』に掲載された一九六〇年の論文の中で、この教えについて次のように述べている。「自分では喋り方をコントロールできない状態、つまり、思わず言葉が口を衝いて出てくるような状態にならないといけない。・・・先に立って何かを説くのではなく、むしろ身を引いていることが務めなのだ。秘術によって己を無にした状態で、神に自分の口を使っていただくのである。」[18]

マギードの周りには有能な説教師たちが集まってきたが、そうした人々がやがて独り立ちしてハシディズムの師となっていった。したがって、ハシディズムの急速な広がりが、マギードのすぐれた組織づくりの成果であることに、ほとんど疑いの余地はない。哲学面では彼は次のように主張した。我々が目覚めているときの通常の意識は、この世界を経験する一つの方法にすぎず、しかも、薄ぼんやりと感じる方法でしかない。しかし、注意力を鍛錬すれば、誰でもみな、宇宙の聖なるパターンを緻密に認識できるようになる。「自分を包み込んでいる物質的な覆いを少しずつはがしていくと・・・聖なるエネルギーだけが脳裏に描かれるようになる。これは神に由来するエネルギーなので、その光は限りなく崇高で明るい。」[19]

メジリッチのラビ・ドヴ・ベールは、正しい瞑想の仕方についても詳しく説明している。瞑想は忍耐を要するプロセスだと考える彼は、「瞑想するには、一定の細かな事柄に想念を集中させる必要がある。多くの場合、それには非常な努力を要するが、成功したときの喜びは大きい[20]」と述べている。チベット仏教やヨーガのような、他のいくつかの霊的修行の師たちと同様に、厄介な想念を頭から消し去ろうと躍起になってはだめで、意識をよぎる考えや思いを、むしろ高めるように努力すべきだと教えた。彼の卓越した言説を弟子の一人が書き留めて、『マギード・デヴァライ・レ・ヤアコヴ』(ヤコブへの神の言葉)、別名『リックーテー・アマリーム』(語録)という書物にまとめた。これは、マギードの同意を得て書かれたもので、一七八四年に初めて出版された。

風格をそなえた学者、メジリッチのラビ・ドヴ・ベールの多大な働きによって、当時芽生えつつあったハシディズム運動は、ユダヤ教の正しい信仰の方法として根付いていった。だがその一方で、主流派の律法学者たちはやはり、ハシディズム活動に穏やかならざる感情を募らせていた。正統派の指導者たちは、この新しい運動に反知性主義の色合いを感じて苛立っていたが、単にそれだけではなかった。それ以上に彼らが怪しからんと感じたのは、ハシディームが、人間と神の媒介者とされツァディーク——すなわち、ベシュトの弟子たちの間で人望を集めるようになった宗教家——の役割に重きを置いている点だった。かつてバアル・シェーム・トーヴは無数の信徒に対し、ツァディーク(自分の教えに従うようになった「選ばれし弟子」の意)たちに、日常の出来事について霊的指導を求めるように勧めていた。ところが何年も経つと、東欧のいたるところでツァディキーム(「ツァディーク」の複数形)が野草のごとく大量発生する事態が起きてきたのである。その中には明らかに叡智に長けた者もいるが、いかさま師や愚者もいる——ハシディズムに反対する人々はそう主張した。このような人々はミトナゲディーム（「反対者」の意）と呼ばれるようになる。

ミトナゲディームはさらに、ハシディズムのその他のしきたりをも異端だとして非難した。たとえば、伝統的な祈祷書の代わりに『ルーリアの祈祷書』を使う、特別な服を身につける、普通とは異なるやり方で瞑想や祈祷を行なうといったことを咎めたのだった。伝統的に律法研究の拠点だったリトアニアでは特に、ハシディズムへの反対が非常に厳しかった。一七八一年、ヴィルナのエリヤ・ガオン（「偉大なる学者」の意）（一七二〇―一七九七）が、敬虔なユダヤ教徒はハシードと結婚してはならないという禁止令を布告した。いくつかの町では、ユダヤ民族の将来を憂えるミトナゲディームによって、ハシディズムの書が公然と燃やされた。しかしそれでも、急激に拡大しつつある運動を止めることはできなかった。

よく理解しておかねばならないのは、こうした論争が、カバリストすなわち神秘家対ユダヤ教の合理主義的解釈者の間で繰り広げられたわけではないという点である。ハシードたちは熱烈なカバリストだったので、以前には誤ってそのように考えてしまった学者もいた。だが正確には、ミトナゲディームもやはりカバリストだったのである。ただし、その秘教の研究は第一級の学者だけに限定した方がよいと考えるカバリストであった。肝心なのは、彼らがハシディームを、畏るべき危険な要素を孕んだ神聖な伝統を通俗的なものにしてしまう輩と見ていたことである。エリヤ・ガオンはカバラーの研究に非常に熱心で、たとえば、カバラーに関する彼の著作だけで、当時のハシディームの著作をすべて合わせた数を上回るほどである。さらに興味深いことに、この傑出した知識人は霊媒師でもあった。十六世紀のヨセフ・カロと同じく、エリヤ・ガオンも三十歳になる前から超常的なトランス状態をたびたび経験したと言われている。

ルバヴィッチ派の開祖

ミトナゲディームの敵意にもかかわらず、ハシディズム運動が発展を遂げていくにつれて、当初のヴィジョンにあったパワーや勢いは徐々に衰えていった。それはたぶん当然の成り行きだったのだろう。バアル・シェーム・トーヴにも、その選ばれた弟子たちにも会ったことのない新世代のユダヤ人によって、初期の教えが歪められたり、ともすると誤った方向に導かれたりするのは無理からぬことだった。たとえば、祈祷や瞑想に関するさまざまな教義も次第に希薄になっていった。ハシディズム思想の根底にあったカバラー的な要素は着実に弱まっていき、ついに、二十世紀の学者の中には、両者のつながりを疑問視する者さえ出てきた。

本来の教えの純粋さを守ろうとした偉大なハシディズムの師の一人に、リアディのラビ・シュヌール・ザルマーン（一七四七―一八一二）がいる。マギードの大勢の弟子たちの中で、最大の影響力をもつ人物だった。中央ロシアで生まれた彼は、タルムードの教えに詳しい神童だったが、やがてメジリッチのラビ・ドヴ・ベールの庇護のもとで勉強を続ける道を選ぶ。この老師は三十五歳以上も離れた若い弟子に、カロの著書をもとにして新しい法典を編纂するように勧めた。

ラビ・シュヌール・ザルマーンは、高次の意識に至る道として、方々の田舎にいる大勢のツァディークたちに支持されている方法より、もっと体系化されたアプローチに心を引かれた。特に興味を抱いたのは、民間のハシディズムの教えを古典的なカバラー思想にはっきりと関連づけることだった。師の励ましを受けて、一七九七年に『タニア』（教えられしこと）の第一巻を出版した。この題名は、本の出だしの言葉が「タニア」であることから付けられた。ヘブライ語の書物は、冒頭の句をそのまま書名にすることが多い。この複数巻からなる著作は、またの名を『リックーテー・アマリーム』（語録）といい、一八〇六年と一八一四年に最終巻が追加された。著者は自らの体系をハバドと名づけた。これは、カバラーの体系の最高位に位置する三つのセフィロート、ホフマー（智慧）、ビーナー（理解）、ダアト（知識）の最初の文字をとったものである。

ラビ・シュヌール・ザルマーンは『タニア』の中で、形而上学から人間の動機や人格にいたるまで、興味を惹くさまざまな話題を取り上げて説得力豊かに論じている。人間には内面的に成長する力が備わっていることや、自由意志によって人生を決めることの大切さを力説した。このルバヴィッチ派ハシディズムの創始者も、抑鬱に陥らないためには活動が不可欠であることを強調し、「行動する以外に闇を光に変える方法はない」[21]と述べている。人間の情動の仕組みに関する彼のモデルは、徹底して、最高次の人間性に焦点を当てている。遙かなる道のりを一歩一歩すすんでゆけば、人間の本性は神性にまでつながると彼は信じていた。その一方で、恐れ、怒り、悲しみといった低次の感情の威力もよく理解していた。こうした感情には、偽りのない内省を通して正面から向き合って、克服していかねばならないと言明した。

さらに、このハバド・ハシディズムの提唱者は弟子たちに、人間の基本的欲望のひとつは「エーン・ソーフ」（無限者）と一体になることだと教えた。人間の魂は「結び付きを断ち切って肉体を離脱し、自らが生まれた源・・・あらゆる生命の源泉と一つになりたいと切望するが、それは自然なことである[22]」と記している。東洋のさまざまな宗教もこれと似たような見方をする。けれども、ユダヤ教正統派は昔からずっと、神的なるものとのそのような具体的、個人的関係への言及にひどく不安を感じてきた。そういう人々から見ると、ラビ・シュヌール・ザルマーンは、ユダヤ教を破壊してしまう新宗教を説いているように思われた。結局、反対派は、彼が次のようにはっきり告げていると考えるに至る。「私は、あなた方の務めを思い出させるために、惰眠を貪っている者を目覚めさせるために、・・・見えないはずのない盲人たちの目を開かせるためにやってきたのだ[23]」と。

ミトナゲディームは実際に二度、皇帝への反逆を企てたとして彼をロシア政府に告発している。ハシディズム反対派は、ラビ・シュヌール・ザルマーンの一団がひそかに国の支配者層の引き下ろしをたくらんでいると主張したのだ。『タニア』の著者は二回とも投獄されたが、皇帝の警備隊は、このような訴えを裏づける証拠を見つけることができなかった。一八〇一年、二度目に投獄されて釈放されてからは、最も激しい敵意をもつ正統派の相手にさえ、彼に説教をやめるつもりはないことや、この運動を排除するのは不可能なことがもう明らかだった。皮肉なことに、それからまもなく、ミトナゲディームとハシディームは共通の敵を相手に団結することになる。共通の敵とは、新たに現れたユダヤの世俗主義者たち、マスキリームであった。

リアディのラビ・シュヌール・ザルマーンは、大勢のユダヤ人にカバラーをわかりやすく説明する才能だけでなく、人々を組織する優れた技能をも併せ持っていた。彼が起こしたルバヴィッチ派は、特に僻地に暮らすユダヤ人のための学校、地域プログラム、社会サービスを計画して根付かせた。現在も、数十万人のルバヴィッチ派ハシディームが、世界の至る所で結束の固いコミュニティを作って暮らしている。

ブラツラフのラビ・ナフマン

ルバヴィッチ派の開祖と同じ時代にもう一人、ハシディズムの巨人がいた。ブラツラフのラビ・ナフマン（一七七二―一八一〇）である。興味をそそる彼の教えの中には、たとえば、夢はまぎれもなく情報の宝庫であるとか、変性意識状態のこと、心身の相関についてなど、今日の我々にもかなり関心のある話題が含まれている。ウクライナの小さな村で生まれた彼は、バアル・シェーム・トーヴの曾孫にあたり、若い頃からすでに神秘の道に惹かれていたという。

一七九八年、二十六歳のときに、ブラツラフのラビ・ナフマンはパレスチナへの旅に出た。サフェドに巡礼して、シメオン・バル・ヨハイやイツハク・ルーリアをはじめとする偉大なカバリストたちの墓所を訪ねようとしたのだ。晩年になってからラビ・ナフマンは、真の霊的生活が始まったのはこの旅からであったと回想している。聖地パレスチナで彼がどのように過ごしたのか、詳しいことは知る由もないが、そこのカバリスト仲間とだけでなく、スーフィズム信者たちとも接触があったらしい。旅から戻るとすぐブラツラフに落ち着き、忠実な信者たちを少数集めてはカバラーの講義をしていた。その刺激的なメッセージは口頭で伝えられたが、幸いなことに、そうした言葉の多くが弟子の一人によって記録され、一八〇五年頃に出版された。これは、『リックーテー・モハラン』（我らの師ラビ・ナフマンの語録）と題する本で、彼の死後の一八一一年に、さらにその続篇が出版されている。

ブラツラフに住むようになってわずか五年で、ラビ・ナフマンは結核に罹ってしまう。死が間近いことを悟った彼は、取り乱すことなく、ウマンの町に移住する。マルティン・ブーバーによると、ラビ・ナフマンは、何年も前に戦死した大勢の兵士の魂がその地に捕らわれているのを感じ、それを「高みに引き上げ」ようとしたのだという。このカバラー思想家は、想念の力で物質界の出来事に影響を与えることができるとも信じていた。千里眼をもつ霊能者だったと言われている。イツハク・ルーリアをはじめとする偉大なカバリストたちがそうであったように、彼もまた肉体が死んでも人間の意識は存続すると確信しており、他のハシディズム指導者たちと同じく、肉体が死ぬ瞬間は、そのような変化を遂げる上で決定的に重要な瞬間であると説いた。

ラビ・ナフマンは、それぞれ自分で努力を重ねれば、誰でもみな高次の霊的意識に到達できると教えた。神的なるものに近づく道として、生き生きした感情、特に喜びの感情を重視し、極端な節制や肉体の否定はすべきでないと繰り返し説いた。そのようにして肉体を罰しても、霊的生活にはほとんど関係がないと力説したのだ。「人は、たとえ他愛ないことに頼ってでも、とにかく、心をいつも喜びで満たすように努めなくてはならない[24]」とはっきり述べている。人間の心と体は密接にからみ合っているというのが彼の考えだった。今から二百年近く前に、慢性的な恐怖、怒り、抑鬱といった情動と、身体疾患の発症との強い関連性を、信じがたいほどの正確さで説明している。

ブラツラフのラビ・ナフマンはまた、ユダヤ教主流派が集団祈祷を重視するのと全く対照的に、独りで瞑想することの意義を力説した。このような個人的体験を通してこそ、より高い意識状態に到達することができると主張したのだ。孤独に身をおくことは最高の理想であり、宇宙を感じ取れるところまで意識を高めるための第一歩であると説き、少なくとも一日に一時間は、独りで神的なるものと語り合う時間をつくるようにと、信徒たちに勧めた。部屋に一人で籠もるもよし、野に出て一人きりになるもよし、「かならず毎日一定時間を、自分の生活を静かに振り返るのに充てなさい」とブラツラフのハシードは述べている。[25]

この堂々たるハシディズムの指導者は今日、その素晴らしい思想を具体的な形に表した数々の寓話や物語でよく知られている。彼のつくった物語は、百年以上後のカフカの作品と比較されてきた。道に迷った王と難破した船乗り、狂人と夢想家、隠された宝と予期せぬ偶然の一致など、ラビ・ナフマンのテーマは、カバラーの古典的な概念の多くを象徴的な形で示したものだが、単純に類別できるようなものではない。物語のほとんどが、ごっちゃになったり、ばらばらになったり、誤って記録されている。著者自らが記した話はひとつもないのである。一八一五年に、そのうちの十三冊が、ヘブライ語の翻訳付きのイディッシュ語で出版された。

ハシディズムのある一派は、今日もなお、日常生活のインスピレーションを彼の教えに求めている。別のハシディズムのグループからは「死せるハシディーム」と呼ばれており、彼らの最高位のシナゴーグは、正統派ユダヤ教徒の住むエルサレムのメア・シュエリアム地区に建っている。「私の光はメシア到来の日まで輝き続ける」[26]というラビ・ナフマンのことばに従って、このブラツラフ派の人々は、今でも開祖のことを現在形で話し、これまで霊的使命の後継者を指名したこともない。

産業化時代におけるカバラーの衰退

十八世紀後半、偉大なハシディズムの師たちのすぐれた試みにもかかわらず、秘教の伝統に対するユダヤ民族の関心はどんどん薄れていった。時代は急速に変化しつつあった。植民地のアメリカに続いてフランスに革命が起こり、西欧では自由と民主主義を掲げた政治改革の新時代が始まろうとしていた。長年の間、大学教育から完全に閉め出され、狭苦しく屈辱的なゲットーでの暮らしを余儀なくされてきた大勢のユダヤ人たちは、こうした全般的な文化の進歩の波に乗り遅れてはならじと必死の思いだった。

東欧でミトナゲディームがハシディームと激しく闘っていたのと同じころ、まずドイツにおいてユダヤ啓蒙主義運動(ハスカラー運動)が起こった。モーゼス・メンデルスゾーン(一七二九—一七八六)の指導のもと、西欧化された考えの弟子たちが中心となって、宗教に関係のない科目を教えるユダヤ人学校の設立を始めたのである。一七八一年にベルリンに作られたのが最初だった。迷妄な信仰こそが、同胞たちを偏狭な民族主義に閉じ込めていると考える彼らは、そうした迷信を打ち砕くことを目標に掲げていた。特に、カバラー的な考え方をもつハシディームを、同世代のユダヤ人の中でも最も遅れた、無知で愚かな輩と見なしていた。マスキリーム(「啓蒙された人」)の多くがハシディームのグループを痛烈に攻撃し、ユダヤ民族を永久に中世の生活様式に引きずり降ろそうとしていると非難した。こうしたハスカラー運動が広がるにつれて、ユダヤ人が多様な職業に就けるようになる。商人、銀行家、仲買人、代理人、工場主、医師、教師、ジャーナリスト、あるいは役所仕事の請負人として活躍する者がどんどん増えていった。大多数の者には、何百年も昔からの風習にしがみついている理由などなかった。十九世紀の初めの数十年間に、ベルリンのユダヤ人の半数がカトリックに改宗したと推定される。

同じころ、やはりドイツにおいて、ユダヤ改革運動が起こった。ドイツの地方政府の支援を得て、伝統的な儀式や祈祷の規律を緩めることに成功したのだった。この運動を指導した博愛主義者のイズラエル・ヤーコプソンは、一八〇一年に改革派の学校を設立し、さらに一八〇八年には、改革派のシナゴーグではカバラーを論じてはならないとの声明を出した。それから数十年の間に、さまざまな新しい祈祷書が採用され、礼拝のスタイルも内容も変わっていった。たとえば、一八一九年には、長く愛されてきたカバラーの祈祷書『レハー・ドディ』(「来たれ、愛しき者よ」)が廃止され、代わって、新しく出版されたハンブルグ寺院祈祷書に収録されているルター派の合唱礼拝が行なわれるようになった。

もちろん、正統派ユダヤ教はこのような動きに激しく対抗した。同化が進めば必ずや背教につながると考えていたからだ。やがて、ミトナゲディームとハシディームの双方が気づく――マスキリームに比べたら、我々の方がよっぽど共通点が多いではないか。我々のことを古臭い信仰に盲目的にしがみついていると見ている、あの取り澄ました連中などに比べたら、と。こうして、それまで敵対していたラビとハシディームが歩み寄ることになったのだが、そのもう一つの理由に、ハシディームが元来のカバラー思想を軽視するようになったことが挙げられる。たとえば、十九世紀半ばには、バアル・シェーム・トーヴが教えた重要なカバラーの祈祷や瞑想の技法などは、ハシディームの間でもほとんど受け継がれなくなっていた。祈祷中は心を乱す想念を別のものに変えるようにというベシュトの助言もしだいに力を失い、やがてすっかり忘れ去られてしまった。他のハシディズムの開祖たちの教義にも同様のことが起こり、後の世代の信徒から見た開祖は、ますます伝説上の超人のごとき存在となっていった。ハシディームは、教義から完全にカバラーを排除したわけではないが、ミトナゲディームと同様に、そのような秘教の知識は学問を究めたユダヤ人以外には知らせない方がよいという考え方にだんだんと傾いていった。

そしてついに、西欧の大学で学び、伝統から解放されたユダヤ人たちによって、大衆に信奉されてきたカバラー的なものの見方が壊滅的な打撃を受けるにいたる。この知識人の運動を先導したのが、ハインリヒ・グレーツ教授(一八一七—一八九一)だった。彼は一八五四年に初めて、穏健改革派の組織であるブレスラウのユダヤ神学校の教員になる。グレーツの影響力は比類なきものだった。マイケル・マイヤーは、近著『ユダヤ史に関する見解』(Meyer, 1975)の中で次のように述べている。「十九世紀のユダヤの歴史記述および研究を支配しているのは、この人物に他ならない。他の学者からたびたび批判を受けつつも、彼の著作はこれまでずっと絶大なる人気を博してきた。[27]」

グレーツの代表作は『ユダヤ人の歴史』で、一八五三年から一八七六年にかけて全十一巻が出版された。翻訳され、何度も増刷され、そのユダヤ史への取組姿勢は「十九世紀後半の規範となり、現在に至るまで確固たる影響力を保ち続けている[28]」。この全集の中で、グレーツ教授はカバラーを甚だしく否定的に描いた。カバラーの体系に極端な侮蔑の眼を向けただけでなく、それまで賞賛されてきた偉人たちを無知な狂人として描いたのだった。たとえば、『ゾーハル』について、「体裁や見せかけと全く同様に、内容も興味本位で、混乱して支離滅裂である」[29]と書いている。また、十六世紀のサフェドの思想家たちに言及し、世界中のユダヤ人に「邪悪な影響を与えている」と評している。さらに、崇敬されてきたハシディズム運動の師たちにまで攻撃を向け、「ベシュトという名に劣らず醜悪なのが、この開祖の流儀であり、彼が作り出した秩序である。・・・彼の頭の中は、確かに実在するものとの区別もつかぬ突飛な空想でいっぱいなのだ[30]」と論評している。

要するに、当時最大の権威を誇ったユダヤ歴史学者が――しかも何世代にもわたって影響力を持ち続けた人物が――カバラーをユダヤの本流から逸れた濁った流れと見なしたのである。そして、カバラーの伝承を、正道からの逸脱として、過ちとして、さらに悪いことに、ユダヤ教の真の意図に逆らうものとして描くことに成功した。当然、この猛襲を受けたカバラーはたちまち物笑いの種になり、有力なユダヤ人、特に西欧に暮らす世故に長けたユダヤ人たちの思考や習慣から忘れられていった。蒸気機関や機関車の新時代には、古来の信条など不合理にしか感じられず、それゆえ、その根底にある重要な意義も歴史の記憶から消えていったのである。

けれども、中東のユダヤ人社会では依然としてカバラーが人気を保っていた。二十世紀になってもまだ、エルサレムの古い地区では、固く団結した学生たちが『ゾーハル』やイツハク・ルーリアの瞑想技法をはじめ、カバラーの様々な側面の探究を続けていた。そこのベテル・イェシヴァを拠点に、彼らは東洋や北アフリカ一帯にユダヤの秘教の伝統を伝えるうえで中心的な役割を果たしていたのだ。しかし、現代になってからのイスラエルの建国まで、セファルディ（イベリア半島出身のユダヤ人）の文化はそっくりそのまま、西欧のユダヤ教からほぼ完全に隔離されていた。

西欧や米国では、十九世紀半ばにはもう、カバラーは過去の遺物も同然になっていた。好意的に見てもせいぜい、かつて意義のあった思索が納められている時代遅れの倉庫といったところで、最悪の場合には——そして、それこそが百年間近く断然有力だった見方だが——現代のユダヤ人が忘れたくてたまらない、中世の世界観の恥ずかしい名残としか見なされなかった。

ところが時代は変わり、さまざまな理由からだろうが、カバラーが再び幅広い人々の心に訴え始めている。二十世紀後半を迎えた今こそ、カバラーが人類に発しているメッセージにしっかりと目を向けてみるべきときである。

第二章　我らは宇宙なり

「人間の身体は、さまざまな階層の器官や要素から構成されており、そのすべてが相互に作用し合って、一つの有機体を形成している。それと同じように世界全体も、階層をなす被造物から構成されており、それらが正しく相互に作用し合うならば、全体として、文字通り一つの有機体を形成する。」

『ゾーハル』

「万物の根は一つである。」

ブラツラフのラビ・ナフマン

我々と宇宙との関係をとらえる見方に、現在、刺激に満ちた一大革命が起こりつつある。細胞生理学から環境心理学、さらには天体物理学にいたるさまざまな分野において、革新的研究者たちの関心が、宇宙の作用を説明する新モデルという一点に集中している。従来の正統派科学の限界であった機械論的な見方を越えるこのようなアプローチは、「ホーリズム（全体論）」と呼ばれる。我々を取り巻く世界は、孤立した部分から成る機械のような構造としてではなく、相互に密接な関わりをもつ、意味のある全体として見た場合にこそ、最もよく理解できるというのがその主張である。

かくして、人体に関する分野では、「ホリスティック・ヘルス」と呼ばれる運動、すなわち心と体の統合性を主張する大衆運動が起こってきている。専門家自身も次第にこうした方向性を強めているが、そこで強調されているのは、身体的プロセスは感情と切り離しえないということである。精神的側面と身体的側面は、両方で一つの全体をなしており、したがって一方を真に理解するには、もう一方をも考慮しなければならない——この魅力あるアプローチの唱道者はそのように主張する。こうした考え方の根底にある価値観は、他の学問分野にもどんどん広がっており、そこでもやはり、根本的な前提の見直しがなされつつある。

興味深いことに、ここ数年間、多くの研究者が、ホリスティックなモデルは実は少しも新奇なものではないという驚くべき発見をしている。実をいうと、最近わかってきたように、宇宙は万物が絶えず相互に作用し合って一つの有機的なまとまりをなしているという考えは、何百年も前から世界中の宗教的伝統が教えてきたことなのである。言いかえると、他の部分から本当に切り離せるものなど一つもなく、あらゆるものは根本的な調和のもとに存在し、我々もその中に組み込まれているという教えは、こうした古来の知識体系のほぼすべての中心をなしている。

最も長い歴史をもち、なおかつ最も確立された学問の後継者たる威信の現れであろうか、物理学者たちは、このような二十世紀の宇宙観と古来の様々な宗教教義にみられる考え方との類似点をいち早く認識してきた。例えば、フリッチョフ・カプラ博士は、広く読まれている著書『タオ自然学』(Capra, 1975)の中で、現代の量子力学と仏教、ヒンズー教、道教といった内なる道との興味深い一連の類似点を指摘している。科学者と神秘家が、従来考えられていたほど対立しあうものではないことを説得力をもって論じ、さらに、現代の物理学者たちと歴史に名だたる東洋の魂の師たちが、宇宙について驚くほどよく似た考えを持っていることを示したのである。「顕微鏡ではとらえられないもっと微細な世界に分け入れば分け入るほど思い知らされるのは、現代の物理学者も東洋の神秘家と同じく、この世界を、絶えず運動し相互に作用し合っていて他から切り離せない構成要素からなる系としてとらえ、人間をこの系の不可欠の構成要素の一つと見るようになってきているということだ」[1]とカプラは述べている。彼がこうした説得力ある主張を著して以来、まさにこれとそっくりの見方を表明する物理学の書物が続々と登場してきている。

しかし、心理学の分野ではこのような統合的な生命モデルが現れるのに時間がかかっている。それは、この学問自体が比較的若くて、自意識に縛られているからであると述べる評論家もいる。たとえば、現代の人格理論や心理療法の創始者であるフロイト本人から直接に学んだ人たちが、今なお存命中なのである。また、フロイトの直弟子から訓練を受けた人たちが今も大勢、実践の場で活動している。言ってみれば、サー・アイザック・ニュートンの弟子の何人かが、高名な師の数学や物理学の考えを奉じながら、今も歩き回っているようなものだろう。

そのようなわけで、できるかぎり知的に成熟しているところを見せたい主流派の心理学者の多くに、誤って十九世紀の世界観にしがみつく傾向、つまり、人はみなビリヤードの球のようにばらばらで、互いに独立した存在だと考えてしまう傾向があった。そのうえ、社会科学や行動科学はごく最近まで、物理学の分野での画期的発見にほとんど注意を払ってこなかった。それは、実験者がその実験結果にどうしても影響を及ぼすはめになるという発見であるが、そうであるからには、人間の精神面の研究に究極的な「客観性」などあり得ないのである。

ずっと以前から、もっと統合的な見方を主張してきた批判家も確かにいることはいる。原子力時代の幕開けである一九〇〇年代の初頭にウィリアム・ジェームズは、これからの心理学は文化的偏見を捨て去らねばならないと説いたのだった。この異彩を放つハーヴァード大学の教授は、人間の可能性を最大限に理解する一助になり得るものとして、神秘主義や東洋の宗教、さらには降霊現象にも非常に強い関心を示した。その後、カール・ユングやヴィルヘルム・ライヒのような偶像破壊主義者が、人間の研究には全く新しいアプローチ（すなわち、我々はみな生きている限り、宇宙の多様な側面との絶えざる相互関係の中にあるということを認めるアプローチ）が必要だと説いて同僚たちの憤激を買うことになる。彼らは、主流派の心理学はあまりにも視野が狭すぎて、人間の高次の可能性を否定していると批判した。けれども、こうした優れた天分をもつ人物も、彼らと信念を同じくする他の人々と同様に、保守的な同業者たちから、非現実的な夢想家として退けられてしまったのだった。

とはいえ、一九六〇年代に入ると、時代の思潮に変化が起こり始めた。小冊ながら物議を醸した著書『可能性の心理学』（Maslow, 1966）の中で、エイブラハム・マズローは正統派の科学について、「実証されてもいないことを信じ、定義、公理、概念を疑おうともしない」(2)と非難した。そして、新しい心理学（すなわち、人間を分類整理したり、無意味な統計上の存在に「細分化」したりしない心理学）を構想した。彼は次のように明言している。「古典的科学の弱点が最も著明に現れているのは心理学と民族学の分野だと感じられる。実際、人間や社会についての知識を得ようとするときに、機械論的な科学はまるで役に立たない[3]。」

当時はもう、そのような痛烈な批判が通じる時代になっていた。マズローはまもなく、全米規模の職能団体であるアメリカ心理学会の会長に選ばれたのだった。心理学、宗教、神秘体験に関する彼の著書は、西洋中で人気を博し、人間性心理学とトランスパーソナル心理学という新しい二つの運動の誕生を促した。これらのアプローチはいずれも、人間の心に特有の創造的で直観的な機能を重視し、人間の認識や行動を理解する上で有効なのは純然たる統計的方法のみであるという見方を斥けるものである。

さらに、これらの運動の探究者たちは、人類の偉大な宗教的伝統に対して率直な敬意を抱くようにもなっている。先見の明のある研究者たちは、心の仕組みについてのすぐれた洞察を得ようとして、古くから伝わる修行を熱心に調査している。このような心理学者たちは、確立された分野といいながらその実、証明も吟味もなされていない前提に振り回されてきたものがどれほど多いかに気づきつつある。人間本来の性質や、人間とそれを取り巻く宇宙との関係を探ろうとする研究の広がりと奥行きが、そうした前提のせいでどれほど狭められてきたかに、我々誰もが気づくようになっている。

人々の関心を集めつつある古来の道の中で、最も包括的かつ魅力的なものの一つがカバラーなのである。今日、カバラーが本格的に注目され始めていることに何の不思議もない。カバラーは、機械論的な科学を主導してきた人々に、それに代わる一連の明確な価値観を与えてくれるのだから。カバラーの体系は、人間のパーソナリティを詳細に一貫性をもって描き、その性向や長所・短所まですべてを含めた見方を提示してくれる。さらにいうと、人間と宇宙の関係に対するその見方には、他のいくつかの宗教がずっと昔から教えてきたことがらと見事に一致するところがある。それどころか、ユダヤの神秘主義は、現代生物物理学の最新理論の多くを先取りさえしているのである。したがって、カバラーの主要な諸前提を検討すれば、我々自身の文化的バイアスが新たな角度から見えてくるだけでなく、現代の知の探究を導く新たな方向性が得られるかもしれない。

宇宙の調和

ユダヤ教の神秘の道全体に通じる最も根本的な原理は、疑いもなく、宇宙が整合性のとれた意味のある全体だという考え方である。この古くから伝わる知識体系の偉大なる師たちは、繰り返し、宇宙のあらゆる側面がそれ以外のすべてと密接につながっていることを力説してきた。カバラー伝承のバイブルである『ゾーハル』のような書物が何度も強調するのは、ごく微小な被造物から、この上なく広大な宇宙空間にいたるまで、大小さまざまのあらゆる存在が互いに密接に絡み合っているということだ。『ゾーハル』によれば、世界は「上位のものも、下位のものも、原初の神秘の瞬間から、あらゆる段階を経た後までも」こうした原則のもとに構成されており、「すべてが互いに重なり合っている(4)」という。

言うなれば、この喚起的で難解な書物の最も中心的なメッセージは、「上の如く、下も然り」という人口に膾炙した言葉に集約されるだろう。我々はみな、目に見えない広大なネットワークでつながっていると言われている。その古くから伝わる比喩表現によれば、我々はみな、天界に根をもつ大いなる「生命の樹」から伸びる芽の一つ一つなのだ。ふだんはまるで気づかないような無数の微妙な経路で、我々の為すこと、言うこと、さらには考えることまでもが、その全体に対してきわめて実質的な影響を与えていると考えられる。ユダヤの神秘家たちが力説するのは、宇宙全体に広がる「何千にも及ぶ世界」のすべてが、寸分の狂いもない調和のもとに結び付いているということである。

とはいえ、カバリストたちは十分に現実主義者であるから、このような楽観的な見方が日常の生活体験の多くと真っ向から対立することもよく承知していた。友人や家族から孤立しているように思い、もっと強い絆を感じたいと切に願うといった経験のない者はほとんどいない。確かに、呼吸し動くものはみな別個の存在のように見えるが、それこそが、生命というものの一つの基本的特質のように思われる。結局、人は誰しも自分の痛みしか感じないのではないか。

しかし、カバラーが強調しているように、世界についてのこうしたイメージは、結局のところ、我々のごく限られた知覚が生み出す幻影にすぎない。霊的な到達度の低い人ほど、他の存在から切り離されているように、自分自身の魂の源からさえも切り離されているように感じてしまうのだ。しかし、カバリストが力説するように、より高次の意識状態に到達できるようになると、次第に、我々を取り巻く一見でたらめな事象の中にも統一性が見えてくる。第八章で述べるとおり、事象の符合がいよいよ明白になってくるのである。

　これまで述べてきた通り、ユダヤの秘教の体系は、無秩序な力がランダムに働いているとしか見ない機械論的な宇宙観とはまるで異なっている。それどころか、宇宙は、完璧に調和のとれた諸機能がみごとなまでに整然と並んでいるものとして描かれる。目に見えるものはすべて、容易に認識できようができまいが、それぞれ果たすべき役割をもっているのである。理解の程度いかんにかかわらず、けっして忘れてはならないのは、宇宙には特定の目的をもたない事象など何もないということだ、とカバラーは説く。現代の物理学者の言葉と内容をそのまま写したかのように、十八世紀のラビ・モシェ・ハイム・ルザットはこう述べている。「あらゆる存在のパターンやシステムは、そのすべてが相互に関連し合うように構成されている」[5]と。

　さらに、ユダヤの神秘主義はきっぱりとこう言う。身体感覚や科学機器によってとらえた世界は、本質的に、我々を取り巻く光輝をせいぜい粗雑に描いたものでしかない。物質的装置は、どれほど精巧でも、超越的なものまでは測定できないのだ、と。このカバラーの根本書はさらに次のようにほのめかす。最も強力な道具でさえも我々の期待を裏切る。それは、構造が物質的なものに依存しすぎているからだ。そのような道具では、実在のもっと別の水準、もっと微妙な水準にあるものに真に分け入ることはできないのである、と。

　皮肉にも、ほとんどの十九世紀の思想家には馬鹿げた迷信のようにみえたこうした考えが、現在、物理学ではほとんど自明の理になっている。けれども振り返ってみれば、機械装置を使えば宇宙の神秘を解明できるものと考えて、科学に圧倒的な信頼を寄せていたのもそれほど昔のことではない。

たとえば、一八〇〇年代の後半には、多くの研究者が本気で、もうすぐ宇宙全体のしくみを根本的に理解できるようになると考えていた。望遠鏡や顕微鏡などの道具があれば、どんな問題にも答えられると固く信じていたのだ。それからほどなく、アルベルト・アインシュタインとその同僚たちを先触れとして静かな革命が始まった。

以来、科学機器は単に未踏の領域を垣間見させてくれるにすぎないことがきわめて明らかになってきた。空間、時間、エネルギーという謎の核心には少しも迫ることができていなかったのだ。事実、現代の理論物理学の根幹をなす「ハイゼンベルクの不確定性原理」は、宇宙の構造を探ろうとする行為そのものが、観測する対象に変更しようのない影響を及ぼしてしまうことをはっきり示している。当然ながら、伝統的に「客観性」こそが知識を得る唯一有効な道だという立場をとってきた科学的探究には、方法論に決定的限界があるように思われる。七百年近く前に、『ゾーハル』は的確にもこう述べている。「数は、ある特定の点から始まり、それ以上細かく分けることはできない。」(6)

神秘体験を通じてカバリストたちは、宇宙と我々の関係について伝えるべきことをいろいろ知っている。とくに重要なのは、宇宙は結局、正反対にみえるものが合わさって出来上がっているという教えである。能動性と受動性、男性と女性、光と闇といった特性は、通常の我々の意識の枠組みでは、関連がないどころか相矛盾するもののように思われる。ところが、カバラーは、本当はすべて一つなのだと主張する。かくして、聖書の一節「そして神は光と闇を分け」について、『ゾーハル』は次のような鋭い論評を加えている。

このときまで、光は男性原理を象徴し、闇は女性原理を象徴するものだったが、その後、二つが合わさって一つになった。光と闇を区別するものは程度の差でしかない。両者は同じ性質のものなのである。闇がなければ光もなく、光がなければ闇もないのだから。(7)

この興味をそそる非二元論的な概念は、そう、道教その他の東洋哲学の概念と酷似している。たとえば、「陰」と「陽」だが、これらはもともと山の両側を表す言葉であり、どちらの漢字にも盛り土をかたどった阜偏がついている。この「陰」「陽」という言葉はやがて、「道(タオ)」が宇宙で働くときの二種類の脈動を示すようになる。その一方は能動的で攻撃的(カバラーの書では「王」と呼ばれる)、もう一方は受容的(「女王」または「シェヒナー」と呼ばれる)な性質をもつ。

カバラーによれば、自然界の起源から、ありふれた人間の行為まで、被造物のあらゆる側面にはこの二つの力のバランスが関与しているという。この考えをうまく伝えるために、多くのユダヤの神秘家たちは、大胆きわまりない性的な比喩表現を用いてきた。次章では、カバラーの教えがこのように挑発的な表現をしていることについて詳しく述べるつもりだが、ここでは次のように言うだけにとどめておく。十三世紀の『ゾーハル』は特に、天の「王」と「女王」の悦びに満ちた性愛行為によって、宇宙に新たなエネルギーが生み出されるという話に満ち溢れている。それどころか、この聖なる書物には、こうした両極に分化しながら相補う力の相互作用を、性の絶頂感に喩えて描いている箇所がいくつかある。たとえば、ある一節には生々しく、「義人が精液を流すのは、真の女性が現前し、なおかつ、互いの欲望が忘我の境地でしっかりと一つに溶け合う場合に限られる」(8)

とある。

カバリストたちはさらにこうも言う。存在の能動的な面と受動的な面が統合されて出来上がっているのは宇宙全体だけではない。生物や無生物もみな然り。人はだれでも、一般に男性的、女性的とされる特質を併せ持っていると考えられる。男性または女性に特有とされる人格特性しか持たない者などいない。かくして、『ゾーハル』は、「最初の発出（emanatio）で生まれた人」は男女両性を具有していたと述べ、「男性的および女性的要素を兼ね備えていない者に、真の正しい人間などいない」(9)とまで言いきる。

そういうわけで、ユダヤの神秘家は入門者に対して常に、この両傾向の間で内的バランスをとるようにと助言してきた。内面の発達を最大限に促すには、自分を押し通す強さと細やかな思いやりの両方を身につける必要がある。また、カバリストはよくこんなふうにも言う。分析一辺倒の姿勢でものごとを理解しようとするとどうしても、人間性と宇宙の構造の両方を断片的に見てしまう。主観的体験をも含めた、相補的でホリスティックな方向性も必要である、と。人間の大脳の両半球に関する最近の研究でも、これと同じことが強調されており、直観的なひらめきと論理的な情報処理の両方が、周囲の世界にうまく反応する能力の中核をなしているという。

さらに、カバラーは、時間やそれに関連するさまざまな事柄までが、「王的」な特性と「女王的」な特性から構成されていると説く。たとえば、『ゾーハル』によると、特定の季節や時間帯、あるいは瞬間瞬間も、気づかない程度にだが、周期的にこれらの力のいずれかに「支配」されているという。つまり、ほとんど気づかないような外界の周期的変化の影響を受けて、我々は活動的な気分になったり、受容的な気分になったりすると考えられるのだ。十八世紀の終わり頃に、ハシディズムの指導者、ブラツラフのラビ・ナフマンは、「万物は車輪のようにぐるぐる回り、揺れ動く・・・すべては周期的に循環している」[10]と鋭く洞察している。自然界の循環特性についての認識が深まれば深まるほど、自分自身の中の聖なる流れとうまく調子が合うようになると彼は言う。宇宙全体は絶え間ない変化の流れの中にあり、そのような変化が、我々の日常生活に複雑な影響を与えているのだとラビ・ナフマンは強調した。

この点に関してもやはり、ユダヤの秘教の伝統は驚くほど優れた見識を示しているように思われる。今日、世界中の実験室で、生物が体内と外界のリズムに大きく支配されていることが明らかになってきている。単細胞生物であれ人間であれ、生命プロセスにはかなり周期性があるらしい。ゲイ・リュースは、興味深い著書『生理時計』(Luce,1971)の中で、この急成長分野の十年前までの研究成果を要約した。それ以後、月のような意外なものまでが、動物行動にどのような影響を及ぼしているかについて科学的な研究がなされてきている。アーノルド・リーバー博士は、『月の魔力』(Lieber, 1979)の中で、満月と新月が巡ってくるたびに、殺人事件の発生率が有意に増加することを実証した。このテーマについて論じた彼の論文はすでに、権威ある学術誌『アメリカ精神医学誌』と『臨床精神医学誌』に掲載されている。確かに、月やその他の宇宙に働く力がどのように生物学的な周期に影響を与えるのか、正確なところはまだ十分には理解されていない。しかし、月相に合わせて断食日を決めるように勧めるなど、この昔ながらのカバラーの考え方は、もはやそれほど迷信的とは思われない。心身の状態を最適に維持するには、環境の日周期、月周期、季節周期に合わせて我々の活動を調整すると良いのかもしれない。
興味深いことに、昔ながらのカバラーの考えが理に適っていることは、生命科学の領域だけで立証されてきただけではない。現代の量子力学の分野は、今、ユダヤの秘教の体系の中でも特に、奇抜きわまりなく思われる考え方と見解を一にしつつある。つまり、物理学者たちは、原子内の世界についての反復実験を通して、宇宙は通常の道理を越えた法則に従って動いているのではないかと考えている。重要な理論の一つに、宇宙は根本的に正反対でありながら相補的な側面が合わさって構成されているという考え方がある。たとえば、素粒子は、破壊可能でありながら、かつ破壊不可能と見られる。物質は連続性と非連続性を併せ持っている。エネルギーと物質は同一現象の異なる機能にすぎないと考えられる。空間と時間の概念は、全く異なると思われてきたが、相対論的物理学では一つに結びつけられてきている。フリッチョフ・カプラ博士は次のように述べている。

力と物質、粒子と波動、運動と静止、存在と不在などは、正反対もしくは相矛盾する概念だが、現代物理学では対立するものでも矛盾するものでもなくなっている。・・・物理学者たちは、対立概念では説明のつかない現実に直面して、特殊な考え方を採用せざるを得なくなったのだ。・・・その考え方に従う人はもう、古典論理学の厳密な枠組みに縛られてはいない。(11)

そういえば、何百年も前からずっと、カバラーの師たちはこれと全く同じことを唱えており、「二者択一」の見方に凝り固まった日常の意識では、宇宙の真の姿を理解することはできないと力説してきた。彼らが言うには、我々は、世俗の論理や合理主義の限界を打ち破って高次の精神状態に到達する術を身につけねばならず、そのような高められた境地に達してこそ、広大な天界の輝かしい調和を会得し、味わうことができるだろう、と。

生命の樹

宇宙に関するユダヤの神秘的思索の最も中心的な特徴は、おそらく「生命の樹」の概念であろう。カバラーが生まれて以来、その達人たちは、この複雑で想像力に富むテーマを練り上げることにひたすら専心してきた。そのさまざまな解釈をめぐっては、何百年も前から激しい論争が繰り広げられてきた。今日では、このような意見の相違をさらりとかわすカバラーの師もいるが、解釈をめぐる論争の中心には常に、このすでに複雑な問題があるのだということを忘れてはならない。ここでは紙面に限りがあるため、実際には膨大な広がりをもち、時として混乱を招くのも無理はないテーマの概略を述べるだけにとどめる。

ユダヤの神秘家たちは常に、宇宙が存在するためには、何らかの原初的な神の力が、それ自身の内に引きこもらねばならなかったと説いてきた。天地創造の「前」に顕現したのは、これまで詳細に論じられてきたようなものではなく、人智をはるかに超える出来事なのだと賢明にも主張してきた。要するに、空間的、時間的なことを問題にしても——「いつ」「どこで」あるいは物事の「前後」を云々しても——この問いには全く意味がないとはっきり説いてきたのである。いずれにせよ、神——言葉で言い表わそうとどれほど努めてもできないもの——が聖なる精髄を内へと収縮させて、最初の空間、すなわち真空を作り、それによって物質が存在することになったのだと言われる。しかし、カバリストたちはそのような直截な言い方はしない。むしろ、ツィムツームと呼ばれるこのプロセスの本質が、言語を絶する聖なる光輝自身による一種の原初的自己追放のようなものだとほのめかす。

ツィムツームにおいて、聖なる精髄は一点に集中し、そこから、目に見えるものであれ、見えないものであれ、宇宙のあらゆる構成要素が生まれた。その様子を謳った『ゾーハル』の一節は、何百年にもわたって多くの人々を魅了してきた。

はじめに王の決定で、燦然と輝く輪郭が描かれた・・・玄妙不可思議にもその深奥から発出したのは・・・いかなる色彩でもない環にとり囲まれた形なき核であった。至高なる神秘の力は・・・いわば虚空を切り裂くことなく切り裂き、・・・やがて、その強力な打撃のエネルギーから、霊妙にして神秘的なる一点が輝き出た。(12)

カバラーの教えによれば、この一点からさまざまな天上的属性が発出して、我々の知る宇宙に形状とエネルギーを与えたのだという。しかし、それがいかにして起きたのかという細かな点については、カバリストごとに見解がしばしば異なった。十六世紀になると、この『ゾーハル』の見方を凌ぐイツハク・ルーリアの目も眩むような教えが現れた。その二百年後には、初期のハシディームがさらに教義を変えていった。しかしながら、ほぼすべてのカバラー的アプローチに共通する決定的に重要な要素、つまり、ユダヤ教神秘主義をある点で他の宗教体系からはっきりと区別しているものがある。それは、十のセフィロートが宇宙のあらゆる側面の根底をなしているという考えである。

このセフィラー（複数形はセフィロート）という言葉の起源は、少なくとも、『セーフェル・イェツィーラー』（『創造の書』）が現れた三世紀から六世紀頃にまで遡る。他の言語にこれに相当する言葉はない。セフィラーという言葉は、「数をかぞえる」という意味のヘブライ語から派生したものである。『セーフェル・イェツィーラー』には次のように簡明に記されている。「十のセフィロートのみ。十にして九にあらず、十にして十一にあらず。智慧に精通し、通じることで賢者となるべし。セフィロートを綿密に調べ、それらに分け入りて探し求めよ。理解し、熟考し、心に思い描くべし。」[13] しかし、この古い書物では、セフィロートが何であるかも、いかにして創られたのかも説明されていない。カバラーがそうしたことを取り上げるのは後になってのことなのだ。ここではただ、十個のセフィロートは二十二個のヘブライ文字とともに、ある意味で宇宙の生命エネルギーを象徴するものであるとしか語られていない。

ほとんどのカバラー体系が語るところによると、形なきエーン・ソーフ（「無限者」）の信じがたいほどの輝きの中からツィムツームが起こることで、十の根源的エネルギーが段階を追って分配されていった。歴史上、その様子が多種多様な図に描かれてきたが、中でも一番好まれているのが「生命の樹」である。セフィロートの一つ一つに夥しい数のシンボルが結びつけられ、何百年もの間に、たびたびその性質が変化してきた。こうしたことが起きたのも、ひとつには、この体系がなかなか習熟し難いものだったからである。次に示すのは（図1）、このような宇宙に作用する力を描いた最も一般的な図式の一つである。

最上位のセフィラーはケテル（王冠）と呼ばれ、至高の力を意味する。非常に高遠なものと見なされてきたがゆえに、後代のカバリストの中には、セフィロートの配列には加えず、別格扱いする者も現れた。ケテルは伝統的に第一生成力と考えられてきた。その下の右側と左側に位置するのがそれぞれ、ホフマー（知恵）とビーナー（理解）である。これらは能動的知性と受容的知性に相当すると考えられる。ケテルの真下の中央に位置するのが、ダアト（知識）と呼ばれる、エネルギーの「影」の器である。その上の三つ組を媒介するものとして描かれることが多く、それらの特性が統合されたものと考えればよい。

第二の聖なる三つ組は、右側のヘセド（慈悲）、左側のゲヴラー（裁き）、そして、その下の中央にあるティフェレト（美）からなる。慈悲と裁きという両極をなす属性、すなわち物事の行き過ぎに歯止めを掛ける力は、宇宙の平衡を維持するのに不可欠な要素と考えられる。セフィロート間で何通りかの相互作用がなされるが、その根底にあるエネルギーの要がティフェレト（美）であり、地上で生きているときに我々が垣間見ることのできる神的なるものの最高の現前とされている。

第三の三つ組は、右側のネツァハ（勝利）、左側のホード（栄光）、そして、その下の中央にあるイェソード（基盤）からなる。イェソードは通常、最も物質的な世界の生成力と見なされており、我々のセクシュアリティに対応するものでもある。それに対し、あとの二つのセフィロートは、カ

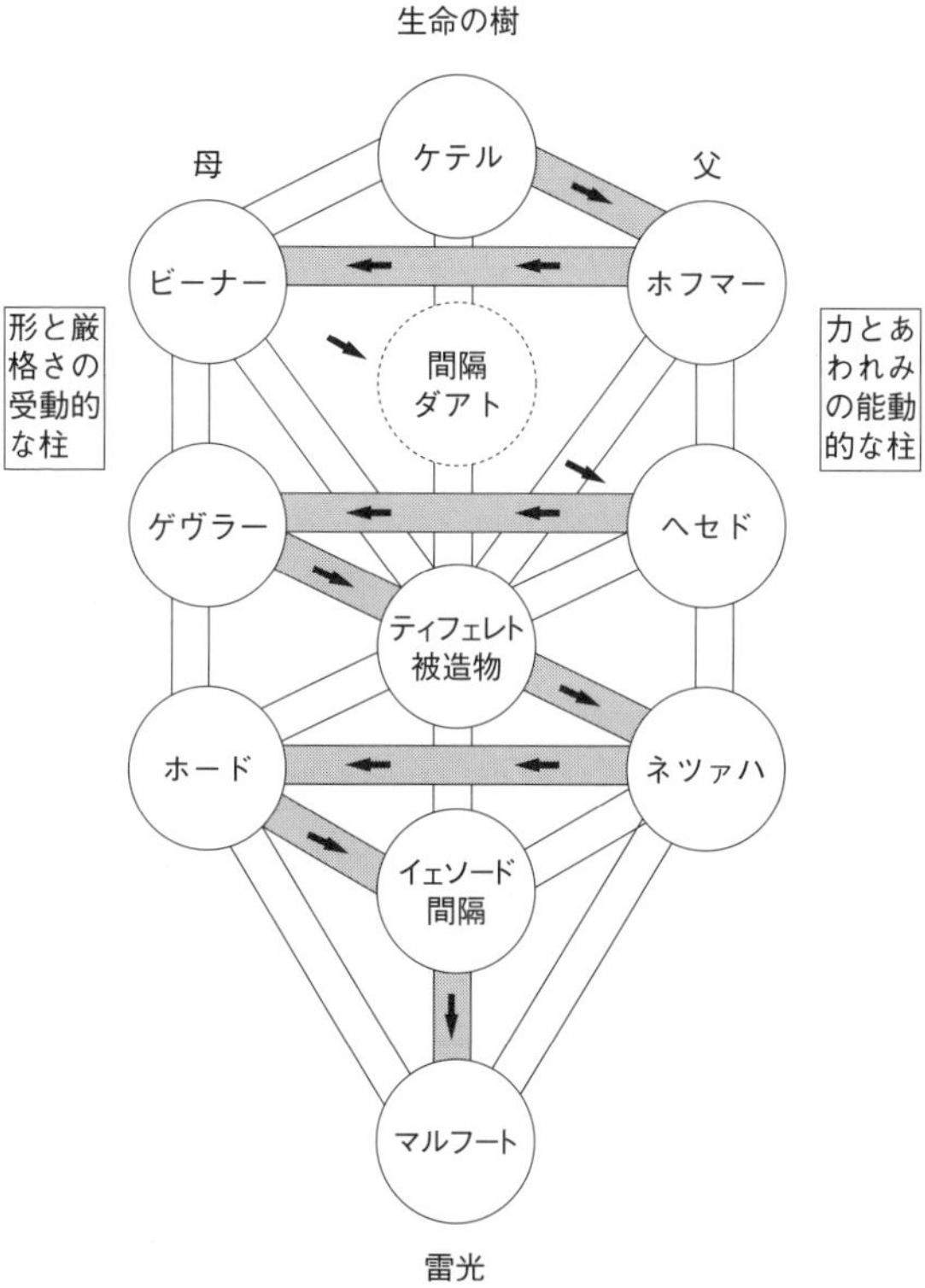

図1　この図式では、ケテルに現れる意志の脈動が、能動的な柱から受動的な柱へ、受動的な柱から能動的な柱へと交互に進みながら、すべてのセフィロートと諸世界を下ってゆく。『セーフェル・イェツィーラー』によれば、「10のセフィロートが、無から雷光のごとく、火花を発する炎のごとく、現れる。セフィロートには始まりもなく、終わりもない。セフィロートが神から発出しては神に還帰するとき、神の名前がともにある。」

バラーに関するさまざまな論考の中でも明確な定義がほとんどなされていないようである。一つの見方として、ネツァハは形相の永遠の側面を、ホードはその特定の姿や形を示すと考えられる。

最後に、この構造を締めくくるのが、マルフート（王国）のセフィラーである。このエネルギーエッセンスは、肉体的領域や人間性を象徴する場合が多い。さらに、これは、神の女性的側面で人間界を流浪していると言われるシェヒナーを指している。正しい意図と信仰心をもって行動すれば必ずや、この神々しい存在を自分の周りに召喚できるのだと、ユダヤの神秘家たちは昔から教えてきた。

カバリストたちは、この天上の樹について何巻もの書物を著してきた。注目に値するのは、その樹の根が我々の理解の及ばない最も超越的な領域に存在するという点である。宇宙に各セフィラーが現れるたびに、聖なるエネルギーの一部が希薄化し、ついに、我々を取り巻く世界が生まれるに至った。しかし、つながりを順々にたどってゆけばわかるように、我々は最奥に秘められた至高の存在次元と分かちがたく結びついている――そのようにカバリストは力説する。実際に、第四章で示すとおり、カバラーは特殊な瞑想法を編み出して、我々が聖なる樹を登って源泉に「立ち戻る」のを助けてきた。「生命エネルギーがより低い水準へと流れ下るのを受け、多種多様な力強い収縮を繰り返すことによって[14]」生き物は存在するのだと、リアディのラビ・シュヌール・ザルマーンは説いている。

カバラーはさらに、生命の樹の複雑な図式が、宇宙を遠くから抽象化しただけにとどまらない点を強調する。正確に言うと、人が神の姿をかたどって造られたという聖書の一節に基づいて、ユダヤの神秘家たちは、アダム・カドモン（原人）の形をとった聖なるセフィロートのパワーが我々一人一人の内部でも流れていると力説する。各セフィラーと身体のどの部分が対応しているかといった、細かな点に見解の相違はあるものの、カバラーの達人たちは常に、そのような関係が存在し、それがきわめて重要なものであることを強調してきた。十二世紀のバーヒールはこう語る。「崇むべき聖なる一者は、七つの聖なる姿をもつ。・・・その全てが、人の内に片割れをもつ。」[15]

長年にわたり、人間の身体各部と超越的なるものとの関連を示す図式がいろいろ描かれてきた。興味深い図式を一つここで示すことにする（図2）。頭頂が王冠に、脳の左右両側が次の二つのセフィロートに、第二の三つ組が両腕と心臓に、第三の三つ組が生殖器と両脚に、そして最下位のセフィラーが両足に対応している。また別の図式では、セフィロートが生命エネルギーの同心円として描かれている。その場合には、上位のセフィロートほど円の中心近くに描かれ、下位のセフィロートほど外側の円で示される。

ユダヤの神秘家は、人間のセフィロート系においても聖なるエネルギーが循環していると教える。チベット仏教をはじめとする様々な東洋的見方に酷似して、カバラー思想家も、このエネルギーの流れこそが、我々の精神と身体の健康の基礎をなしており、意識的な訓練を通じて、高次の可能性が目覚める方向へと、この流れを向けることができると教えてきた。しかし、この方法は潜在的な危険を孕んでいると見なされている。我々のセフィロートは通常、一定の動的平衡が保たれた状態にあると考えられるからだ。迂闊なことをすれば——後述するように瞑想法を誤ったりすれば——この調和をかき乱して多大な危害を与えることになりかねない。

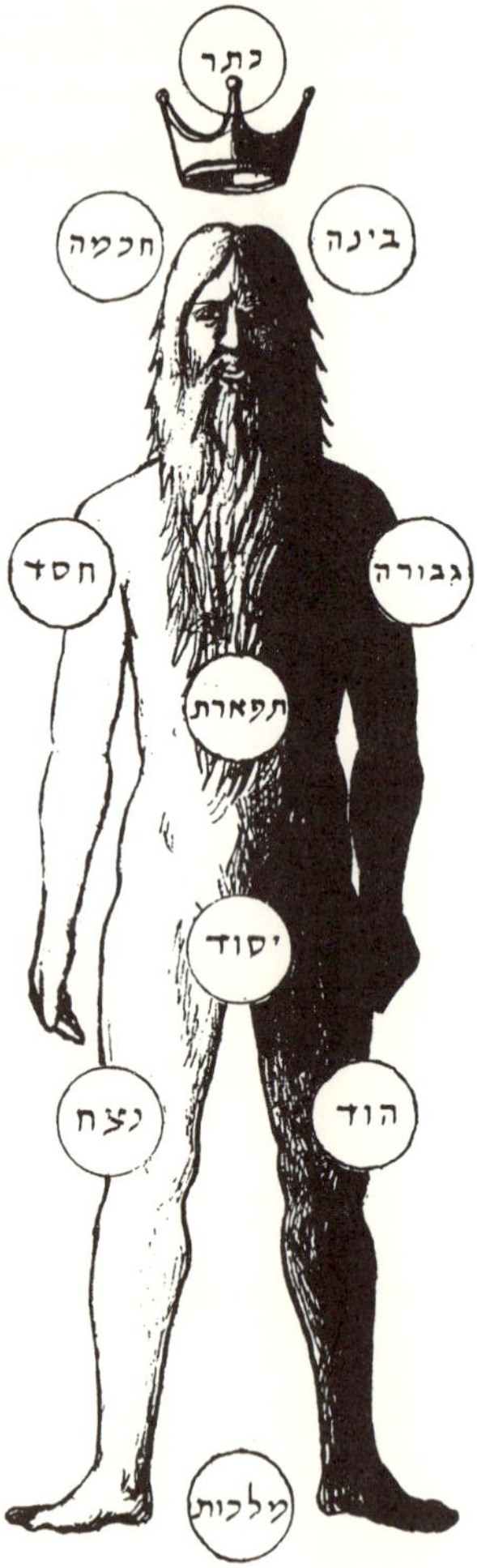

図2　アダム・カドモン

これと関連して、生命の樹へのアプローチにおいて、十六世紀のイツハク・ルーリアとその信奉者たちは、下から七つのセフィロートには創造の光の畏るべき力を収めることができないと教えた。ガラスのビーカーが強酸に耐えられないのと同じように、粉々に壊れてしまったのだ。何百年も前から「容器の崩壊」と呼ばれてきたこのシェヴィラーの結果、聖なる火花が飛び散って、クリッポートすなわち不純な「殻」と混じることになった。我々一人一人の最も重要な務めは、この聖なるかけらが本来の源に戻れるように手助けすることだとルーリアは説いた。善行を積みながら瞑想的な祈りを捧げることによって、それが可能になる。この方法（ティクーン）をとれば、いかなる物質もまだ存在しない、原初の完全な状態へと宇宙を回復させる仕事にだれもが参加できる。しかし、ユダヤの神秘家の中には、長年にわたり、シェヴィラーに関するルーリアの教義が、俗世での限られた知覚しか想定していないと異論を唱えてきた者もいる。聖なる世界では常に悠久のハーモニーが鳴り響いてきたのだと、そのような思想家たちは力説する。

現代のカバラー支持者たちは、人間の内的プロセスに関する二十世紀の知識と、長年信じられてきた教えとを関連づける試みを重ねてきた。たとえば、最近出版された本の何冊かは、セフィロートの図式と、ユング心理学やヒトの神経解剖学理論のような様々な最新のアプローチとの間に類似性を見出している。たとえば、そうした心理学的図式の一つにおいては、最上位の三つ組が人智の及ばぬ至高の次元に、第二の三つ組が我々の内に潜在する霊的パワーに、第三の三つ組が我々の自我に、そして最下位のセフィラーが無意識に生じるさまざまな本能的動因に対応している。

ユダヤの秘教はさらに、「生命の樹」を通していくつか別の洞察をも与えてくれる。精神的能力を対立し合う二陣営に分けて考えるカバラーがほのめかすところによれば、人間の属性はすべて、正反対のものによって調節し合う必要がある。知性が直接、強力に働いたとしても、経験した内容を反省し、それを自分のものにする力が伴っていなければ、まったく意味がない。実際に、スイスの心理学者、ジャン・ピアジェは、このような一対の心的特性を「同化」と「調節」と呼び、人間の成熟にはその両方が不可欠だと考えた。同じように、未知のものを夢みたり想像したりする能力に、論理的思考力を対抗させてバランスをとることが必要である。どちらか一方だけでは不完全なのだ。

カバラーはまた、広い宇宙の場合と同様に、人間自身の中にもやはり、全く異なりながら相互に関連し合っている領域があることをも思い出させてくれる。たしかに、我々の一部は光輝に満ちた超越的次元と結びついていると言われてはいる。しかしながら、人間には同時に、極端に肉体的な欲求や欲望も存在する。その時々で、内面のある部分が顕著に現れたり、また別の面が優勢になったりするかもしれないが、そのすべての面を統合して、調和のとれた全体を作ることこそが目的とされなければならない。地上に生きる被造物である以上、本能的なものを完全に無視することなどできはしない。しかしながら、我々にはもっと高次の能力が備わっていることも忘れてはならないのである。こうした考えに立ち、現代のカバリストの何人かは、伝統的な「生命の樹」の図式と最新の生物学の研究の間に類似点を認めている。今日の生物学によれば、人間は、爬虫類や哺乳類の脳と抽象的な推理能力を併せ持っているという。いずれにせよ、非常に重要なのは、すべてをひっくるめた人間としての全体を認め、受け入れる必要があるということだ。そうすることによって、宇宙の仕組みをも、より深く理解できるようになるのかもしれない。

四つの世界

ユダヤの神秘家たちは、興味深いことに、別個に存在しながら互いに連絡し合っているという四つの世界についても思索を巡らしてきた。初めての者にとっては難解なこの思想を理解する鍵となるのが、「聖四文字」(テトラグラマトン)、すなわち、古代ヘブライ語で神を意味する言葉である。その四文字語(ヘブライ文字の「י(ユッド)」「ה(ヘー)」「ו(ヴァヴ)」「ה(ヘー)」を使って綴られる)は、カバリストにとっては昔から、宇宙の特性である力(ユッド)、パターン(ヘー)、エネルギー(ヴァヴ)、物質(ヘー)が広まりゆく多面的プロセスを意味するものだった。カバラー理論では、四つの世界(カバラー四界)のそれぞれが、これらの特性の一つずつに対応している、

最も高次の存在領域はアツィルート(発出)界と呼ばれる。これは、トーラーに謳われている神の名(すなわち神の「諸力」)からなる純粋次元の世界だと言われる。十通りの神の名のそれぞれが、超越的なるものの異なる現れ方、つまりは特性を示していると考えられる。アツィルート界は、「聖四文字」の最初の文字であり、原初の力を象徴するユッドに相当する。「力」とは何かを為す能力であるから、この最高次の世界にこそ、他のすべての世界を擁する力があると考えられる。カバラー理論では、この世界は、人間の心の最奥にあって普段はほとんど気づかない「源泉」とも関連している。

第二の世界はベリアー（創造）界と呼ばれる。「聖四文字」の二番目の文字、ヘーに象徴され、パターン特性を示す世界であると言われる。ベリアー（創造）界には、第一の世界で生まれた輝ける原型が整然とした秩序のもとに並んでいると考えられる。人間との対応で言えば、この領域が、パーソナリティや観念、概念、観点の体系を具現させる。

第三の世界はイェツィーラー（形成）界と呼ばれる。**ヴァヴ**という文字に象徴される世界で、活動やエネルギーの質に関係している。第一と第二の世界で生まれた潜在的可能性がここで活性化される。イェツィーラー界は、人間の身体や、代謝、消化、その他の様々な生命機能が属する生物学的領域とも関連している。

最後の世界がアスィヤー（行動）界である。これは、分子から天体にいたるまで、ありとあらゆる形をとる物質の次元である。四界の最下層にあり、最も密な世界と考えられている。日々の生活で体験する肉体的苦痛も官能の歓びもこの世界にある。ユダヤの神秘家はこれを具体的な行動の領域と見なし、そこでは実際の行動が何よりも重要だと考える。だからこそ、この伝統では、聖なるものに近づく道として、静寂主義的な瞑想よりも現実に関与する活動が常に重んじられてきたのである。実際、カバラーの歴史には僧侶もいなければ修道院もない。

以上のことから、カバラー理論によれば、おもしろいことに、我々の世界で形をなしているものはすべて、それに先立つ三つの世界を経てきているということになる。椅子を例にとるならば、まず最初に超越的なイメージとして存在していたはずで、それからそこに特定のパターンが生まれ、最後にエネルギーが吹き込まれて、今部屋に置かれている椅子という物理的な形をとるよう

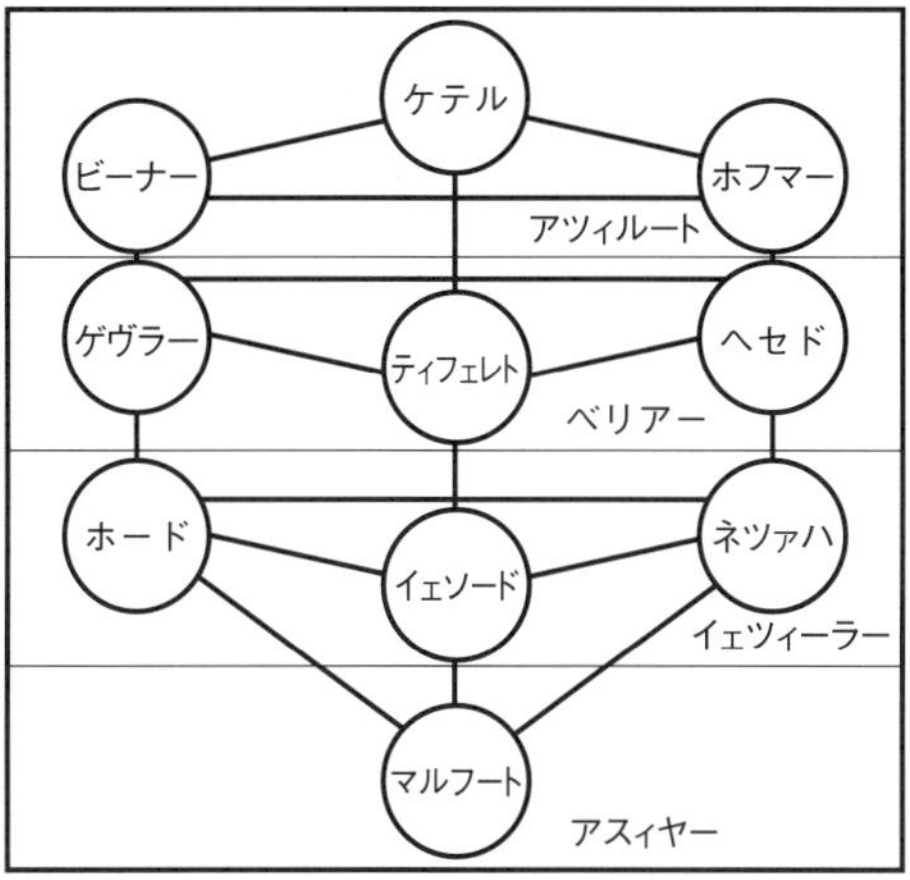

図3　四界に振り分けられている10のセフィロート

になったに違いない。カバリストの中には、四つの次元のそれぞれに十のセフィロートが現れると考える者もいる。セフィロートは最終的にアスィヤー界に現れるが、そこに近づけば近づくほどその潜在力は弱まっていくという。これとはまた別の考え方もある。セフィロートがいくつかの群になって四界全体にわたって分布しているように描かれるもので、挿絵（図3）はこちらの考えに基づいている。

以上をすべて思い描くのが少しばかり難しくても、それはあなたに限ったことではない。カバラーの真髄を窮めたような人々でさえ、この体系がいかに複雑であるかということをはっきり述べている。しかし、どうしても心得ておく必要があるのは、たびたび言われてきたように、このような宇宙の描写を一言一句、文字どおり受け取ってはならないということだ。こうした描写はむしろ、神的秩序を理解する枠組みを与えるためだけに工夫されたものなのである。というのも、神的秩序が、通常の感覚や知性で理解できる範囲をはるかに超えたものだからである。神秘家からそのような啓示体験を伝えられて初めて、輝きに満ちた神的対称をかろうじて垣間見られるようになると言われている。

この古くからの宇宙モデルについて考えていると、現代物理学を代表する人々の、ここ最近の発言と見事に符合する点がもう一つ見つかる。この分野の最も重要な創始者、アルベルト・アインシュタインは、自分の時空理論が人々を当惑させ、最初のうちはなかなか理解してもらえないのは、日常生活の知覚とはまったくかけ離れたものだからだとよく語っていた。一般の人々に対して繰り返し、自分の考えは結局、数学的には妥当な原理として存在するが、日常の現実と「辻褄が合う」ものではないと説明していた。『宇宙の宗教』(Einstein, 1931)という、興味をそそるがほとんど知られていない著書の中で、この天才は次のように述べている。

> 私にはあるパターンが見える。けれども、私の想像力では、そのパターンの造り主は描けない。私には時計が見える。けれども、時計の造り主は思い描けない。人間の頭脳では四つの次元すら想像できないのに、どうして神を思い描くことなどできよう。神の御前では、千年と千の次元は一つなのだ。[16]

正規の教育を受けた理論物理学者の中には、アインシュタインをいわば二十世紀の最も優れたカバリストと見なし、セフィロートや四界についてのカバラーの図式は十分にあり得るものだとほのめかす者もいる。そうした科学者たちは、カバラーに描かれている四つの世界はどれもみな本当に存在していて、異なる速度で振動しながら、あらゆる場所に同時に存在しているのではないかとまで言う。また別の考え方をする科学者たちもいる。それぞれの宇宙が固有の振動をしており、ある宇宙が活動していて「オン」のときは、それ以外の宇宙は休止して「オフ」になるのではないか。けれども、時計をはじめ、我々の世界のあらゆるものが同時にオン・オフの「まばたき」をするので、時間に途切れが生じてもまるで気づかないのだろう、と。このような考えはＳＦの世界だけのものに思えるかもしれないが、申し分のない経歴をもつ物理学者の中にも、こうした説を至極真面目に取り上げる者が増えてきている。実際、この分野の最新の出版物にざっと目を通しただけでも、現代の研究者が、時間と物質の基本的属性について、神秘家と同じような取り組み方を試みていることがわかる。

さらに、ボブ・トーベンが『時空を超えて』(Toben, 1975) で強調しているように、革新的な研究者の中には、人間の意識のとらえどころのない性質にこそ、そうした謎のすべてを解く鍵があるのではないかという考えに落ち着きつつある者もいる。遙か彼方の銀河の秘密が、実は我々自身の精神構造に隠されているかもしれないのである。興味深いことに、トーベンはこの刺激的な著書の序文の中で、興味ある人々のために現代の神秘物理学をこの本に組み込もうと努力したのは、カバラーの考え方の影響を受けてのことだとはっきり述べている。

かくして、一巡りして再び、昔ながらのカバラーに戻ることになる。科学と神秘主義との境界は曖昧になってきているが、実際には、完全に消えつつあるのかもしれない。たぶんこの二つは、我々がこれまで思わされてきたほどには明確に分けられるものではなかったのだろう。こうしてみると、アルベルト・アインシュタインの感懐は当を得ているといえよう。この偉大な数学者は、

『私に見えるがままの世界』（Einstein, 1934）の中で、「父なる神」という観念が、キャンディーを配って人間に恩を施す天界のサンタクロースに似ていてあまりに幼稚だとしてこれを退けた。しかし、彼はまた別の宗教観をも語っており、その一言一言は、カバラー道を代表する豪胆な師たちの説いてきた言葉にほとんどそっくりである。その喚起的なイメージからだけでなく、高遠なるものを求める情調から言っても、その宗教観は、宇宙についての我々の理解を他の誰にもまして根本から覆した男の姿を際立たせるものだった。彼は次のように述べている。

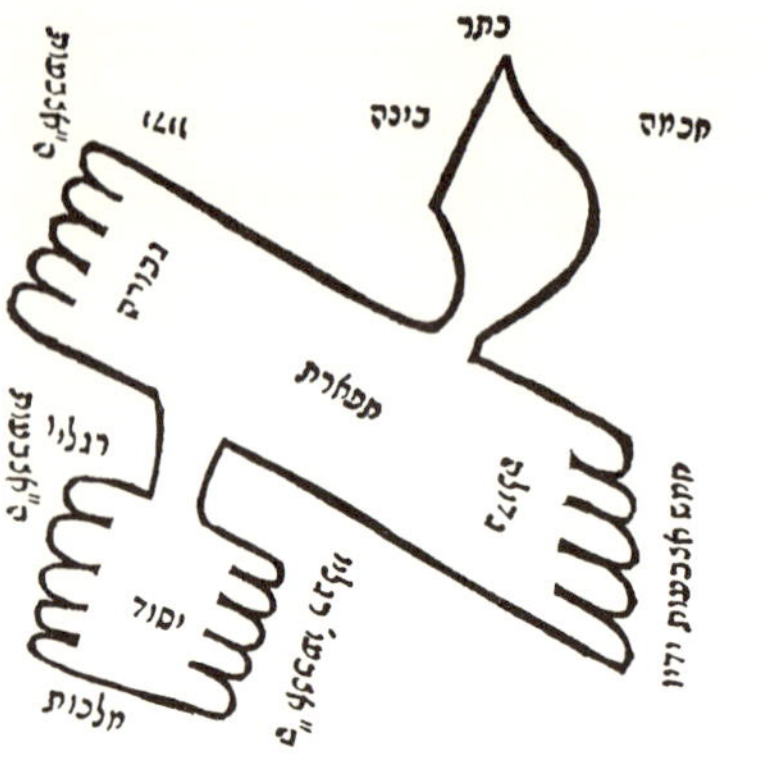

アレフという文字。文字の末端は手と足を表わし、それぞれが10のセフィロートに対応している。

> 宗教体験の第三段階・・・それを宇宙的な宗教感情と呼ぼう。全く体験のない者にこの感情を説明するのは難しい。それに相当する神の擬人的概念がないことから、特にそのことが言える。
> 人間の欲望や目的の無意味さを、そして自然と思想の世界の両方において啓示される崇高さや驚くべき秩序を感じとる個人は、個人としての自らの存在を牢獄のようなものと見なし、宇宙を唯一意味のある全体として感じたいと望む。[17]

数学のみならず哲学においても、アインシュタインは時代を何年も先取りしていたのだろう。しかしこれからは、現代の探求者たちのたゆまぬ研究によって、広大な宇宙の調和とはいかなるものであるかが理解されてゆくにちがいない。この心ときめく探求の旅に出る者にとって、カバラーは貴重な道案内となるだろう。

第三章　聖なる肉体の世界

「生気溢れる女性の欲望が男性の熱情に抱かれると、魂と魂とがつながって一つになり、互いに抱かれ合う。」

『ゾーハル』

「まず肉体を強化し、しかるのちに魂を強化せよ。」

ブラツラフのラビ・ナフマン

内面の全体性をより深く感じようと努める今日の多くの人々が、自らの肉体を第一に考えねばならないことに改めて気づきつつある。現代の産業社会は長いこと、自らの官能的欲求を深く知る能力、あるいはそれに気づく能力さえも抑圧してきたが、そうした状況は幸い、目に見えて改善され始めている。今や、いたるところに有望な兆候が現われつつある。

たとえば、世界的規模の環境運動が、政治的圧力を受けながらも、環境中の空気や水が我々の健康に及ぼす影響を訴えることに成功してきている。最近では、大勢の人が毎日欠かさずに運動するようになってきたし、ジョギングやサイクリングなどのスポーツが、一部の人々の間ではまさに熱狂の様相を帯びてきている。いまだにジャンクフードを食べている人も少なくないが、食事に関してもやはり有望な新しい意識が芽生えてきている。

西洋を席巻しているこうした現象の当然の結果として、現在、心身に対する東洋的アプローチに強い関心が集まっている。こうした古来の鍛錬法の洞察の数々が科学的に実証されることにより、その魅力がますます高まってきていることは間違いない。こうした鍛錬法は、肉体的快楽や日常の活力のみならず、心身の健康の相関をも重視するが、そうした点に大きな今日的意義のあることが明らかになりつつある。このような東洋的アプローチを通して人々は、時代が違えば当然のこととされていたような喜びを、ありとあらゆる方法で無意識に否定していることに気づきつつある。

そのようなわけで、鍼療法や指圧のような東洋的治療法を教える民間施設が大勢の支持者を集めてきた。また、空手、合気道、太極拳といった武術を教えるプログラムが、アメリカ大陸のあちこちで盛んに行なわれている。さらに、北米のほぼすべての大都市で、既成の保守的な組織――YMCAやYWCA、公費の成人教育講座など――がやはりこうしたさまざまな実践講座を提供している。地方のユダヤ人コミュニティ・センターでさえも、心身の健康を高めたいと願う人たちのために、ハタ・ヨーガやそれに類する技法のワークショップを定期的に主催している。

これはかなり皮肉な事態といえる。たしかに、歴史的にみてもユダヤ教主流派は知性重視の傾向がはなはだしく、学識を偏重してきた。これまでずっと知的業績にばかり最高の賞賛が与えられてきたのだ。進取の気性に富むイスラエルは別にして、近代ユダヤの伝統が体力や肉体的欲求を軽んじてきたことは否めない。しかし、生き物としての人間の本性について洞察を得るのに、わざわざ東洋のやり方を求める必要はない。というのも、何百年も前からカバラーが、心身の相関に深い関心を向けてきているからだ。カバラーの主要な思想家たちは、病気の原因や全般的な健康状態を高める方法について詳しく論じてきたのである。

カバラーの道はばかげた迷信にすぎないといまだに誤解している人が、今から七百年近く前の『ゾーハル』に、個人の養生と疾病の関係が詳しく正確に述べられていることを知ったら、目が開かれるに違いない。さらに、このすばらしい秘教の書は、それに続いて現れた数々の書物と同様に、我々の身体的プロセスと情動とがいかに密接に絡み合っているかを鋭く指摘している。

おそらく、それ以上に興味をそそられるのは、人間のセクシュアリティに対するカバラーの慧眼であろう。カバラーはそれを、地上での生活に欠かせない一要素であり、我々の内面の状態を一変させる畏るべき力を秘めたものと見ている。二十世紀には、精神とその激しい欲望について探ろうとする、優れた先駆者たちが多数現れたが、そのほとんどがユダヤの系譜を継ぐ者であったことはけっして歴史の偶然ではあるまい。そのような思想家たちが現れた宗教的背景には、主流派においてすら、夫婦間のセックスを聖なる行為として重んじる宗教があったことは、まったくもってうなずける。現代において初めて性を科学的に研究したフロイトは、戒律を厳守するユダヤ人ではなかったものの、カバラーに不案内だったわけではけっしてない。

同様に、フロイトの有能な弟子で、一九三〇年代に初めて「性革命」を唱えたヴィルヘルム・ライヒも、自分の大胆な理論はべつだんユダヤ精神の影響を受けたものではないと、その関連性を否定している。けれども、身体言語、感情の抑圧、成人の日常生活における性の意義といった、その後に大きな影響を与えることになる彼の考えはどれも、伝統的なカバラーの概念とぴったり一致するのである。ライヒは後年、愛を伴うセックスの超越的なパワーを重要視するようになるが、この点においてもやはり、昔から伝わるユダヤの秘教の信念を無意識になぞっているように思われる。

本章では、人間の肉体に注目してきたユダヤ教神秘主義の体系の中でもとりわけ興味をひく、目立った特徴のいくつかに焦点を当てるつもりだ。この古来の伝統は、「人は世界の縮図なり」という根本原則に従って、常に我々の肉体を聖なる領域と見てきた。

健康の道

我々は、現代科学こそが健康と病気についての最新知識をもっていると自負を抱くことが多い。なにしろ現代は、心臓ペースメーカー、CTスキャナー、腎臓移植、さらには、まだ実験段階だが人工心臓までが用いられる時代である。このような現代医学の発明は、たしかに人類の知性の偉業を見事に証明するものではある。にもかかわらず、二十世紀になってもまだ数多くの疾患が人々を苦しめ続けている。心臓血管疾患、ガン、高血圧症その他の深刻な健康障害が、まるで流行病のように多発している。科学は、ジフテリア、天然痘、結核などのかつて猛威をふるった多くの感染性疾患の撲滅には成功したものの、非感染性の疾患にはあまり効果がないことがわかってきた。

それどころか、放射線治療や薬物療法といった、もっともよく行なわれている科学技術志向の治療法の多くは、もともとの疾患以上に危険な場合の多いことがわかってきた。イヴァン・イリッチが挑発的な著書『脱病院化社会』(Illich, 1976) で報告しているように、米国政府の推計によると患者全体の七パーセントが入院中に被補償傷害を受けているが、ほとんど問題にされていない。もう一つ彼が引用している最近の研究では、毎年百万人の米国人が、主として薬剤に対する副作用のために入院を余儀なくされていると推定される。

こうした驚くべき状況は、ここ数年間に悪化の一途をたどっており、その結果、革新的な保健専門家は代替アプローチに頼るようになっている。さまざまな見解が示されているが、そのほとんどすべての基礎にあるのが、心と体は一つだという信念である。我々の情緒面と身体面は、同一の生物体の二つの側面にすぎず、したがって切り離すことができない。身体プロセスは、呼吸から消化に至るまで、ほとんど気づかないうちに気分の影響を受けているし、緊張や不満が長く続けば続くほど、それだけ身体的な病気の徴候が現われやすくなる。逆に言うと、体を快適で良好な状態に保つには、心を平和で安らかな状態にしておく必要があるのだ。最近「ホリスティック医学」ということがよく言われるが、この急速に広まりつつある運動の基礎にあるのがこの理念なのだといえる。

こうした日常生活に対する姿勢を熱心に唱道する人（および批判する人）の中には、それがさも新しい考え方であるかのように言う者もいるが、全くそんなことはない。有史以来のほぼすべての文化に、心身相関についての、少なくとも萌芽的な考えがあったことは明らかなようだ。現代の功罪相半ばする専門化医療がなくとも、シャーマンや部族のヒーラーたちは、心身両面のテクニックを用いて苦しむ人々にうまく応えてきた。たとえば、産業が未発達の多くの社会では伝統的にハーブ医療と何らかの心理療法（鬱積した感情を家族や友人に「告白」させるなど）を組み合わせて患者の苦痛を和らげてきた。東洋、特に中国やチベットなどの文化では、歴史的にきわめて高度な診断法や治療法が実践されてきており、現在、西洋の研究者による綿密な調査が行なわれている。

ユダヤの神秘の道は、それとはまた別の古来の知識体系で、昔からずっと人間の活力や苦悩の問題に取り組んできた。現代では、時代遅れの荒唐無稽な話ばかりだと相手にされないことが多いが、いくつかの点では、行動医学の最新アプローチを先取りしてきた。その主要な師たちは、何と五百年以上も前から「ホリスティック」な考え方をしてきているのである。

健康についてのカバラーの大前提はおそらく、健康と単に大きな病気がないだけではなく、積極的に良好な状態であるという考え方だろう。主流の西洋医学は、病変組織の特定と分類に重きをおくことによってこれとは逆の立場をとってきた。すなわち、脈拍、呼吸、体温、血圧といった生命徴候が正常範囲内にあり、明確で局在化できる苦痛の訴えがなければ、その人は「健康」だとみなされる。しかし、カバリストから見ると、こうした見方はあまりにも近視眼的といえる。彼らは何百年も前から、健康とは活動的な状態をさすものであって、明晰な思考力、人生に対する目的意識、高次の体験への開かれた心といった精神的資質をも含めて考えるべきものだと主張してきたのだ。

もちろん、健康には当然、生気のみなぎるエネルギッシュな肉体が必要だとも考えてきた。さらに、ユダヤの秘教の体系は、健康とはさまざまな内面の動的平衡が保たれている状態である点を強調する。各々の部分が十分に生き生きとしていて、しかも、他の部分とのバランスが保たれている状態である。『ゾーハル』が述べているように、「幸いにも造物主に奉仕する者は、これら三つの段階（ネフェシュ、ルーアハ、ネシャマー）がよく調和して結びついている」[1]。

ユダヤの神秘家たちは、心の病気と体の病気を完全に分けることはできないとも教えてきた。純然たる身体的苦痛だと思っていても、きっと情動との重要な関連があるはずだと達人たちは主張してきた。反対に、重症の抑鬱のような障害（ものを何も食べなくなり、人との関わりを完全に断って引き籠もってしまうこともある）を身体的な方法で改善できるかもしれないという。ハシディズム指導者であるリアディのラビ・シュヌール・ザルマーンがよく語っていたのは、抑鬱に対処するには活動に勤しむほかないということだ。心と体は密接に絡み合っているからである。

今日、主流の医療でさえ受け入れるようになってきたこうした考え方は、十八世紀の初期ハシディズムの指導者たちが特に強調したことなのだ。彼らはさまざまな説教や諺を通して、現代心身医学の処方を不気味なほどに先取りするような達識を示していた。ブラッラフのラビ・ナフマンのように、心身一如を繰り返し唱え続けた人々は、当時の医学の独断、特に感情と体の健康を結びつけて考えようとしない点に、とことん異議を唱え続けた。それからほぼ二世紀後の一九〇〇年代初頭になって初めて、科学者たちが、情動の影響を受けて身体に症状が現れることを認めるようになった。実は、これこそが、萌芽期の精神病理学に対してフロイトが為した最大の貢献の一つなのである。

歯に衣着せぬ思想家がおおぜいいた中でも、ブラッラフのラビ・ナフマンは特に、当時の大勢を占めていた医療のやり方を、ハシディズムの立場から辛辣に批判した一人だった。健康や疾病が内面的なものから生じることを認めようとしない医師たちを、たびたび痛烈きわまりない言葉で非難した。あるとき、信徒の一団を前にして、冗談交じりにこんなことを語った。人間をあの世に送る「死の天使」は、自力ではその任務を果たせない。そこで、出かけていった先々で助手を指名するのだが、「その代行者こそが医者なのだ[2]」とラビ・ナフマンは説明した。

とはいっても、カバリストたちは、何の建設的な指針も示さずにただ医療を批判してきたわけではない。何百年も前から彼らは、健康度を読みとる秘術として視診を重視してきた。偉大な魂の師の多く——イツハク・ルーリア、バアル・シェーム・トーヴ、ブラツラフのラビ・ナフマンのような人々——は、崇拝者たちから「霊能者」と呼ばれていたが、こうした指導者たちは、身体言語を分析することによって相手の体調を見きわめる鋭い感受性を備えていたようだ。十三世紀の『ゾーハル』には、身体指標に注目して相手の健康状態を判断する方法が多数紹介されている。

そのなかには、額や唇の形を手がかりとする方法のように、今日の我々にはやはり迷信と思えるものもあるかもしれない。けれども東洋医学は、まさにこうしたことがらに重点をおいて体の状態を判断するのである。そのほかの、髪質や顔貌といったカバラーの指標が体調の判断に役立つことは言うまでもない。たとえば、眼の外観から甲状腺機能の異常が見つかることもあるし、顔や頸の筋肉が弛んで締まりがないのは、心臓の機能が危険なほど低下している表れかもしれない。『ゾーハル』は、抑鬱に苦しんでいる人のことを、「嬉しいときでも眼に輝きがない[3]」と評している。一般に、普通にしているときの「顔の輪郭や目鼻だち」を賢者が見れば、その人の「内面の思考や心の性向がわかる[4]」とこの書物は述べている。

このような、顔貌は隠れた心の状態を雄弁に物語っているという考え方が、カバリストの基本的考え方の一つをなしてきた。カバラーは、眼の形や色に確かな診断的意味があることを強調してきたが、これは、伝統的な東洋医学や二十世紀の虹彩学（虹彩の状態を診断指標とする研究）の考え方とも符合する。また、若々しさ、厳しさ、温かさといった顔全体から受ける感じも、内に隠された心身の健康状態を知る重要な目安と考えられてきた。人の顔はおそらく、人間の外観の中でもっとも個性的で、しかも急には変化しにくい部分であろう。ふつう、性的成熟の開始とともに一定の形におちつくと、一生を通じてほとんど変わることがない。だからこそ、二十年以上も――場合によっては子ども時代や思春期のころからずっと――会っていなかった人でも、それが誰だかたいていわかるのだ。しかし、顔の表情を「読みとる」才能に恵まれた人、あるいはそうした訓練を受けた人にかかると、我々のパーソナリティは、開いたままの本よろしく、隠しているつもりの感情をさらしてしまう。ブラツラフのラビ・ナフマンはこの古来の診断法のことをほのめかしつつ、弟子たちに「人の真の顔は、内側から照らし出されるその人の心である」[5]と教えた。

カバリストたちはもっと広く、諸々の非言語的サインをひとまとめにして、それを綿密に読み解くということをやっている。どのように喋り、どのように部屋を歩き、どのようにテーブルにつくかによって、我々は自分が何を恐れ、何を望んでいるかを公言していることになるのだ。ラビ・ナフマンは、相手の握手のしかたや声の調子をとくに重要な手がかりにしていた。言葉で伝える内容は、自分でかなりコントロールできるが、言外に伝わってしまうことを隠すのは、それよりはるかに難しい。カバラーは昔からこの点を重視してきたのだ。一九二〇年代の半ばにパレスチナの主席ラビだった、ラビ・アブラハム・イツハク・クックは、次のような的を射た観察をしている。

不安が、顔の表情に、身ぶりに、声に、行動に、筆跡に、意思の伝え方に、喋り方に、そしてとりわけ文体に、すなわち、思考を展開し整理する仕方に現れるのが見て取れる。・・・曇りのない眼で見る者には、その痕跡がはっきりと認められる。(6)

興味深いことに、ユダヤ神秘主義体系の伝統的な特徴であるこのような見方が現在、最新の行動科学によって完全に実証されてきている。キネシクスと呼ばれる非言語的コミュニケーションの研究が、心理学、社会学、人類学、医学などの分野で大いに関心を呼んでいるのだ。そして、これらの学問すべてに共通して、体で伝えられることがらにはこの上なく重大な意味が含まれているという認識が高まりつつある。実際に、研究結果がはっきりと証明しているように、心疾患や高血圧症、そして、おそらくはガンも含めて、ある特定の病気が現れる人には、身体言語に一定のスタイルがある。ヨーク大学のW・エドワード・マン教授と私は、共著『明日を夢に見た男』(Mann, Edward, 1980) において、このような衝撃的な調査結果を多数集めて要約した。ほんの一例を挙げると、心臓発作のリスクが高い人は一般に、早口で、人の話を遮りがち、そして待たされるといらいらしやすい。また、見るからにいつも時間に追われている。

このようなホリスティックな見方に立つカバラーは、病気を治すには何よりもまず、根底に潜む心の緊張と向き合うのがよいと教えてきた。自分の感情を認められるようになる必要があるが、しかし、それに支配されてはならない。自分がどれほどストレスを抱えているかを、様々な方法で毎日欠かさず観察し続けることが大切だと達人たちは強調してきた。そうするうちにだんだんと、辛抱が足りないとか、落ち着きがないといった好ましくない性格特性を改めてゆけるようになる。そのための方法の一つが、次章で論じる瞑想なのである。しかし、それと同じくらい重要なのが、自分のやっていることから、ふと離れられるようになることだ。日中にときどき、自分自身から一瞬距離をおいて、自分があくせくと何を考え、何をしているのかを、大きな視野からちょっと眺められるようになればよい。バアル・シェーム・トーヴは信徒たちに、心身の健康を得るための一番確かな方法は、このような内面の資質を伸ばすことであると教えた。その後、彼の弟子たちもそのまた弟子たちに、同じようにこの考えを説いた。たとえば、ラビ・ブナムは、「あわてて事に取りかかるのではなく、まず、それを成し遂げるにはどのような方策と心構えで臨むのがよいかをじっくり考えること」[7]と述べている。同様に、サソフのラビ・モーゼス・レイブも、「落ち着いて行動すれば後悔することはない」[8]と説いている。

とりわけ興味を惹かれるのは、ユダヤの神秘家たちが昔からずっと、ある特定の精神状態がもとで身体の障害が起きる可能性を認めてきたことである。現代の健康科学者たちの発見を何百年も先取りするかのように、カバリストたちは、重症の抑鬱はもちろんのこと、鬱積した不満や怒りに対しても、やがて身体的障害が現れてくる徴候として、関心の目を向けてきた。概して、この伝統の達人たちは、感情を率直に表現することこそが健康を損なわないための秘訣だと力説してきた。あるハシディズム指導者は、「嘘をつかぬように心がけている者は、病で床につかずにすむ」[9]と述べている。現在、『心身医学研究ジャーナル』、『慢性疾患ジャーナル』、『心身医学』のような主要な専門誌において、内面の健康と身体の活力との関連性がますます明白になりつつある。

興味深いことに、十八世紀のハシディズム指導者たちは、メランコリーすなわち重い抑鬱状態が、人を衰弱させてしまうような健康障害の重要な前触れであることを特に強調していた。ブラツラフのラビ・ナフマンは、「メランコリーは病気の予兆であることが多い[10]」、「悲しみに暮れている人はさまざまな病気を抱え込む[11]」と明言している。初期のハシディズムの師たちが熱をこめて繰り返し、重い抑鬱は病気の引き金になると語っていることからみて、当時の東欧のユダヤ人の間ではこの精神障害が決して稀ではなかったことがうかがえる。極度の貧困の中で冷酷な政治的抑圧を受けたことを考えれば、この事実はしごく当然のように思われる。いずれにせよ、この時代のハシディズムのレッベたちは、抑鬱が身体に及ぼす影響という今日の関心を先取りしていただけでなく、その診断に役立つ重要な徴候の一つ、つまり涙を流せなくなるという点を正確に指摘していた。さらに、この状態を正常な悲哀や悲嘆と慎重に区別したうえで、それを鬱積した怒りと正確に関連づけていたのである。

したがって、ユダヤの神秘家たちは、一心に祈るのであれ、周りの人々と語り合うのであれ、そのような押し殺されてきた感情をはき出すことが非常に重要だと考えてきた。実際、現代の専門家の中には、セラピストと患者の一対一の出会いという形をとる現代の心理療法の構造が、ハシディズムのレッベとその信徒との関係に直接由来していると考える者もいる。繰り返しになるが、フロイトとその弟子のほとんどがユダヤ教を背景にしており、ハシディズムの家系の出身者もいることは、決して歴史の偶然の為せるわざではなさそうだ。ラビ・ザルマン・シャハテルは、『心理学とユダヤ教ジャーナル』の一九七八年秋号に掲載された示唆に富む論文「イッフードという交流のダイナミクス」の中で、人を癒すことを目的とするこの二つのアプローチの間に多くの類似点を認めている。彼はこう述べている。「レッベの役割は・・さまざまな要素を結びつけることにある。ハシードの問いに答え、叱り、必要ならば背中をさすったりして、ハシードの問題に対応しながら・・・レッベはハシードの人となりを構成するさまざまな要素、すなわち、神性、獣性、理性的な魂、気質や体質を統合していかなくてはならない。[12]」

しかし、身体的な病気の多くに潜む情動的要因を重視するからといって、カバラーは決して病気の外因（体の外からの要因）を認めずにきたわけではないことも忘れてはならない。遙か昔の一二〇〇年代に書かれた『ゾーハル』が繰り返し、「不潔なもの」に触れると病気に罹りやすくなることを指摘しているのは全く驚かされる。それまでなかなか信じなかった人々も、ロベルト・コッホやルイ・パストゥールをはじめとする現代の「微生物ハンター」たちの科学的発見により、人間が健康に暮らすには衛生状態を保つ必要があると確信するようになるが、その五百年以上も前に『ゾーハル』は、腐肉、糞便、汚水などが危険な病気の源であることを正確に認識していたのである。

このあたりにうろついている「悪霊」（結局、それは目に見えない細菌だった）という言い方ではあるが、『ゾーハル』は衛生状態との関連をはっきり述べている。例えば、ある一節には「便所に入った後は、手を洗わない限り、祝福や清めの言葉を唱えてはならないし、『トーラー』を一言たりとも読んではならない[13]」と書かれている。また、別の一節には「汚水はいかなる用途にも使ってはならず、宵越しに家に置いてもならず、人が通らない場所に捨てなければならない[14]」とある。そして、よりいっそう簡明に、「定められた通りに手を洗わない者は、・・・自らの健康を危うくする[15]」と述べている。このような訓戒をずっと遡っていくと、日常の衛生法に関する助言が満載されているタルムードにまで行き着く。

このように、カバラーは何世紀も前から、心理学的な治療法とともに身体面に重きをおいた治療法をも取り入れてきたのである。特に勧めてきたのは薬草の利用であり、『ゾーハル』のような書物には、多種多様な植物の具体的効能がいろいろと書かれている。バアル・シェーム・トーヴは、急速に広まるハシディズム運動の指導者として頭角を現す以前にも、東欧の方々の村で「奇跡を起こす人」として知られており、ハーブ医療によって病める人や瀕死の人を治すわざに優れていたこともやはり忘れてはならない。名声と広範な勢力を手にした後でさえ、自分の前に連れてこられた人々に、自ら癒しの儀式を行なったと言われている。カバラーの道はこれまでずっと、我々の健康を一つの全体としてとらえ、存在のあらゆる側面を統合しようと努めてきたのである。

肉体的感覚を高める

内面の発達にはまず体の健康が重要だと考えるカバラーは、その考えとも一致して、官能的欲求を尊重するようにと繰り返し強調してきた。もちろん、この古来の伝統に時おり苦行者が現れたこともあるが、カバラーの指導者たちはほとんどみな、禁欲的な生き方を非としてきた。肉体を本質的に邪悪なもの、あるいは堕落したものとみる見方をずっとはねつけてきたのである。ルバヴィッチ派ハシディズムの創始者であるリアディのラビ・シュヌール・ザルマーンは、神的なるものに向かう道としてかなり知的な生き方を好んだが、彼のようなカバリストたちでさえも、肉体は本来神聖なるものであることを認めてきた。それにしても、世俗の超越を究極の目標とする宗教体系がずっと昔から、肉体の領域とこうした良好な関係を保ってきたことはいささか驚きである。

すでに述べたとおり、ユダヤの神秘の道は、我々の存在を大きく三つの側面、ネフェシュ、ルーアハ、ネシャマーに分けて、それらが互いに絡み合っていると考える。ネフェシュは、最も低次で最も本能寄りの属性と関連しており、それには食物や水などへの欲求が含まれるという。これらは明らかに純然たる生命維持に欠かせないものであり、それがなければ存在することさえ不可能であろう。それゆえ、カバラーは一度たりともそれを悪者扱いしたことがない。たとえば、ラビ・モシェ・ハイム・ルザットはこう述べている。「肉体を持つがゆえに、人間の本質そのものが、人を俗世の営みに駆り立てる。食べる、飲む、その他の必要欠くべからざる身体機能がなければ、人は生きてゆくことができない[16]。」

しかし、本能を包みこんだネフェシュがあるからといって、最も原始的な衝動にそのまま身を任せてよいことにはならないとカバリストは考える。確かに、この伝統の主要な指導者たちが、「気分のおもむくまま」という放蕩または快楽主義的な考え方を受け入れたことは全くない。むしろ、身体感覚を研ぎ澄ませ、高めることを目標にすべきだと一貫して説いてきた。より高次の意志力であるカヴァナーを傾注することによって、我々は実際に諸々の感覚を啓発の道具に変えることができるのである。しかし、そのためにはまず、本能的衝動と向き合ってこれを受け入れることが必要であり、そんなものなどないような素振りをしてはならないのだ。

したがってカバラーは、肉体的側面を単に否定したり押し殺したりしても、せいぜい一時しのぎのごまかしにしかならないと強調してきた。それではどうにもならないどころか、そんなことを繰り返していると、心の葛藤を増大させる結果にさえなりかねないと、偉大な賢者たちは説いてきた。現代の心理療法も同様に、自分が改めたいと願う衝動をまず正直に認めることが重要だと強調する。つまり、ユダヤの秘教の体系は、現代の心理療法の根本原則を何世紀も先取りしていたのである。二百年近く前にブラツラフのラビ・ナフマンは、「不必要に苛酷な修行を求めるべきではない。そんなことをすれば抑鬱になるおそれがあるからだ[17]」と簡明に述べている。興味深いことに、この優れたハシディズムの思想家は、観念の上だけでこう語っていたわけではない。若い頃は自虐的な苦行に打ち込んでいたが、後に、それが内面の発達に無益どころか有害であることに気づいて以来、苦行を退けるようになったのである。

　このような理由から、ユダヤ教の神秘主義は、世界中の他のいくつかの宗教的伝統が好むような極端な自己否定を断固として退けてきた。どれほど立派な意図があろうとも、そのような努力の結果として生じうる害悪は、得られるかもしれない潜在的利益をはるかに上回る可能性があるとカバリストたちは考えてきた。しかし、この考え方の唯一の例外として注目に値するのが、十二世紀のドイツのハシード運動で、これは高次の意識に向かう道として自虐的な苦行を説いたらしい。しかし、夏に蜂蜜を体に塗り、その体をハチの群にさらすといった方法が書物では勧められているものの、そうした方法が実際に大々的に行なわれたという証拠はほとんどない。また、このカバリストのグループでさえ、性的な禁欲を強いることまではせず、夫婦生活を普通に営んでいた。本章ではこの後、カバラーの体系が説く性愛のきわめて重要な役割について、かなり詳しく述べるつもりである。

さらに、ぜひとも注目すべきなのは、ユダヤの神秘家たちが、肉体を痛めつけることによって日々の生活の縛りから逃れようとした人々の話には、決して感銘を受けてこなかったことだ。そのような人々は評価されないばかりか、むしろ、自分を取り巻く世界の触知できる喜びに満足していないとして、厳しく非難されてきた。実際に、主要なカバリストの中には、そのような行動はまったくの心得違いだと、きっぱり言い放ってきた者もいる。たとえば、ラビ・ルザットは、そのような人々をにべもなく非難し、「自分にとって不必要なことだけでなく、絶対に必要なことまでも禁じ、妙な苦痛で肉体を罰している」(18a)愚かな人々だと述べている。

実際、この有力なイタリア人の神秘家は、官能の喜びをことごとく奪うことが調和のとれた幸せな人生の実現に役立つ、という考えをはっきりと退けた。皮肉にも今日の我々は、神的なるものや聖なるものの名において若い信者たちの当然の喜びを一つ残らず抹殺しようとする、様々な権威主義的な宗教カルトに取り囲まれている。ラビ・ルザットは一七三〇年代に、当時の「偽聖人」に言及し、冗長な懺悔や秘義的な自虐のような無意味な行動を、霊的生活の道と勘違いしていると述べている。「聖人らしさなど、彼らのどこにも見当たらない」(18b)と彼は評した。

それから数十年後に、初期ハシディズムの師たちも、肉体に対してこれと同じ姿勢で取り組んだ。実際、バアル・シェーム・トーヴは、肉体の喜びを全身全霊で味わうことこそが、日々の苦労を超克する鍵であると強く信じていた。官能的欲求を軽んじてはならず、それを神聖なものとして尊重すべきであると主張した。ベシュトによれば、苦行の実践は、厄介な習慣を断ち切ろうとするような、人間的成長を求めての探索を始めるときに限るのがよい、その後、たとえば過食のような、困った行動をコントロールできるようになったら、「いつも通りにふるまい、仲間とともに活動するのがよい[19]」という。

バアル・シェーム・トーヴが、メジリッチのラビ・ドヴ・ベール（〝偉大なるマギード〟）を迎え入れたときのことが、有名な話として今日まで語りつがれている。マギードは、成長しつつあるハシディズム運動への参加を望んでおり、ベシュトはこの高名な学者にまみえる栄誉に浴したのだった。ところが、この痩せこけた知識人をしばらく黙って眺めていたベシュトは、将来の同僚となる人物に、そんな自己否定的な生き方は止めて肉体の喜びをもっと十分に味わうようにした方がよいと勧めた。後年、その師が逝去したとき、マギードは自分の大勢の弟子たちに対し「肉体にほんの小さな穴を開けると、魂には大穴が開いてしまう[20]」と語った。

この時代のハシディズムの指導者たちは、無意味な断食のような行動を自滅的だとして非難しただけではなく、食べ物や飲み物のありがたみを讃えた。こうしたものを、日々の生活の聖なる贈り物として、味わい楽しまなければいけないと教えた。心に本当の意味での敬虔の念があれば、それを聖なる経験として享受することができるのである。バアル・シェーム・トーヴは結局、ものを食べるのに費やす時間を無駄な時間と思ってはいけないと言っていたのではないだろうか。

レッベたちの中には、この人生哲学をあまりにも熱心に実践した者がいたようだ。弟子たちと共に安息日や祝祭の宴会で浮かれ騒いだために、同僚たちから享楽に耽り過ぎとの誹りを受けることになった。また、ハシディズムの敵だったミトナゲディームは、ありあまるほどの皿やグラスに眉をひそめつつ、真に霊的な人間ならば食事にそんなに夢中になるはずがないと、たびたび彼らに批判を浴びせかけた。おそらく、ハシディズム指導者の中には少数ながら、「それ相応の人物ならば、あらゆる喜びの内に、食事の内にさえも、神を見出せるようになるだろう[21]」という見解に流されてしまった者がいたのだろう。

しかし、彼らはもちろん、弟子たちには暴飲暴食を勧めたりはしなかったし、それが体にとって危険であることや、落ち着きのない心に根ざしていることも十分認識していた。たとえば、ブラッラフのラビ・ナフマンは、食べ過ぎは万病のもとだとはっきり述べている。彼は、現代の行動医学の見解を先取りして、食物への過度の依存が特定の心の葛藤、とくに怒りの抑圧と関連していることを鋭く見抜いていた。肉体に対する敬意は、食べものや飲みものの単なる量ではなく、食卓につく態度によってこそ示されると、ラビ・ナフマンやその同僚たちは考えていた。

重要な点をもう一度述べると、我々は高次の意志力であるカヴァナーを用いて、通常はごく世俗的で些末でさえある活動を、高貴なものとする必要があるのだ。食べものはひと口ひと口味わいながら、ゆっくり食べなければならない。飲みものをがぶ飲みしてもいけない。食事は静穏かつ敬虔な雰囲気の中でとるべきで、食事の準備も一心に愛情を込めて行なう必要がある。このように、自分の感覚のすべての側面にしっかりと意識を向ければ、心の平安と体の健康をより深く体験できるのである。

セックスの神秘

カバラーの最大の魅力であると同時に、まちがいなく物議をかもす側面の一つは、その激しい性的な底流である。それは主要な書物のほぼすべてにはっきりと流れており、とりわけ、ユダヤ教の秘教思想の根本書『ゾーハル』において大きなうねりを見せている。この激しい流れこそが、ユダヤの神秘の伝統に豊かな喚起的パワーを吹き込んできた。なぜなら、セクシュアリティこそが、人生や宇宙さらには神においてさえ、根源的な力をなしていると考えるからである。

このようなテーマの題材が、何世紀にもわたって、ユダヤ人、非ユダヤ人を問わず人々の想像力を刺激してきた。しかしながら、この風変わりな魅力は、同時に、正統派ユダヤ教が歴史的にカバラーの道に対して懸念を抱く直接の原因にもなってきた。十六世紀に世界中のラビの指導者たちが、相反する思いを抱きつつもそれを受け入れた後でさえ、彼らはその見解をユダヤの無学な庶民には刺激的すぎると見なし、選ばれた少数の者以外にはタブーとすべきだと考えていた。そして、このラビたちの用心深さがまったくの間違いというわけではなかったことを認めなくてはならない。かつて幾たびか、カバラーに促されて沸き起こった激情が、エロティシズムの色合いを帯びた破滅的なメシア運動を引き起こしたからである。

カバリストたちは、セクシュアリティを常に宇宙の基本的特性と見なし、決して些細な事とは考えなかった。第二章で簡単に触れた通り、達人たちは、創造のあらゆる側面を共に根底から支えていると思われる二つの原初的な力の存在を主張してきた。この正反対でありながら相補う一対の力は、限りなく小さな草の葉にも、宇宙の最果ての銀河にも現れる。この神秘的な合一の本質を、それがどれほど多様な現れ方をしようとも、しっかりと見抜けるようになればなるほど、自分を取り巻く最も高次の世界についての理解が深まり、その結果として、最奥に秘められた心の仕組みについての理解も深まるのである。

性愛の最も高貴な反映は神的なものの本質の内に啓示されると、ユダヤの神秘家たちは断言してきた。この伝統が始まって以来、その師たちがずっと強調してきたのは、我々人間が相補う二つの性に分かれているのとちょうど同じように、聖書に語られる厳格で家父長的な「父なる神」（ヤハウェ《Yahweh》）にも、その女性の片割れが存在するということだ。『ゾーハル』は次のように簡明に述べている。「妃のいない王は、王ではない。偉大でもなく、高く讃えられることもない」[22]。両者が合一したとき（その様子はあからさまな性的表現で描かれている）にのみ、真の調和が宇宙を支配するという。

典型的な男性の神と並んで、天上の母シェヒナーが支配力を揮っているという、この驚くべきユダヤの思想が、ずっとカバラーの中心をなしてきた。カバリストではないラビたちは、その思想にしばしば極度の懸念を抱き、大勢のユダヤ人に対するその強大な影響力を絶えず弱めようと努めてきた。これを成し遂げる方法の一つは、その教義をできるだけ柔らかで当り障りのないものにしてしまうこと、さもなければ、冒瀆的との烙印を押してしまうことだった。穏やかならぬ闘争の末、産業化時代が始まる頃にはもう、この測り知れない魅力をもつ考え方は祈祷や儀式からほとんど跡形もなく消し去られていた。それゆえ、いやしくもこの教義を知る者はもはや皆無に等しい。

このような理由から、今日のカバリストの中には、ユダヤ教が熱烈に信仰または崇拝されなくなった大きな原因の一つはまさに、このように日々の実践から女性的なイメージやシンボルを排除したがゆえに、興趣に乏しい男性的価値ばかりになってしまったことにあると主張する者もいる。印象的なことに、近年では、様々な書物が同じような趣旨のことを論じている。つまり、現代の主流をなしているユダヤ－キリスト教の体系は実際、超越者への男女両性的な、あるいは性的にバランスのとれたアプローチから自らを切り離してしまっているというのだ。マーリン・ストーンの『神が女性だったとき』(Stone, 1976) やメアリー・デイリーの『父なる神を超えて』(Daly, 1973) のような著作が、抜群の説得力をもってこの点を主張している。ごく最近では、エレーヌ・ペイジェルズ博士が、大好評を博している著書『グノーシスの福音』(Pagels, 1979) の中で、古代キリスト教は、当時のユダヤ教神秘主義の影響を強く受けて、ローマ帝国の公認宗教となってからよりも、もっと女性的要素を含んだ慈愛に満ちた神学を信奉していたらしいことを示した。こうした分析に照らしながら、それとはまた異なるカバラーの神の概念の性質や発展の経緯をたどると、興味深いことがわかるかもしれない。

シェヒナーという語は、「住まうという行為」(女性形) を示すヘブライ語に由来するもので、聖書そのものには出てこない。しかしながら、聖書の文章は暗黙のうちに、ユダヤ人の聖地では人間のただ中に神が「住まう」という考えを語っているように思われる。聖書時代の後期になると、魂の師たちは次第に、聖なる者の意図を地上で実行する道具と言われる、様々な人格化された存在に言及するようになった。たとえば、紀元前一〇〇〇年から八〇〇年頃に書かれたとされる『ヨブ記』には、「知恵」が、そのやり方も所在も神（男性）のみぞ知る女性的人格として描かれている。その数百年後の『箴言』には、「知恵」が、宇宙の誕生以来ずっと神の「パートナー」であり「喜び」でもあり続けてきた女性的存在として、さらにははっきりと描かれている。

エルサレムの第二神殿が無惨にも破壊され、それに伴って国家宗教としてのユダヤ教が消滅すると、敬虔なユダヤ人たちの間に神性に対する新たな姿勢が見られるようになった。シェヒナーが初めて現れるのは——現在まで伝わる文書記録を見る限り——聖書をアラム語に翻訳した、いわゆる『タルグム・オンケロス』のようである。これは紀元一世紀から四世紀の間に成立したもので、興味を惹くメルカヴァーすなわち「戦車」派の秘密の知識と時期的にある程度一致する。元のヘブライ語聖書のテクストが、人間にもわかる特定の属性を通して神が顕現することを語るくだりでは、『タルグム・オンケロス』は必ずその代わりにシェヒナーという言葉を使う。といっても、その目的は主として、あまりにも人間的な特性を神的なるものに帰するのを避けることにあり、シェヒナーの性別が女性（「ah」）であることに当時はそれほど大きな意味はなかったようである。

しかし、タルムード時代になると、完全に男性的な人格をもった神に代わる概念がより明確に現れ始めた。興味深いことに、タルムードを編纂したラビたちは、ユダヤ教にとって明らかに重大なこの概念について、必ずしも意見が一致していたわけではないようだ。すなわち、一部の思想家たちは相変わらず、それまでと同じように、シェヒナーを単なる神の別名と考えていた。例えば、「ラビ・ヨセいわく、『シェヒナーは地上に降りたことがなく、モーゼもエリヤも天に昇ったことがない。・・・シェヒナーが地上に降りたことがないというのは本当だろうか。『ヤハウェはシナイ山に降りた』と記されていないとでもいうのか』[23]という具合である。しかしその一方で、一部のタルムード学者たち（おそらく「戦車」の道を密かに信奉していた神秘家であろう）は、シェヒナーに物理的な実在性のみならず、より超越的な実在性をも認めていた。

　エロティックな色合いの強いこの形のユダヤ教を唱える人々が、その信念を自らの秘儀の実践から得たのかどうかを考えてみると興味深い。当時、そのようなグループの間では、月経中の女性が移ろいやすい神聖なパワーを具現していると考えられていたことがわかっている。大抵が無名であるこうした人々の生活についてはほとんど記録がないが、後のカバリストたちと同様に彼らもやはり、神の最も非物質的な領域と、神が素晴らしいシェヒナーとしてもっと具体的で人間にもわかる姿で現れることを区別していた。

　やはりこの時代、ユダヤの神秘家たちは、神の女性的側面と、神的な「収縮」による宇宙の創造とを関連づけていた。たとえば、時空をすべて超越した神が、どうしてイスラエルの民の木造の幕屋に「宿る」ことができるのかという難題を解こうとして、ラビ・ヨハナン・バル・ナッパハは次のような説明を提案した。「民に私の至聖所を作らせよ」と神が仰せになるのを聞いたイスラエルの預言者モーセは、不可能と思われることに恐れ慌てた。創造者がただの仮庵に泊まることなどどうしてできようかと考えたからだ。しかし、タルムードの神秘家が語るところによると、神はモーセを安心させ、かなり性的なイメージを用いてのようだが、小さな幕屋で本当に十分であることを伝える。「私は下に降りていって、わがシェヒナーを下の［幕屋の板の］間で収縮させよう。[24]」

その時代のまた別の神秘家は、性行為が行なわれるときにはいつも、この世界にシェヒナーが近寄ってくるとはっきり述べている。この喚起的な考えこそが、やがてカバラーの最も重要な特徴になるのである。

実際、十二世紀フランスにおける『セーフェル・バーヒール』のような根本書が出現して以来、カバラーの伝統は、神の構造を反映する鏡としての人間のセクシュアリティに、また逆に、人間の構造を反映する鏡としての神のセクシュアリティに多大な意味を見出してきた。それゆえ、『セーフェル・バーヒール』は、神の女性的側面の輝かしさをほのめかす言葉に溢れている。それを例証する一節で、無名の著者は次のように語っている。

「神の栄光」とは何か。・・・王は寝室に妃を従えており、王の軍勢はみな彼女を喜びとしていた。妃には息子たちがいた。彼らは毎日、王に会いに来て、王を祝福した。彼らは王に「母上はどこにおられますか」と尋ねた。王は「今、母上に会うことはできない」と答えた。彼らは「母上がどこにおられようとも、我らに神の祝福がありますように」と唱えた。(25)

随所に謎を秘めたこの書物には、女性性器と男性性器に言及している箇所がいくつかある。『セーフェル・バーヒール』は、人間の性器を汚らわしい非精神的な部分として断罪するのではなく、むしろ、それが宇宙のより高次の潜在力を示すものであると主張する。たとえば、ペニスとヴァギナは、我々を取り巻くより高貴な力に対応する地上の片割れであると、はっきり述べている。「ナツメヤシの種には女性のように裂け目がある」と『セーフェル・バーヒール』は我々に告げる。「それに類似するのが、月の力である」[26]と。そしてさらにこう語る。「脊髄は男性の脳に発し、子種(seed)が宿る[性]器にまで伸びる。それゆえ(イザヤ書四三・五)に、『私は東からあなたの子孫(seed)を連れ帰り……』と書かれているのである」[27]。

しかしながら、カバラーに本当に生き生きとしたエロティシズムを吹き込んだのは、多彩な面をもつ『ゾーハル』である。この書物の全般にわたって、何度も何度も描かれているのは、天の「王」と「女王」が日々宇宙を支えるために性的エクスタシーのうちに合一するさまである。たいてい美しい雅歌の一節から始まるこの眩惑的な書物が、考えうる限りの言葉を尽くして強調すること、それは、夫婦が一心不乱にセックスに励むときはいつでも、宇宙の全領域の調和を促しているということである。満ち足りたセックスが、正しい態度と欲望によって為されれば、夫婦を多様な存在レベルで結びつけると思われるが、それとちょうど同じように、この行為によって、平和と愛があらゆる場所をもっと完全に治めるようになるのだ。「上の如く、下も然り」。

このユダヤの神秘思想の「バイブル」は、はっきりと夫婦間のセックスに限定しながら、この根源的な人生体験のもつ超越的パワーを絶賛してきた。カバリストたちはセックスを、我々が為しうる最も強力な霊的営みの一つであり、日常的な自我や浮世の気苦労を打ち砕く信じがたいほどの力を持つものとみなしてきた。「夫婦間の性行為が神聖な務めとして行なわれるときには、いつもそこにシェヒナーが現前する。だが、そのような行為を妨げる者はみな、シェヒナーを地上から立ち去らせてしまう」[28]と『ゾーハル』は警告する。

さらに具体的に言えば、ユダヤの神秘主義は、既婚者が少なくとも週に一度はセックスすることさえ求めている。安息日を喜びと心の滋養を得るための特別な時と考えていることもあって、達人たちはこの日をとりわけ夫婦の和合に適した日であると説いてきた。したがって、『ゾーハル』は、女性に月のものが巡ってきて「手出し」できない時を除き、夫婦は金曜日の夜に必ず性行為を行なうべきだと強調する。双方がその体験に能うかぎりの意識を集中できれば、それは実際、聖なる瞑想法の一つとなるのだ。『ゾーハル』は、セックスを汚らわしいもの、あるいは芳しくないものと見なすのではなく、むしろ、古の最も偉大な賢者たちでさえ、愛する人とこの特別な営みを行なったのだと我々を力づける。

では、男が「いっぱし」と言われるのはいつか。それは彼が女性を伴った男性であり、しかも高い聖性を認められており、なおかつ聖化に専念しているときである。そのときに限って、文句無しにいっぱしの男と呼ばれる。ゆえに、男たるもの、あのときには妻と共に喜び、自分への愛情で妻を結びつけねばならない。そして、二人が共に同じ意志を持っていなければならない。このように和合がなされるとき、その二人は心も体も一つになる。(29)

カバラーのもう一つの、たぶんもっと魅力的であろう要素は、性欲を常に男性にだけでなく女性にも認めてきたことである。この点において、ユダヤ教のこの古い分派は、西洋の科学や哲学のほぼすべての流れを何世紀も先取りしてきた。フロイトは、世紀の変わり目に発表した著作のせいで医者仲間から「ポルノ作家」と誹られたが、そのフロイトでさえ、このテーマについてはほとんど言及していない。この事実はいささか意外である。なぜなら、この偉大な精神分析学者はカバラーの概念にかなり精通していたからである。いずれにせよ、ヴィルヘルム・ライヒやＤ・Ｈ・ローレンスのような、少数の偶像破壊者たちの大胆な著作にもかかわらず、二十世紀もずっと半ばになるまで、医者連中は、女性にも男性と同じくらい強い自然な性的感情があることを認めようとしなかった。この点を明らかにするには、絶大な人気を博した『ハイト・レポート』(1976)のような調査を必要とした。けれどもカバラーは、少なくとも十三世紀もの昔から、女性のセクシュアリティという考えを繰り返し強調してきたのである。

それゆえ、『ゾーハル』はきっぱりと、妊娠はたいていの場合、夫婦間の「同等で相互的な欲望」の結果であると述べている。『ゾーハル』はまた、宇宙の創造を比喩で語っているのだが、どう見てもそれは男女が共にオーガズムに達した状態をそのものずばり描いたものとしか思えない。

上の方の世界が満たされて身ごもり、二人の子を一緒に産んだ。男一人と女一人、これは神的パターンに倣った天と地である。地には、天から溢れ出た水が注ぎ込まれる。しかし、この上の方の水が男性であるのに対し、下の方の水は女性である。・・・［下の方は］男を受け入れる女のごとく、上の方に呼びかけて、水を滴らせ、男性の水と合わせて種を生む。(30)

現代のかなり鈍磨した感受性でも、これ以上にあからさまな性の表現にはなかなか馴染めそうにない。もちろん東洋にも、セックスを同様に、宇宙的意味をもつ神聖な行為にまで高めていると思われるアプローチがある。それはタントラ・ヨーガである。カバラーの考えと見事に一致して、この古い異型のヨーガもやはり、宇宙は結局、正反対でありながら相補う二つの力が繰り広げる壮大な舞踊であるという前提に立っている。この二つの力は、陰および陽と呼ばれ（それぞれ、受け入れる力と押し出す力）、それらが絶えず混ざり合いながら流れていると言われる。タントラの師たちの教えによると、性行為の最中にこの永遠のバランスを直に体験できることがあり、それによって、絶えず気が散り混乱している普段の状態を超えられるかもしれないという。そのようなわけで、肉体と性愛の領域は、より高次の意識世界へと我々を導いてくれる重要な内なる道なのだと彼らは強調する。

しかし、ユダヤの達人たちと同様にタントラの達人たちも、この神聖な男女の対話では、我々の態度と意識の集中が重要であることを繰り返し強調してきた。いかなる態度でセックスに臨むかにこの上なく重大な意味がある。この点において、これら二つの、一見全く異なる宗教体系はぴたりと意見が一致する。カバリストが最も重視するのは、喜びに包まれた敬虔な気持ちである。「秘密の教義によると、信仰篤き者は思考と目標のすべてを」この行為の霊的な面に「集中しなければならない」[31]という。同様に、タントラの実践者も、我々は注意のすべてを傾けてセックスに励むべきだと考える。それがお決まりの日課になってしまうと、もはや合一の道へと導く力は失われる。

つまり、逆説的なことに、男性も女性も、高められた自らの肉体の道を通して物質界を超越することができるとカバラーは強調するのである。決して肉体の機能をおろそかに考えてはならない。

なぜならば、『ゾーハル』が静かに思い出させてくれるように、我々は「天上のパターンに倣って作られており、四肢はすべて「知恵」の図式のどこかに対応している」[32]からである。入念な訓練によって自分の官能的欲求への気づきを深めていく必要がある。なぜなら、我々の社会ではそのための準備がほとんどなされないからである。初期ハシディズムの師の一人がこう明言している。「どんな活動をするときも、男は自分の肉体を最も神聖な場所と見なさなくてはならない。そこは、地上における最高の力が宿る場所なのだから。[33]」

第四章　心の平安をもたらす諸技法

「月日は流れて過去のものとなり、人は自分が一度たりとも真に考える時間を持たなかったことに気づく。・・・瞑想しない者は、知恵を持てない。」

「実のところ、人が恐れている唯一のものは自分自身の内にあり、人が切望している唯一のものも自分自身の内にある。」

ブラツラフのラビ・ナフマン

我々が緊張した慌ただしい社会に生きていることは、もうほとんど自明の理になっている。なにしろ、世間では「不安の時代」と呼ばれ、そのことはこの都市型の科学技術文明では一見どうにも避けがたいことのように言われている。西洋に暮らす無数の人々が日々、高血圧症や心臓血管疾患のような、我々に特徴的な生活様式と大いに関係があると思われる病気に苦しんでいる。現代の緊張に対処しようとして、多数の人々が処方されたものであれ、違法なものであれ、薬に頼っている。酒を飲むことや、夜な夜ないつものようにテレビを見ることに逃げ場を求めている人々もいる。当然ながら、このような方法はいずれも、内面の不満の根本原因に直接対処するものではない。

過越の祭ハガダー。「生命の樹」の上位のセフィロートが示されている（オランダ、17世紀）。

だが、一九六〇年代に入ると、鳴り物入りで東洋の霊的教えが流入することによって、一般大衆に初めて、既存のものに代わる心の健康法が知らされるようになった。この方法こそが瞑想、すなわち、特殊な技法を通して心と体を意識的に変化させようと努めるものだ。少し前まで、ほとんどの人がこの古来の実践から主に連想するのは、腰布とターバンを着けた骨と皮ばかりのヒンドゥー行者の姿だった。普通、この言葉自体には、過去の時代の秘密の宗教教義という含みがあった。高度に発達した我々の時代には、瞑想などほとんど役立たないように思われていた。

その上、信奉者たちの主張が、ばかばかしいほど突飛に感じられた。どれほど忍耐強い人でも、自分の臍やカラフルなシンボルをじっと見つめるだけで心拍や呼吸をコントロールできるようになるはずがないと、科学は断言した。自律神経系を制御したり、去来する思考をすっかり支配したりできるかもしれないというのは、明らかにばかげたことに思われた。少数の熱狂的な信者を別にすれば、人格に対するこの古くから支持されてきたアプローチに興味を示す者など、西洋にはほとんどいなかったのである。

ところが、ほんの数年の間に状況全体ががらりと変わった。今では、世界中のあらゆる方面の人々が定期的に何らかの瞑想法を実行している。その一つである超越瞑想は、国際的な拠点があって多数のスタッフを抱える大規模組織によって主催されている。この刺激的なテーマを解説する様々な本が、何度もベストセラーになっている。国内外のバイオフィードバック研究所では、誰もみな実際、自分の精神および肉体のどんなにわずかな面にも微妙な影響を及ぼし得ることがはっきりと実証されてきている。かくして、主流の医療でさえも、自己治癒の有力な道具として（「リラクセーション・トレーニング」、「誘導イメージ」、もしくは同様の遠回しな言い方で装っていることが多いが）瞑想を勧めるようになってきた。革新的な専門家たちは今では、慢性不安から心疾患やガンにいたるまで、多数の現代病をもっと効果的に治療するために、これらの技法を積極的に活用している。

それでもやはり、多くの人々にとって瞑想の話題はいまだに、異国情緒あふれるインドの片田舎やその習俗とほとんど同義といってよい。もちろん、この誤った認識は、ヒンドゥーの哲学者やヨーガ行者が現実に今日の西洋世界に及ぼしてきたのとまさに同じ影響に由来している。こうした人物の何人かが易々と大衆向けマーケティングの最新手法を取り入れてきたのも、一つの要因であることは確かである。しかしながら、有史以来のほぼすべての文化は、我々の正常な意識の流れを高める正規の方法に精通していたようである。

極東では、中国の道士たちが、呼吸法を改めることによって精神状態を色々に変える方法の訓練を行なった。広大なシベリアの荒野では、シャーマンたちが、幻覚を引き起こす聖なる植物の作用に頼るとともに、肉体を自ら極限まで痛めつけることによって、高められた意識の境地へと自分を駆り立てた。北米大陸では、アメリカ先住民の部族リーダーや呪術師たちが、荒野でただ独り、断食や苦難の旅をすることで、宇宙の感じ方の劇的変化を促してきた。

人間の潜在力について先見の明ある探求者たちは、そういった修行を体系的に調べることによって、さまざまな価値ある洞察を得てきた。心理学者やその他の人々が意外にも発見し始めたのは、我々の心が普段どのように機能しているかについての当を得た見方であり、おそらくもっと重要なのは、まめに訓練することによっていかに精神的能力を大幅に高められるかについての興味をそそる考えだった。これらのアプローチのほぼすべてに共通しているのは、こうした目標を達成するために、構造的および非構造的な瞑想を重視することである。長いこと過去の迷信の遺物として退けられてきたこの古い知識体系には、時の経過くらいだけでは色褪せたりしない今日的意義のあることが、すっかり明らかになりつつある。

内面の発達に関するこうした様々な伝統の中で、最も神聖で、かつ包括的なものの一つがカバラーである。何百年もの間、このユダヤの神秘の道は、瞑想とそれが我々の日常生活に与えうるものに熱烈な興味を抱いてきた。なるほど、歴史的にユダヤ教の最大の関心は、より大きなコミュニティとそれに対する個人の倫理的な関わり方に向けられてきた。だが、そのカバラー的な側面は、何世紀もの間、習慣的な思考の流れの本質や、一貫した個人的努力によってそれを高めることに徹底的に主眼をおいてきた。高次の意識についての研究が、ヒンドゥーのグールー（導師）やチベットのラマ僧だけのものと考えている人々にとって、カバラーがこの魅力的な話題に大きく関与していると知るのは、一種の啓示だろう。さらに、カバラー思想家たちは内面的成長のモデルをも提供してきたが、それはいくつかの他の霊的修行のモデルと驚くほど似ているだけでなく、今日の社会学や行動科学でなされている最新の研究の一部を先取りするものでもある。

激怒する心を鎮める

我々はしばしば、人間が心配事や緊張で苦しめられてきたのは歴史上、現代だけだと信じて疑わない。別の時代の人々が、明晰さと目的意識に燃えながら、心安らかな生活を送っていたと一般に信じがちである。絶えず我々を取り巻いているように見える目まぐるしい喧騒の数々は、最近の現象に違いないと思われている。事実、十九世紀のロマン主義時代以来、文学においても哲学においても主要なテーマとなってきたのは、産業化社会が人間性を、本来の純朴さから流刑状態に追いやったという筋書きだ。それゆえ、ほとんどだれもが、機械の出現以前には我々のものだったと言われる、気苦労のない牧歌的な生活に憧れてきた。現代生活の非常に多くの場面で、明らかに気が狂ったようなテンポにさらされていると、我々は祖先が心の平静と満足を得ていたはずだと思い込んで、つい彼らを羨みたくなる。

しかしながら、カバラーはその最初から、我々の正常な精神状態がまさにその本質からして、相矛盾する思考や欲望に満ちていることを主張してきた。五百年以上の間、その主要な思想家たちは、普通の人が内面では絶えず反目状態にあることを強調してきた。「どんな人も内面では、国どうしが戦争している」と、極めて洞察力にすぐれた心の観察者、ブラツラフのラビ・ナフマンは詩的に述べている。「その人の人格は、勝利国の人格である。毎回、別の国が勝利するので、その都度すっかり人格を変えなくてはならない。・・・これがその人を狂気に追いやることがある(1)」と。同様に、十八世紀初めのラビ・モシェ・ハイム・ルザットは次のように簡明に述べている。「最高の知恵は、人が・・・常に戦闘状態にある二つの正反対のものから構成されると定めた。(2)」

カバリストたちは常にこの内面の不安を、人間の条件にとって基本的なものと見なしてきた。確かにそれは、個人としても種のメンバーとしても、地上の目的の不可欠な部分だと思われる。すなわち、第三章ですでに述べたように、ユダヤの秘教の体系は、我々がみな、いくつかの別個でありながら互いに関連し合っている意識すなわち「魂」のレベルで創られてきたと主張する。ネフェシュやルーアハに源を発する最も低次の欲望に駆り立てられると、我々は、本能的な欲求以外、ほとんど何も満たそうとしなくなる。これらの生まれながらにもつ動物的な衝動は、必然的に非常に強力である。なぜなら、それらは我々の肉体的成熟と生存を保証するものだからだ。しかし、カバラーが付け加えるところによると、我々は、ネシャマー（つまらない物質的欲求を超えようと切望する超越的な自己）をも持って生まれてくる。さらに、何人かのカバリストによれば、我々はまた、さらに高い認知的諸側面をもそなえている。これらは日々の生活の中ではほとんど完全に眠っていると言われており、体とのつながりはきわめて希薄だ。けれども、我々は自分の内に、使われずにいる数々の可能性の存在を感じずにはいられない。それゆえ、生涯を通して、自分の人格の異なる部分の間に、絶えることのない闘争を体験するのである。

しかし、カバリストの目から見ると、こうした状態は決して解決不能のことではない。意志力を働かせることによって我々は、些細なことに自分を束縛しつづけている情動的な足かせを克服できるようになる。怒りや抑鬱のようなネガティブな感情を完全に支配する力を現実に望める者はほとんどいないが、我々は常々考えているよりもはるかに大きな能力を持っている。「だれでも自分の思考を完全にコントロールして、それを望みどおりに方向づけることができる」と、ブラツラフのラビ・ナフマンは力強く明言している。(3) 同時代にハシディズム運動に加わっていた、リアディのラビ・シュヌール・ザルマーンも同様に、『タニア』の中で、少なくともベノニになれない者はいないと述べている。ベノニとは、低級な「普通」の状態と、真のツァディーク（一瞬一瞬を光輝に満ちたものとして体験する人）との中間にある精神状態である。ベノニについて、ルバヴィッチ派の創始者はこう説明している。「つまり、動物の魂の三枚の「衣」、すなわち思考、言語、行為は、フリッパー（不純さの領域）に源を発するものであり、彼の内部で神聖な魂に打ち勝つことはない。(4)」

しかし、この「中間」のゴールにさえ、やはりなかなか到達できないらしいことにカバリストは昔から気づいていた。人間の心の働きを知り尽くしている彼らは、日常の精神状態と、より高次の知覚とを隔てている溝を鋭く理解してきた。それゆえ、印象的にも二十世紀の思想を思わせる言葉で、アブラハム・アブラフィアの無名の弟子は比喩的にこう嘆いている。「牢獄に捕らわれている理性のある生き物が、穴にせよ小さな裂け目にせよ、逃げ出す方法をつぶさに探さないとは遺憾である(5)」と。本書で既に見たように、アインシュタイン自身もこれと同じ願いを表明している。

しかし、ユダヤの神秘の伝統には、不安な心の独房から脱出する道が確かに存在する。その道は直接、瞑想を通じて見出される。何世紀もの間、それを表すのに用いられてきたヘブライ語のドゥヴェークートは、神的なるものに忠誠を尽くしている状態を指す。その意味は、単にリラックスしている状態や緊張のない状態をはるかに超えるものだが、確かにそのような特性をも含んでいる。

むしろ、ドゥヴェークートは、あらゆる重要な面から日々の気苦労が遠のいた結果、こうしたより高次の意識形態に我を忘れて浸りきっている境地を意味する。きわめて重要なのは、普段の精神状態である渦巻く思考が鎮まれば、宇宙全体の驚異を感じとる高次の意識状態が目覚めるという考えだ。「自分自身を清めれば・・・肉体の行動さえも聖性を帯びるようになる」とラビ・ルザットは述べている。[6] それによって我々を取り巻くすべてのものが一変するのである。

したがって、ユダヤの瞑想法の主要な思想家たちは、独特の心のテクニックを用いれば、内面で感じられている葛藤が乗り越えられると力説してきた。事実、カバラーを他の伝統から際立たせている基本的特徴の一つは、このように、日常的な意識を高める努力を強調する点にある。このアプローチにおいてカバラーは一般的に言って、共同の祈祷や活動により重きを置いてきたユダヤ教主流派とは異なる。古代パレスチナのメルカヴァーすなわち「戦車」の実践家から、十八世紀東欧のハシディームにいたるまで、この道の入門者は、聖なるものに直接近づく道として、個人での瞑想に最高の敬意を払ってきたのである。

カバリストたちは一般に、この目的を達成するために幅広い様々な方法を利用してきた。正確な方法は、時代や場所、さらには師の個性によってもかなり異なっている。ブラツラフのラビ・ナフマンのような魂の師の中には、会衆のニーズに最もよく合うように、いくつかのユダヤの瞑想法から自由に選んで利用してきた者もいる。それゆえ、彼の同僚であり主たる筆記者でもあったネミトフのラビ・ナータンによれば、彼の師は一人一人の魂の「根」をよく見て、その人の欠点を正すのに必要な特別の実践法を処方するようにしていたという。ラビ・ナフマンがある人の一生涯を通して処方した実践法もあるが、別の場合には、このレッベは「一定の期間、ある実践法を処方した後に、別のやり方に変えた[7]」とも伝えられている。

技法に関するこのような柔軟性は、内面の成長に対する実際の態度や関わり方に比べて自己の発達を促す特定の方法がそれほど重要ではないというカバラーの見解を反映している。ユダヤの神秘家たちは、代々受け継がれてきた瞑想法に限りない畏敬の念を感じてきたが、このような手段を、我々の人となり以上に持ち上げたことは一度もない。実際、『ゾーハル』のような書物は、この点に関してきわめて明確である。もし、かなり強力な霊的修行の厳しさに耐える心の準備が整っていなければ、収穫はほとんどないだろう。それどころか、動機がどれほど真摯なものであっても、我々はその修行で相当な危害を受けることさえありうるのだ。意識を変える高度な方法について、ラビ・ルザットはこう述べている。「明らかに・・・平民が王の笏を利用するのは適切ではない。これに関して、我らの賢者たちは、『王冠を利用する者は死ぬだろう』と教えている[8]」と。結局のところ、大切なのは、どんな劇的な即効も期待せずに、こつこつと辛抱強い努力をいとわずに続けることである。

したがって、カバラーの伝統において重要なポイントは、瞑想を始める前に十分な訓練が必要だということだ。非常に負担の重い努力になるかもしれないことを引き受ける覚悟が必要である。さもないと、その後の試みが失敗に終わる運命にある。さらに、目標を予め明確にしておく必要がある。今日の大勢の人々が、東洋の心身鍛練法にちょっと手を出しては、即効を期待している。しかし、カバリストにとっては、第一歩（さらには、第一歩を踏み出すための準備さえも）が、その後の内面的探求のあらゆる展開と同じくらい、きわめて重要なのである。

内なる旅への準備

カバラーの瞑想技法を始めるに当たっては、それが何であれ、できるかぎり体を健康にしておく必要がある。ユダヤ教神秘主義の「バイブル」である『ゾーハル』はきっぱりと、高次の意識を追求するには、「心だけでなく、体についても適切な準備を行なって臨む必要がある(9)」と述べている。この伝統にかなり精通している人々でさえ、その最も偉大な達人たちのほとんどが、すばらしく良好な体調であったことを忘れていることが多い。ラビ・アキバは、大人になって長いこと樵として暮らした後に、高次の意識の秘密を探る冒険の旅に乗り出したのだった。バアル・シェーム・トーヴも同様に、霊的な面で影響力を揮うようになる前には、長年、屋外労働に携わっていた。彼は非常に強健で、肉体の活力に当然の敬意を払っていたと思われる。

しかし、多くの点において、心の拡大の前提条件としての身体的健康の重要性は、ほとんどのカバリストにとって、明示的な処方箋として示される必要などめったにないものだった。ごく最近になるまで、どこに暮らしていても、今日では当然と思われているような、肉体的努力の要らない座ってばかりの生活様式など、夢に見ることさえできないものだった。ユダヤの秘教の書の中に、肉体的な剛胆さや耐久力を侮るような類のものは探しても見つからない。それどころか、初期ハシディズムの指導者の人生にまつわる物語には、驚くほどの旺盛な体力に言及する話があふれている。

したがって、現在、瞑想に関心をもっている人々にとって、変性意識状態を試み始める前に肉体を健康にしておく必要があるという、このカバラーの原則は強調する価値がある。カバリストたちの警告を裏書きするように、西洋人の中には適切な準備や指導を欠いたまま、難しいヨーガの体位や瞑想の呼吸法を試みていて、気分が悪くなった者や有害反応を起こした者さえいるという報告が出てきている。魅力的な著書『ベントフ氏の超意識の物理学入門』(Bentow, 1977)の中で、イスラエルの思想家、故イツハク・ベントフは、この問題をかなり詳細に検討している。彼によると、「今日では、より充実した人生に向けて手探りしている・・・人々の数が増えるのと歩調を合わせるように、精神面に原因をもつ［身体的］障害の発生頻度が急激に上昇している[10]」という。

アブラハム・アブラフィアの無名の弟子の明快な言葉に、「カバラーの道は何よりもまず、体そのものを清めることにある。なぜならば、身体的なものは精神的なものを象徴しているからだ[11]」とある。一般に、達人たちは、体を浄化するのに役立つ手段として断食を勧めてきた。しかし、彼らは必ず、水と食物を奪うのは軽率に行なうべきことではない、と急いで付言してきた。第三章で論じたように、カバラーは苦行を本質的に徳と見なすことは決してせず、より大きな目標に向かう通り道としてのみ考えてきた。したがって、断食でさえ、できるだけ慎重にゆっくり行なうべきだと、ハシディズムの創始者たちは弟子にしばしば忠告した。

一部の入門者に支持されてきた、もう一つの身体的訓練へのアプローチは、体を極端な温度にさらすことだった。たとえば、極寒の季節に非常に冷たい水につかるといった方法である。十三世紀ドイツのハシディーム(数百年後の東欧の同名グループと混同しないこと)は、この方法を大いに勧めた。この自殺的に見える行の背後にあるのは、それによって、通常は不随意の身体プロセスに対して心理的に働きかけられるようになるという原理である。興味深いことに、チベット仏教の信者たちも同じように、まさにこの目的を達成するために、昔からこの技法を取り入れてきた。彼らも、人の体から「火」が出て強い熱を発することについて述べている。

もちろん、心の状態が、瞑想の準備の重要な要素をなしている。理想的な精神状態を表すカバラーの用語はカヴァナーで、これは注意を一点に向けるという東洋の考えに似ていなくもない。自分をできる限り完全に今の瞬間に集中させねばならない。周到な努力を行なって意志力のすべてを結集し、意識の集中をはかるのである。精神の鍛錬を行なっている最中は、一見差し迫っているように思える心配事も棚上げしておかねばならない。その特定の方法が要求する象徴的イメージや音、または内面の活動に、自分の意識をしっかりと固定しなくてはならない。

我々の心が外からの刺激で掻き乱されがちであることも賢明に心得ているカバラーは、繰り返し、内面の探求にはプライバシーが重要であることを説いている。「内面の状態はきわめて繊細である」と、アブラフィアの改宗者は説明する。「それゆえに、離れて立つ家に籠もるように指示される。外の騒音が聞こえない家ならば、なおさら良い。[12]」同様に、その五世紀以上後にブラツラフのラビ・ナフマンは、「座っているだけで他に何もしないのであっても[13]」、瞑想用の特別の部屋がしつらえてあると有益だと述べている。

こうした特別の設備があると、注意をかき乱して瞑想の妨げになりうるものが遮断されるだけでなく、確実にリラックスできるようにもなる。心理学者たちは一貫して、我々のじかに接する環境が、分析にせよ直観にせよ、一定の課題をこなす能力に大きく影響することを見出してきた。一例を挙げると、夢に関する実験的研究では、悪夢について調べるのがなかなか難しい。クリニックではまれにしか悪夢を見ることがないからである。何らかの、まだわかっていない理由から、人は科学機器で監視されていると、真に恐ろしい夢を見ることなどとてもできない。実際、今日あらゆる種類の心理学的研究が起こってきたのは、まさしくこのテーマ、つまり、実験室の環境によって我々がいかに、身体的にのみならず精神的にも微妙に条件づけられているかを調べるためである。こうしたことから、特別にデザインされた部屋（あるいは部屋の一区画でもよい）で瞑想を行なえば、我々は明らかに、より深い平静状態へと入れるはずである。

心の発達を促す方法がもう一つある。それは、毎日一定の時刻にその技法を実行することである。ユダヤの神秘家たちは、高次の意識へのアプローチにおいて、ほとんど異口同音にこのことを唱えてきた。その時間に気分がどうであろうとも、瞑想のセッションは毎日行なうべきである。「その気になる」のを待っていてはいけない。なぜならば、我々の自我は、そうした気持ちが生ずるのを巧妙に隠してしまうからだ。むしろ、いったん計画を立てたら、鉄の意志でそれを守るべきである。ブラツラフのラビ・ナフマンはこの点について、次のように適切に述べている。やる気が全く起こらないときがあるかもしれない。そのようなときは、気持ちを奮い立たせて何としても続けることだ。「最初は無理やり絞り出したやる気であっても、結局は本物になるものだ[14]」という。

瞑想を教えているときの私自身の経験からすると、この処方はことのほか重要なものである。多くの人々が最初は、どんな形の「感覚リラクセーション」なり「誘導イメージ」なりに飛び付くにせよ、その熱意でずっとやっていけると思っている。別に意外でもなんでもないが、最初の昂揚感はじきにしぼんでしまう。特に、すぐには画期的な効果など現れなかったとわかるときがそうだ。ふつうは巧みな合理化以上の何物でもないのだが、あまり急いでいない「もっといい時」にまた始めようと自分自身に言い聞かせる。たいていの場合、そんな時が訪れることなどなく、内なる平和に向けた努力は、始まったばかりで頓挫することになる。

我々の自我や社会的自己は概して、真の自己吟味を先延ばしにするために、ほとんど数限りない言い訳を見つけ出してくる。我々の低級の衝動は、その本質からして、最も超越的な資質の発達に無頓着であるとカバラーは明言する。絶対に必要で、どう見ても避けられないとわかっている仕事を先延ばしにすることがいかに多いか、それを考えるだけでよい。その唯一の解決法は、日々の養生法を確立して、それを忠実に守ることだと、カバラーは強調する。そうすることによって、カヴァナーの強化という付加利益も得られるのだ。それゆえ、ブラツラフのラビ・ナフマンが穏やかに言うには、毎日必ず、自分を顧みるための特別の時間を設けることが大切である。「今、自分がしていることをじっくり考えて、それに自分の人生を注ぎ込む価値があるかどうかをよく吟味すること」[15]と述べている。

瞑想を行なうのはいつでも都合の良い時間でかまわないと、達人たちはきっぱり認めながらも、一日のうちで特に伝導力のすぐれた時間帯を二つ挙げてきた。それは、早朝、起床してすぐと、深夜、少し眠った後である。第六章で、この深夜の「寝ずの行」の興味をそそる性質について、かなり詳細に探るつもりである。しかし、ここでは次のように言うにとどめておこう。すなわち、少なくとも『ゾーハル』が現れた頃にまでさかのぼるが、以来、カバリストたちはずっと、目覚めている昼間に何度か、短時間の徹底的な休息を挟むことを勧めてきた。このようにすると、通常は分析的自己と直観的自己とを隔てている境界がぼやけ、両側面がより接近して統合される。これらのどちらの時も、我々は無意識の精神状態から戻ったばかりの状態になり、その結果として、潜在性の創造的な能力と非常によく調子が合う。

しかし、どんな場合でも飲食の直後に瞑想を始めてはならない、とカバラーは警告する。また、便意を催しているときも実践を試みてはならない。こんなことまではっきり言うとは、ちょっと枝葉末節ではないかと思われるかもしれない。しかし、そのことに対するカバリストたちの真剣さは、体を完全にリフレッシュさせて、その後の内面の修行に備える必要があることを物語るものである。

発達の諸技法

集中の道

何世紀にもわたって、カバラーの体系は多数の瞑想技法を編み出してきた。何百年も前に使われなくなったものもあれば、今日なお実践されているものもある。本章の範囲内では、その全リストの一部でさえ、つぶさに見ていくことはできないだろう。しかし、これに関連する書物、『瞑想の心理』(Naranjo & Ornstein, 1971)に示されている、クラウディオ・ナランホとロベルト・オルンシュタインの概念図式に従うと、これらの方法は大まかに三つの主要カテゴリーに分けられる。その三つとは、(一)注意の方向づけまたは集中の訓練、(二)自我の滅却、および(三)自発的表現手段である。

一つ目は、視覚的シンボルや典礼聖歌のような、特定のものに注意を集中させる心の訓練のことであり、他のことがすべて背景に退いてどうでもよくなるくらい、徹底的に注意を集中させることを目指す。二つ目は、社会から押し付けられた人格特性を入念に消去していく方法で、自らの内にある聖なる源泉がもっと容易に体験しやすくなるために行われる。最後は、鬱積した不安を解放し、それによって、落ち着かない心が静められたときにのみ訪れる聖なる瞬間を体験しようと努力するものである。もちろん、これらのアプローチは互いに重なり合っている。カバリストがこれらを互いに相容れないものと見なしたことは一度もなく、実際、複数の技法を組み合わせて弟子に教えてきた者もいる。

注意を方向づけるユダヤ教の瞑想技法のなかでも最古のものは、おそらく、カバラー以前の時代のメルカヴァーすなわち「戦車」派のそれであろう。ユダヤ人社会がイベリア半島や西ヨーロッパへと広がるにつれ消滅したらしいこの方法は、エゼキエルの幻視を中心的な目標にしていた。入門者各々の最終目標は、天の戦車の畏るべき世界を自ら体験することだった。火を放つ一つの大いなる雲から現れた、四つの天使のような生き物を描写した後、エゼキエルは次のように言明する。

わたしが生き物を見ていると、四つの顔を持つ生き物の傍らの地に一つの車輪が見えた。それらの車輪の有様と構造は、緑柱石のように輝いていて、四つとも同じような姿をしていた。その有様と構造は車輪の中にもう一つの車輪があるかのようであった。それらが移動するとき、四つの方向のどちらにも進むことができ、移動するとき向きを変えることはなかった。車輪の外枠は高く、恐ろしかった。車輪の外枠には、四つとも周囲一面に目がつけられていた。・・・生き物の頭上にある大空の上に、サファイアのように見える王座の形をしたものがあり、王座のようなものの上には高く人間のように見える姿をしたものがあった。腰のように見えるところから上は、琥珀金が輝いているようにわたしには見えた。それはまわりに燃え広がる火のように見えた。腰のように見えるところから下は、火のように見え、周囲に光を放っていた。周囲に光を放つ様は、雨の日の雲に現れる虹のように見えた。これが主の栄光の姿の有様であった(16)。

この注目すべき一節は、何千年もの間、計り知れないほど議論の的になってきた。現代の聖書学者たちは、その解釈についても、エゼキエルの幻視に特有の象徴と見なされるものの起源についても意見を異にしてきた。ごく最近では、一部の科学志向の論評者たちが、このヘブライの預言者は実はUFOとの「接近遭遇」を述べているのではないかと考えている。とにかく、ユダヤの神秘家たちはこのイメージを、きわめて刺激的でかつ危険を孕んでいる内面の旅の最終目的地と見なしてきた。詳細で体系的な書物(現在まで残存しているのはそのごく一部にすぎない)を通じて実践家たちは、その道伝いにある道標を正確な言葉で描いた。このようにすれば入門者たちは、困難な内なる領域を安全に渡っていくことができるというのだ。

この高度に構造化された瞑想体系において、偶然に任せてよいものは何一つなかった。七つの別々の天、すなわちヘーハロートが入念に描かれていた。弟子は、内面の意識の各次元について、数多くの反復的祈祷文句、リズミカルな聖歌、さらに入場許可の聖なる「パスワード」をすべて記憶しなければならなかった。これらの興味をそそる聴覚的仕掛け（いくつかの点でヒンドゥー教や仏教のマントラに似ている）の一部については、第六章で探るつもりである。特殊な呼吸法や体位も用いられた。しかし、是非とも心に留めておく必要があるのは、より高次の意識状態に近づくためのこのアプローチが極度の精神集中を要するものだったということである。一瞬でも注意がそれると道に迷ってしまう。なぜならば、どのレベルにもうようよいると言われる悪魔——今日ならば心の深層の恐怖と呼んでもよさそうなもの——に容易に圧倒されるおそれがあるからだと、実践家たちは警告を受けた。

したがって、「庭に入った四人の賢者」という元型的な物語の中で、「ベン・ゾーマは［第六番目の天宮の］大理石の皿の輝きを見て・・・それを水と思い・・・正気を失った」[17]と語られている。絶対に重要なのは、達人たるもの、その道の各行程を熟知していて、どんなに風変わりで息をのむような神のヴィジョンを体験している間でも、完全に正気を保っているべし、ということだった。さもないと、弟子はもう二度とトランス状態から脱して地上の現実に戻ることはなかろう、というのだ。

心の象形文字

注意を方向づけるユダヤ教の瞑想法で、もう一つ古くから伝わるものに、ヘブライ語のアルファベットの文字に精神を集中させるという方法がある。この古典的なカバラーの技法の起源は少なくとも、『セーフェル・イェツィーラー』が現れた、三世紀から六世紀の間にまでさかのぼる。この古い書物には、二十二個のヘブライ文字と十個の基本数が、森羅万象の根底にある三十二の宇宙エネルギーの経路を表すと書かれている。すなわち、ヘブライ文字の一つ一つが、天地創造を促し、今なおそれを続けている、畏るべき力の個々の顕現と対応しているというのだ。

例えば、一番目の文字א（アレフ）は、押しの強い、外に向かうエネルギーの力を表わし、二番目の文字ב（ヴェート）は、いかなる所与の状況にも存在する受動的で、受容的な側面を示す、といった具合である。実際、それぞれの文字の視覚的イメージは具体的にもっと深い意味を伝えているると、カバリストたちは主張する。例えば、ב（ヴェート）という文字は、一軒の家を示していると考えられ、ל（ラメッド）という文字は、片腕を上げている男の姿の絵文字である。このアプローチをますます複雑にしているのは、それぞれのヘブライ文字に付与される正確な意味が、準拠するカバラ体系によって異なってきたという事実である。

ヘブライ語のアルファベットの文字がさらに広い、象徴的な性格をもつという考えは、主流派ユダヤ教に精通した人々にさえ奇異に思われるかもしれない。しかし、興味を惹くことに、中国の神秘主義においても、『易経』（変化の書）の六十四の卦（算木に現れる形象）の一つ一つが同様に、言葉で表現される宇宙の状況の意味を、視覚的な形で伝えている。いずれの形而上的体系も、現代の「元素周期表」（各元素が特定のアルファベットと番号で表わされている）とだいたい同じ目的の構造に基づいていると考えられよう。なぜならば、『セーフェル・イェツィーラー』の説明によると、古代へブライ文字に表わされたこれらの力によって、「神が宇宙の十二星座と、一年の十二か月と、男女の十二の主要臓器を創られた[18]」からである。

したがって、ユダヤの神秘家たちにとってヘブライ語のアルファベットは神聖な意味をもつ。聖書の一文一文、そして一語一語さえもが秘密の意味を伝えているのだ。このような信念と関連して、何百年もの昔から種々様々な瞑想法が提案されてきた。ゲマトリアという体系では、意味は異なるが数値の等しい言葉（ヘブライ文字の一つ一つには数も充てられている）の秘められた対応関係が探られる。ノタリコンでは、単語が文字に分解され、それぞれを頭文字とする単語で構成される文が作られる。したがって、「十戒」の最初の言葉、ANoKhY（「我、有り」）は、Ano Nafshoy Katovit Yahovit（「我、書をしたため、この書で汝に我が身を与えん」）という文をほのめかしている。魅力的な著書『未来の巻物の断篇』（Schachter, 1975）の中で、ラビ・ザルマン・シャハテルはこの独特の体系の実例をいろいろと挙げているが、それは明らかにヘブライ語に関する該博な知識を要するものである。

同じような種類の瞑想法で、やはり、書かれたヘブライ語に基づく方法が、何百年にもわたって同じく盛んに行なわれてきた。アブラハム・アブラフィアときわめて密接に関連するこの方法は、

新　刊

脱領域の読書

——あるロシア研究者の知的遍歴

塩川伸明著

知的遍歴をたどる読書録

長年ソ連・ロシア研究に携わってきた著者が自らの学問的基盤を振り返り、その知的遍歴をたどる読書録。

学問論／歴史学と政治学／文学と政治／ジェンダーとケア／歴史の中の個人

購入はこちら

四六判並製310頁　定価3520円

未来への負債

——世代間倫理の哲学

キルステン・マイヤー 著
御子柴善之監訳

世代間倫理の基礎を考える

なぜ未来への責任が発生するのか、それは何によって正当化され、一体どこまで負うべきものなのか。世代間にわたる倫理の問題を哲学的に考え抜いた、今後の議論の基礎となる一冊。

購入はこちら

四六判上製248頁　定価4180円

魂の文化史

——19世紀末から現代におけるヨーロッパと北米の言説

コク・フォン・シュトゥックラート著
熊谷哲哉訳

知の言説と「魂」のゆくえ

古典ロマン主義からオカルティズム、ハリー・ポッターまで—ヨーロッパとアメリカを往還する「魂」の軌跡を精緻に辿る、壮大で唯一無二の系譜学。

購入はこちら

四六判上製444頁　定価6600円

新刊

映画研究ユーザーズガイド
――21世紀の「映画」とは何か

北野圭介著

映画研究の最前線

視覚文化のドラスティックなうねりのなか、世界で、日本で、めまぐるしく進展する研究の最新成果をとらえ、使えるツールとしての提示を試みる。

購入はこちら

四六判並製230頁　定価2640円

カントと二一世紀の平和論

日本カント協会 編

平和論としてのカント哲学

カント生誕から三百年、二一世紀の世界を見据え、カントの永遠平和論を論じつつ平和を考える。カント哲学全体を平和論として読み解く可能性をも切り拓く意欲的論文集。

購入はこちら

四六判上製276頁　定価4180円

戦争映画の誕生
――帝国日本の映像文化史

大月功雄著

映画はいかにして戦争のリアルに迫るのか

柴田常吉、村田実、岩崎昶、板垣鷹穂、亀井文夫、円谷英二、今村太平など映画監督と批評家を中心に、文学や写真とも異なる映画という新技術をもって、彼らがいかにして戦争を表現しようとしたのか、詳細な資料調査をもとに丹念に描き出した力作。

購入はこちら

A5判上製280頁　定価7150円

新刊

文字、とりわけ神の名を構成する文字の入れ替えや並べ替えを行なうものである。その実践家たちの目標は、変性意識状態に達して、普段の心の枠組みが根底から変化することである。『永遠なる生の書』の中でアブラフィアは次のように説明する。

文字を前後に移し替えて、多数の旋律を生み出すように。気持ちを楽にして始め、それから、急いで自らを鍛えて、このわざに熟達し、あらゆる置き替えや組み合わせに精通しなければならない。(19)

歴史家の中には、アブラフィアの方法を魔術志向の体系だと解釈してきた者もいるが、本当にそうだとは思われない。なるほど、アブラフィアは、「もし彼［入門者］の運が良ければ、生ける神の霊が彼の上を通り、知恵、理解、良き助言［そして］知識・・・をもたらすだろう(20)」と明言してはいる。だが、アブラフィアの目標は、超自然的な霊能を得ることではなく、神的なるものにより深く気づくことだった。疑いなく、一部のカバリストは、非ユダヤ人かユダヤ人かを問わず、このアプローチによって霊能を獲得しようとしてきた。しかし、カバラーの長い歴史を注意深く読むとわかることだが、そのような動機が現れたのは概して、ずっと時代を下り、ユダヤの秘教の伝統がキリスト社会に浸透してからのことである。事実、アブラフィアの無名の弟子は、はっきりとこう述べている。「そのような形の［魔術的］体験の可能性を認めるとしても、私としては、それをまったく望まない。なぜならば、それが劣等なものだからだ。特に、魂が霊的に到達しうる完徳を基準にして判断すると、そう思われる(21)。」

アブラフィアの体系は、カバラーの中で大きな影響力をふるってきた。十六世紀には、イツハク・ルーリアやハイム・ヴィタルをはじめとするサフェドの指導的人物たちが、それをいろいろな形に変えて実践していた。たとえば、イェフディームは、ヘブライ文字をつなげて新しい言葉を作るものである。この技法は、極度に注意を方向づけるもので、強力な注意集中を必要とする。この行を通して我々は、型にはまった思考の渦から離脱し、めくるめく平和と美の世界へと運ばれるようだ。バアル・シェーム・トーヴはどうやら、高次の意識に至るこの方法に通じていたらしく、自らそれを実行しているが、高次の知識を得るために集団で行なう方法としてそれを唱道することはなかった。そして、彼の弟子たちはというと、この心の仕掛けをさらに一層軽視し、もっと自発的に心を調和させる道を好んだ。例えば、ブラツラフのラビ・ナフマンの主たる筆記者によれば、彼の師は弟子たちに、イェフディームやその類の行を試みるのはやめて、代わりに、深い注意集中とともになされる純然たる祈りの行為に専念するようにと勧めた。

ヘブライ文字を用いるこれらの方法は、この言語にかなり深く精通していることを必要とするが、部分的に修正を加えれば、今日の我々の多くにとって実際的な価値をもつかもしれない。アート紙一揃いとペンとインクのような筆記用具がありさえすればよい。各ヘブライ文字が描かれている手本を使えば、様々な文字の形を略式に写し取ることができる。最後に、文字を組み合わせて、様々な配列を試みてほしい。

この訓練に十分注意を集中すれば、すぐにそれぞれの文字が実際、ある一連の連想を呼び起こすことに気づき始めるかもしれない。そのことは、カバリストたちが何世紀も前から主張してきているところである。この活動をたゆまず続けると、自分の心が日常生活にまつわる新たなアイディアや洞察を生みだしていることに気づくかもしれない。有害な影響は何もなさそうだが、他の方式の瞑想と同様にこれも、注意力が損なわれておらず、体が元気なときに行なうのが一番よい。そして、疲れたり落ち着かなくなったりしたら、すぐに打ち切ることも大切である。

刺激的なカバラー雑誌『樹』の中で、詩人でありアーティストでもあるジャック・ハーシュマンが、この技法を自ら実行した体験を述べている。ヘブライ文字に黒インクを「はねかける」という自分の流儀を描写した後、次のような当を得たことを述べている。

> 一見したところでは、私が、画家と同じようにこれらの文字を用いていると思われるかもしれない。すなわち、非具象的なはね以外に、その形には何の意図もなく、せいぜい、いわゆる「モダンアート」の視覚化された音楽であると。しかし、実のところ、私はそんなふうには考えていない。・・・したがって、私の作品は単に、芸術行為の中で自らを「解放」する能力の訓練ではなく、私の現在の関心と・・・永遠に進行しながら他を変えてゆく命の流れと呼ばれる不思議な歴史の関心との、一種の深い連続性を表わすものである。[22]

生命の樹

ヘブライ語アルファベットの文字に意識を集中させる方法のほかに、カバラーはもう一つ、注意を方向づける瞑想法を用いてきた。その主要な象徴は、生命の樹、すなわち宇宙のあらゆる生物および無生物の根底にあると言われる聖なる構造である。第二章で、ユダヤの秘教理論におけるこのエネルギー基盤の性質をごく大まかに説明した。しかし、この秘教の実践家たちにとって、生命の樹は、通常の心の枠組みを高次の知覚に高めるうえで最も重要なイメージでもあった。何世紀にもわたり、この喚起的なアプローチからいくつかの瞑想技法が生まれてきた。

最も古くて最も単純な方法の一つは、この強力な象徴の詩的な荘厳さにじっくりと浸ることである。『ゾーハル』は、随所でこの天上の存在を生き生きと描写しており、我々の想像力を誘う。そうしていると、俗世の心配事が意識から徐々に消え、我々は、あらゆる面が豊かな意味と美をもつ領域に入っていく。『ゾーハル』は次のように明言する。

［まず最初に］世界の家がつくられた。この家が宇宙の中心をなす。そのすべての側面に多数のドアと玄関がある。この神聖にして高貴な住まいでは、天上の小鳥たちが、それぞれ自らの本性に従って巣を作る。その中央から一本の大きな樹が聳え立ち、強靭な枝を伸ばして、全てのものの食物となる実をたわわに付けている。その樹は天上の雲まで聳えるが、三つの岩の合間で見えなくなり、そこを過ぎると再び現れる。したがって、岩の上と下に見えている。家はこの樹から水を得ている。この家の中には貴重で未発見の宝物がたくさん貯えられている。その樹は、昼間は見えるが、夜になると隠れてしまう・・・[23]。

現代において、スイスの精神分析学者カール・ユングが、象徴とそれが人類にとって持つ重要性というテーマに相当な注意を集中した。彼は著書『人間と象徴』(Jung, 1964)の中で、大昔から伝わる象徴の意味を言葉で完全に言い表わすことは絶対にできないと述べている。全く象徴的なもの(カバラーが昔から生命の樹に託してきたようなもの)は、より広範な、「無意識」の特質をもっており、それを正確に定義したり完全に説明したりすることは決してできないのだ。「心が象徴を探求しているうちに、その心は、理性の及ぶ範囲を超えた理念へと導かれてゆく」とユングは書いている。[24]

おそらく、こうした象徴的なものの強い影響力を直観的に感じ取っていたのだろう、カバラーの達人たちは、天上の樹に関係する独特の瞑想法(今日なら「誘導イメージ」と呼ばれるかもしれない方法)をも実行してきた。この技法を行なうときは、ゆったりと腰掛けて、本章ですでに概略を述べた方法で心の準備を行なう。部屋は暗く、静かにする。そうしたら、白い光が暖かく穏やかに自分を取り巻いているようすを思い浮かべる。次に、この光が、まず、自分の体の各系に対応するセフィロート(第二章の該当する図を参照)から上に向かって流れていき、ついに、その光がエーン・ソーフ(「無限なるもの」)の輝ける海に溶け込んでゆくさまを思い描く。しばらくの間、自分を取り巻くこの無限の、まばゆい光のイメージに浸る。

そのあとすぐ、この光が、セフィロートの一つ一つを通りながら下に向かって進み、ついに、自分の存在の最も現世的な諸側面の中へと降りてきて、燦然たる輝きでもろもろの心配事や悩みを一変させるさまを思い浮かべる。それらを溶かしてしまう光の強烈さを感じること。十六世紀のサフェドの思想家、ハイム・ヴィタルは次のように説明する。

よく考えて、十の領域が生み出す光を、それが自分の魂にかすかに触れるその点から受け取ろうとしなさい。そこでこの十の領域を無限なるものにまで引き揚げようと思いなさい。そうすれば、「セフィロートの彼方の」そこから、一つの光明がそれらのもとに（［自分の心身の］最低レベルまで）引き寄せられるであろう。[25]

生命の樹の象徴から生まれる三番目の瞑想法は、ヘブライの祈祷書を用いるものである。イツハク・ルーリアがこの独特の典礼を考案したのは、カヴァノートと呼ばれる訓練を行なうためであった。祈りのことばを暗誦しながら、入門者は、十のセフィロートの領域に関連する、神の名のさまざまな組み合わせを想う。それゆえ、複雑きわまりない方法で、言葉一つ一つに非常に多数の意味が含まれているのだ。メルカヴァーやイェフディームを行なう際に、厳しい視覚化の努力が要求されるのと同様に、カヴァノートもやはり、内面の平安と超越の探求に関心をもつ大勢のユダヤ人にとって、非常に難しいものであった。初期ハシディズムの師たちでさえ、大多数の弟子にはそれが役立たないことを認めた。かくして、バアル・シェーム・トーヴの一番の同僚である偉大なマギードの頃から、カヴァノートという言葉は、用法が一般的なものとなり、注意集中を神的なるものに結びつけようとする真剣かつ熱心な努力なら何でもそれで言われるようになった。「セフィロートという隠喩の図式がぼやけてしまっていた」ため、それはもはや「祈祷中の敬虔なる瞑想の対象」

として使えなくなったのである。(26)

自我の滅却と放下の道

この点で、心の調和をもたらすための、上述のものとは全く異なるカバラー的アプローチが、やはり何世紀にもわたって実践されてきた。このアプローチは、「自我滅却」（ビットゥール・ハイェシュ）のための周到な手段と、抑圧された感情を解放する内面の仕掛けの両方を用いるものである。ハシディズムの創始者たちは特にこうした方法を広めたが、それは、前述の高度に構造化された活動に比べて、知的な面への要求が確かにずっと軽いからである。実際、十八世紀後半には、主要なハシディズムの思想家の何人かが弟子たちに、ヘブライ語のアルファベットやセフィロートの体系に関連する古典的な諸技法を一切不要とするようにと勧めている。

彼らが教えたのは、むしろ、正常な知覚のベールの向こうにある高次の世界に精神を集中することによっても瞑想が可能だということである。それを行なうときはいつも、能う限りの意志力と情熱を集めて、聖なる宇宙の光輝になるべく完全に注意を集中しなければならない。このようにすると、世俗的な欲望を乗り越えることが徐々にできるようになる。『タニア』の中で、ラビ・シュヌール・ザルマーンは簡明にこう述べている。

しかし、絶対に欠かせないのは、自分の精神と思考を絶えず次のように習慣づける［心の］訓練である。すなわち、自分の目に映るあらゆるもの（天と地とその間にあるすべて）が・・・聖なる一者の外衣を成すものだということを常に心と頭に銘記しておくことである。[27]

ルバヴィッチ派の創始者はさらに進めて、この比較的簡単な技法についても、練習が絶対に欠かせないと強調した。彼は深い見識をもって、精神力を鍛える努力を、「腕を磨く職人[28]」の努力に喩えている。

この点で、カバリストたちは、普段の我々の人格こそが、隠された可能性への目覚めを直接阻んでいると見てきており、内面の平和を本当に得るには、心から不自然な欲望を剥がさねばならない、と教えてきた。これを成し遂げる道の一つが、一度に一つずつ情動特性（たとえば、怒りや恐れへの傾向）について瞑想し、それから、一切自分を甘やかさずにその情動と向かい合うというやり方である。そうすれば、やがて、その情動に支配されなくなる。この課題が成し遂げられたとき、我々は自分のより低次の側面を完全に克服していることであろう。

ブラツラフのラビ・ナフマンはこの方法が気に入り、要は習癖となっている人格特徴を一つずつ消していくことだと主張した。ある一つの特性から始めて、どんどん別の特性に進み、それによって、超越者を自分の内に流入させねばならない。「ある情動や欲望に縛り付けられていると、それが栄光を遮って影を落とす」と彼は明言する。しかし、こうした安らぎのない欲望を排除すれば、「この影が取り除かれる。そして、その影が無くなると、光が・・・顕れる[29]」

瞑想を行なうときはいつも、意図的にこだわりを捨てることによって、できるだけ俗事に心がとらわれないようにしなければならない。たとえば、その日、瞑想する前に誰かに侮辱されたとしたら、その出来事の経緯を振り返り、次に、感じた怒りを消し去る。社交的な会合で孤独を感じたならば、その後で、瞑想しながら、慎重にその孤独感を消してゆく。時が経つにつれ、ある状況から直接受ける緊張から抜け出して、他人の否定的態度に影響されずにいられる能力が高まっていることに気づくだろう。

カバリストたちは、この目標を達成するには、暗くした部屋でできる限り静かに座るようにと説く。目を閉じ、あらゆる音を遮って、自分が消し去りたいと望む個々の特性に注意を集中しなければならない。気を散らすものがあってもすべて無視すること。リラックスしたり、伝導性のある心の枠組みに入り込むうえで、特定のメロディーが役立つことに気づくかもしれない。そのような場合には、心のエクササイズに適した平静に達するまで、軽くそれをハミングするとよい。

ここでの我々の目的にかなう最後の瞑想法は、怒りや不満のような抑圧された感情を自発的に吐き出すことである。概して、カバラーは、注意を方向づけることで心を高めるというやり方を重視するのに比べて、そのような方法はほとんど提示してこなかった。この点において、ユダヤの秘教の伝統は、構造化されていないやり方を好むタントラ・ヨーガのような、東洋の諸修行とは異なる。この事実はおそらく、カバリストたちが自己解放の道具として、好んで情動よりも知性を頼りにしたことを反映しているのだろう。いずれにしても、ブラツラフのラビ・ナフマンは、「沈黙の叫び」という、この非常に興味深い方法を広めた。

このエクササイズを行なうには、自分の叫び声を想像しなければならない。これをずっと続けてゆくと、やがて、その叫びが自分の意識全体を占拠し、鬱積した憤怒、切望、落胆のすべてが表現されるようになるであろう。その秘訣は、感情を言葉にするのではなく、ただひたすら、内面から湧き出してくる感情のなすがままになることである。この技法の最大の利点は、人前でも実践できることだ。このやり方だと、誰にも気づかれずに、人混みの中で叫ぶことができるとラビ・ナフマンは述べている。

内面の平安を得るためのこのアプローチと、「プライマル・セラピー」として知られている現代の心理療法とが類似していることは注目に値する。数年前にアーサー・ヤノフ博士が編み出したこの療法の大前提は、我々の誰もが生まれて以来ずっと、まさに大洋のごとく莫大な量の痛みを表出しないまま抑えているということである。過去の体験から自分を真に解放できる唯一の道は、完全に自発的な叫びを通して自分の感情を発散することだとヤノフは主張してきた。カバラーが、この人気のある心理療法に直接、影響を与えたわけではなさそうだが、ユダヤの神秘の伝統の先見性は驚くべきもののようだ。何千年も前に「伝道の書」が述べているように、おそらく、太陽のもとに新しいものはほとんど何もないのだろう。

途中で待ち受けているさまざまな試練

雑念を払おうとする初心者がしばしば遭遇する最も一般的な問題の一つは、いかにして注意集中を持続させるかということだ。我々の心はふだん、ある思いやイメージから別の思いやイメージへと間断なく飛びまわっている。時計の動く秒針を一分間じっと見つめようとするだけで、なるほどと納得するはずだ。一瞬たりとも注意を逸らさないように。これが意外と難しい。それが簡単にできるようならば、この後詳述する、高次の意識状態への道を訳なく進めるかもしれない。

いずれにせよ、ふだんの精神状態のこうした基本的特徴に、カバラーはいつも鋭敏な目を向けてきた。実際、どうすれば注意力を最大限に高められるかというテーマが、昔からずっとカバラーの教えの要をなしてきたのだ。たとえば、初期ハシディズムの指導者たちは、この問題について熱心に議論を重ねた。おそらく、弟子たちが瞑想の際にさまざまな問題に遭遇したからだろう。十八世紀のハシディズムの弟子たちは、性欲と金銭のいずれかで心を乱されることが多かったようだ。今日の我々の夢想とそれほど違わないところに興味をひかれる。

カバリストたちは、注意力を高める方法をいくつか唱道してきた。とびぬけて複雑で、なおかつ最も古いと思われるのは、ラビたちが「妄念」と呼んできたものを慎重に「高めて」ゆく方法である。この大変な努力を要するテクニックを用いると、振り払っても消えないイメージが具体性を失って比喩となり、生命の樹のようなセフィロートの図式における位置に移される。たとえば、瞑想中に突然、その日に出会った魅力的な人を思い出したとしよう。そのようなときは、その見せかけの姿の内に潜む本質を、それが聖なる領域で本来持っていた位置に据えるように努力する。

それゆえ、このような観点から、バアル・シェーム・トーヴの一番弟子、プルノイェのラビ・ヤコブ・ヨゼフは次のように語っている。「師から教わった通り・・・女性についての想念が浮かんだら、彼［入門者］はそれをヘセド、すなわち、情愛深さに根付かせることによって、その想念を高めようとしなければならない。・・・そして、偶像崇拝の想念がイスラエルのティフェレト（美）に欠陥をもたらすことは、これまでにも言いつくされてきた」[30]。ここで言及されているのはヘセドとティフェレトのセフィロートだが、その輝かしい属性に集中することによって、弟子たちは散漫になる注意を、宇宙のより高遠な諸側面へとうまく戻すことができるのだ。そのプロセスで、我々の精神力は強められさえすると言われる。ラビ・ヤコブは次のように語る。「女性についての淫らな考えが浮かんだら、こんなふうに考えるとよい。そこにある一つの聖なる火花のせいでこの欲望を抱いているのだ。この喜びの源泉に結びついたら、その喜びはどれほど大きくなるだろうか、と[31]」。

この方法には知的厳密さが要求されることから、雑念を払うのに、別の方法を選んだカバリストもいる。実際、後の世代のハシディームたちは、具体的事物をセフィロートの図式内の象徴へと上手に転換するためには、強力な注意力が必要なことを認め、学問を究めた者にしかその方法を使わせないようにしてきた。次の第二の技法は、できる限りの意志力を投入して「妄念」だけを慎重に遮断するというものだ。初期ハシディズムのある思想家が、この方法を詳しく説明している。

どの想念を斥け、どの想念を引き寄せて高めるべきかを、どうやって見分けるのか？ それをよく考えねばならない。・・・妄念が浮かぶや否や、それを然るべき位置に据え、高めることの意義が見つかったならば・・・それを引き寄せて高めねばならない。しかし、どのように据えればよいかが思い浮かばなければ・・・その想念を斥けてもかまわない。何者かが自分を抹殺しにやってきたら、まっさきにその者を抹殺すべきだからだ[32]。

ここでもやはり、ユダヤの神秘の体系は、現代心理学の洞察をおそろしいほどに予見している。現代の心理療法家は最近、「思考停止」と呼ばれる技法を用いて、しつこい想念や恐ろしい空想に悩む人々を治療するようになってきた。「今日は仕事で物笑いになるんじゃないか」とか「私を愛してくれる人などいやしない」といった、苦しい思いに襲われそうになったら、すぐさまその考えを断ち切って、それを吹き飛ばす明るいことを考える。たとえば、こんなふうに自分に言い聞かせるのだ。「今日の仕事はきっと成功するぞ」とか「近いうちにきっと恋人が現れる」とか。このような行動的アプローチはこれまで、なかなかの成果を上げてきているが、まさしくそれは、カバリストが昔から唱えてきたことなのだ。

一部の入門者に好まれてきた第三のアプローチは、雑念に一切注意を払わないという方法だ。悩ましい考えとの格闘はやめて、むしろ、ひとりでに消えていくようにする。ブラッラフのラビ・ナフマンは「自分の為すべきことを為し、こうした考えは一切無視せよ[33]」と説いた。つまり、本質からはずれた刺激と闘ったり、これを否定することに心のエネルギーを使えば使うほど、ますます注意が集中できなくなる。ところが、不愉快な考えから注意を逸らすと、たちまちそのパワーが失われて、意識がそれを拡大できなくなるというわけだ。

この興味深い考え方は、スーフィズムやタントラ・ヨーガのような、他の宗教体系の見方ときわめてよく似ている。それらもやはり、瞑想中は（眠って夢を見ているときもそうだが）雑念を自分の一部とみなし、むきになって闘う相手と思うなかれと説く。そうすることが、瞑想が究極的にめざす内面の調和に到達する最善の道なのである。

内面の旅に出た人々の多くが経験するもう一つの大きな問題は、もっと厄介なもののようだ。精神の向上をめざす正規の方法のほぼすべてが、そのエクササイズを指示どおりに実践すれば必ず、より深い心の平静と平安が得られると謳っている。一般に、どのような人がその瞑想を行なう資格があるのかとか、その際にどのようなことに気をつけるべきだといったことは言われていない。その結果、瞑想を始めたとたんに覚醒時の緊張や睡眠障害がひどくなると、自分に問題があるのだと思い、すっかり断念してしまう。「リラクセーション・トレーニング」やそれに類する方法を教えていて、こうした困った現象に遭遇する保健専門家が増えている。矛盾しているようではあるが、実際に、瞑想を行なった直接の結果として、ますます落ち着きがなくなり、不安に駆られる人もいるようだ。

同じような現象が、行動療法振興協会の一九八〇年の年次大会において、ペンシルヴァニア州立大学のフレデリック・J・ハイデとトマス・D・ボルコヴェックから報告された。つまり、不安の強いクライエントの中には、リラクセーションを行なった結果、明らかに不安のレベルが高くなる者がいたというのだ。このような影響は、「筋電図バイオフィードバック、マントラ瞑想、漸進的弛緩法など、各種の技法を用いた」事例で認められたという[34]。入念にデザインされた調査でわかったのは、驚くほど高い比率（参加者の三分の一近くから半数以上）で、瞑想セッションの後、ますます緊張が高まったと述べていることだ。深いリラクセーションの最中に自制が失われることへの恐れが、こうした結果の一因となっているのかもしれない、と彼らは結んでいる。

注目すべきことに、カバラーは何世紀も前からこの最新の実験領域を予見していた。ブラッラフのラビ・ナフマンは、驚くほどに明快な喩えを用いて、瞑想が、水を沸騰させるようなものだと述べている。熱くなるとたちまち、あらゆる欠陥が明らかになる。もちろん、いつでも存在したのだが、常温ではただ目に見えなかっただけである。同じように、我々の通常の思考の流れには、さまざまな塵芥――葛藤、不安、憤慨――が溶け込んでいるが、ふつう日常の意識からは隠蔽されているのだと彼は言う。瞑想の大きな効用は、内面の欠陥を認識できるようにしてくれることであり、この第一歩を踏んではじめて、我々は緊張と向き合い、それを変えていけるようになるのだ。言い換えると、心の表面が静かに見えるのは、実は幻想にすぎない。「これらの不純物が取り除かれてはじめて、水は真に清らかで澄んだものとなる[35]」とブラッラフのラビ・ナフマンは説いている。

治療に携わる中で、筆者が一貫して見てきたことだが、不安が強かったり、引きこもったりしている人々は一般に、「リラクセーション・トレーニング」を初めて試みたとき、他の人よりも強い緊張感を体験する。けれども、この困難な時期を乗り切るや、急激に進歩して、平静と静穏の境地が得られるようになる。ラビ・ナフマンがまたも助言しているように、進歩を焦ってはならない。なぜなら、成果が長続きするのは、それが少しずつ段階的に現れた場合だからだ。「何事もすぐに得られると思うのは、とんでもない間違いである。どんな資質にせよ、骨を折って初めて・・・身になるのだ[36]」と彼は述べている。

その難題が達成されたとき、そして、それが一夜にして成し遂げられるものではないと確信したとき、自らの最大限の可能性が目覚めるのだとカバリストは考える。高次の意識状態に対する受容度が格段に増し、場合によっては、古の賢者たちが語る忘我の境地さえも体験できるかもしれない。次章では、この挑戦的なテーマについて探ってゆく。

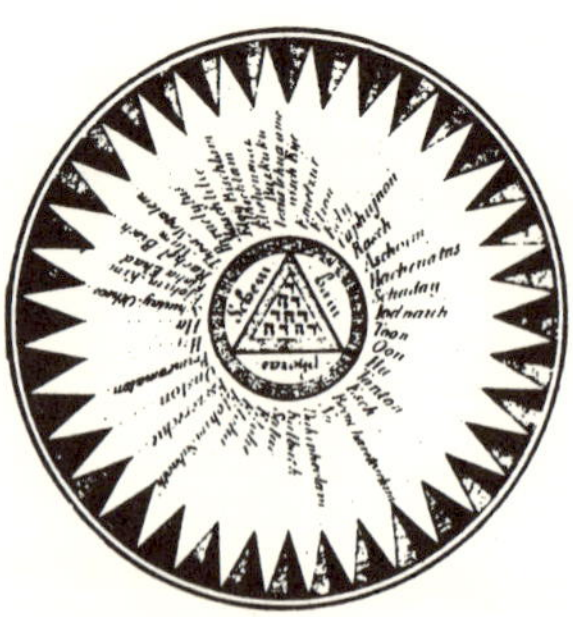

第五章　覚醒のエクスタシー

「目の前にかざした手が巨大な山を隠してしまうように、浮世の些末事が・・・この世界に満ち溢れる膨大な光と神秘を隠してしまう。」

ブラツラフのラビ・ナフマン

「おお、汝ら、まどろみの内に深く沈んでいる地上の者たちよ、目覚めよ！」

『ゾーハル』

今日の心理学の最も興味をそそる展開の一つは、人間の力のおよぶ最高の限界を探ろうとする研究が盛んになっていることだ。この十ないし十五年間に、専門家の間でも一般大衆の間でも、最高の喜びを感じて、創造力がふくらみ、驚異の感覚さえ呼び覚まされるような、人生の決定的瞬間に大きな関心が向けられてきた。一九六〇年代後半にエイブラハム・マズローが多大な影響力をもつ研究を発表して以来、彼が詩的に「絶頂体験」と命名した、このような体験の源を明らかにしようとする一般的動向に無関心でいた者はほとんどいない。自分やこの世界についての日常的知覚を超

ヘブライ語の聖書の冒頭ページ。ベレシト（「はじめに」）の文字と聖書物語の概要を示す絵が描かれている（ドイツ、1300年頃）。

越しようとする探求が、セクシュアリティや社交関係、心理療法、さらには職場などの領域で最も重要な位置を占めるようになってきた。現在ではほとんどだれもが、こうした幸福きわまるドラマチックな出来事が触発されるような、環境と人間のあり方の好ましい組み合わせを探し求めている。意識的にその「引き金を引く」ことができるのか、それとも、それが起こるのを受け身で待つしかないのかが、現在、活発な議論の的になっている。

といっても、この魅惑的な研究領域はそれほど新しいものではない。正統派科学の諸学問においてさえ、百年近く前から、絶頂体験や幻視体験を理解しようとする試みがなされてきた。二十世紀になったばかりの頃、当時の最も優れた思想家の一人、ハーバード大学のウィリアム・ジェームズ教授が、平均的な人間は自分の可能性全体のごく一部しか用いていないとの結論を下した。ジェームズ博士はこの研究結果をきわめて重要と見なし、次のように述べている。「我々は本来あるべき状態のたった半分しか覚醒していない。火の勢いがそがれ、通気口が詰まっていて、心身の資源のほんの一部分しか利用していないのだ」[1]と。『宗教的経験の諸相』のような著書の中で彼は、一般に「神秘的」だと見なされている精神現象を深く探究し、それが実際にどんなものかがわかるだけでもよいから、このような体験を真面目に取り上げることが必要である、と強く主張した。その人の内面の出来事がどれほど普通とかけ離れていても、科学者はそれを不用意に斥けてはならないと力説したのだった。

残念ながら、より保守的な同僚たちは、先見の明あるジェームズ教授の見解にほとんど関心を示さなかった。神秘家や普通の人々が述べる大いなる一体感や静穏の感情は、ある種の一過性もしくは永続性の精神異常を反映するものだ、というのが彼らの一般的説明だった。実験室の研究者も精神医学の実践家も、精神を病んでいる人や「平均的」な個人、または動物の研究の方にはるかに興味があった。それゆえ、カール・ユングのような一握りの偶像破壊者の業績を別にすると、人間のもつ最高次の能力の神秘やその育成方法を解明する研究は、最近になるまでほとんど何もなされてこなかった。一九六〇年代に、この領域の先駆的な社会心理学者、ヘルベルト・オットー博士が次のように述べている。「・・・人間の可能性に関する話題は・・・研究活動の主要テーマとして、社会科学や行動科学の研究者たちからほとんど完全に無視されてきた[2]」と。

ところが現在、このような全体的状況ががらりと変化してきている。多くの情報源からの報告に刺激を得て、ますます大勢の西洋の人々が、人間の経験することのなかでも日常的な生の認識を超えるように思われる超越的次元についての情報を集めるようになっている。この数年来、東洋に知恵を求めるようになった心理学者たちが、注目すべき事実を発見してきた。つまり、最も古くから伝わる宗教的伝統の中には、我々にはいまだ謎と感じられる意識状態を、驚くほど深く知り尽くしているものがあるということだ。こうした古き伝統の術語や象徴表現は最初は馴染みにくいが、それらを理解できるようになると、人類の最高次の能力に関する広大な知識領域がもたらされる。

カバラーは、絶頂体験がどのようなものかを理解しようとする際にとりわけ役に立つ優れた道具である。大昔の伝説の中に消えたその発祥のときから、カバラーの体系は人間の可能性に深い関心を寄せてきた。その主要な思想家たちは何百年も前から、この興味をそそる話題を扱った理論書や応用書を著してきたのだ。体系的に、しかも詳細に、彼らは次のような難題に取り組んできた。幻視体験とは何であり、それはどのようにして起こるのか。なぜ、日常生活では非常にまれで、起こりにくいのか。さらに、カバラーの主要書には通常の意識の具体的モデルが示されているが、その視点は、心の正常な働き方に関する現代の最先端の見解をみごとに先取りするものである。さまざまな最新の科学技術機器やコンピューター時代の統計学の力がなくとも、カバリストたちはどういうわけか、我々の脳や中枢神経系に関して実験室で得られた最新の知見を鋭く先取りしてきたのである。

高次の意識状態

日常生活の中で我々は、数ある意識状態のうちのただ一つにしか波長を合わせていない、というのがユダヤの秘教の道の根本をなす考え方である。カバラーが何度も強調しているように、日々の俗事をこなしてゆくときの我々はきまって、それ以外にもあり得る知覚領域を感じとらせなくするヴェールに囲まれているかのようだ。『ゾーハル』の一節に、「人はこの世にくらす間、自分が何に立脚しているかをじっくり考えることも、振り返ることもせず、目の前を通り過ぎてゆく日々が無へと消えてなくなったかのように思いこんでいる[3]」とある。実際上、生まれてからずっと気づかずになりがちであるとしても、これらの別の意識状態が確かに存在するのだとカバラーは我々に教えてくれる。

実のところ、この世に生まれたとき、人間の心はもっぱら純然たる肉体的生存に向けられているといっていいとカバリストは教える。当初は食べること、飲むこと、眠ることが最大の関心事だが、成長するにつれて、家族や友人との交わりが重要な意味をもつようになる。そして、幼児期も後の方になると、道徳的、宗教的な見方が芽生えてくる。子どもの方が大人よりも、この世のじかの喜びをよく知っている場合もあるが、高次の精神領域に入る能力は正常な発達を通じて獲得されねばならないと、ユダヤの瞑想体系は強調する。ラビ・モシェ・ハイム・ルザットによれば、「生まれたとき、人はほぼまったくといっていいほどに肉体的存在で、心にはごくわずかな影響力しかない。成熟するにつれて、その人の心根次第で、心の影響力が増し続ける」[4]という。

地上での肉体的適応を確かなものにするために、人間には体のさまざまな欲求や欲望が存在するのだと言われる。肉体的自己を責めたり罰したりするなかれと諭されるものの、我々が目標とするのは明らかに、人としての高次の諸側面を強化することである。「体をもつがゆえに・・・人間は物質的なものに埋め込まれているのだ」とラビ・ルザットは付言する。「物質的なものの追求に駆られている限り、自分をより啓かれた状態に高めようとするには、多大な努力と強烈な苦闘の両方が必要になるだろう」[5]。そのようなわけで、動物的なものに由来する我々の心は、肉体の存続に不可欠なことがらに相当な注意を向けざるを得ない。しかし、このような生来の情動的要素が意識的な努力を通じて十分に克服されなければ、そのために我々が高次の現実を見ることができなくなるのは確かである。

ユダヤの秘教の伝統は、宇宙が信じがたいほどの豊かさと眩い光輝きを示していることを描く。広くさまざまな直喩と隠喩を用いながら繰り返し説いているのは、我々がいつ何時も、畏敬の念を抱かせるような宇宙に囲まれて生きているということだ。実際、すでに見てきたとおり、ヘブライ語のゾーハルは「光輝」や「光明」を意味する。この雄弁な書物の随所に、「何万もの世界」とその幾多の不思議を描いたくだりがある。「扉の内に扉があり、階梯の後ろに階梯があり、それを通して栄光が・・・知らされる[6]」のだという。

我々の周りでは絶えず創造の驚異が躍動しているとカバリストは我々に語る。天上の音楽と光の尽きせぬ流れが、この世界と見えざるものすべてを浸しているのだ。次章で見ていくように、これらの旋律があまりにも美しいがゆえに、準備の整っていない心はそれに破壊されるおそれがあると言われている。同様に、これらの見えざる色彩（今日なら「知覚されない振動周波数」と呼べそうなもの）も、ふだん虹に見られる七色をはるかに凌ぐ輝きを放つものとして描かれている。繰り返しになるが、これらを遮っているのはきまって、我々の通常の意識なのである。「色彩には、明かされている色と、秘密に付されている色とがある。ところが、人はこうしたことを知りもせず、考えもしない[7]」と『ゾーハル』は明言する。そしてさらに続けて、目に見える色は、より高次の色を反映しており、預言者のような高い霊性をもつ人がこの高次の色に全く気づかないということはなかったと説く。

十八世紀後半に、ハシディズムの師たちが、この興味深い思想をさかんに強調した。バアル・シェーム・トーヴが繰り返し述べているように、ふだんの意識は悲しいことに聖なる源泉から追放されたも同然の状態にある。驚異にみちた世界に幾重にも取り囲まれていながら、我々はたいがい、ほんの束の間の物質的願望にしか注意を向けないままになっていると彼は教えた。地上における最大の不幸は、エクスタシーをもたらしうる領域が、自分の心の中に潜んでいることをすっかり忘れてしまうことだ。最も崇高な知覚の門は、喜びによって開かれる。これとは対照的に、悲哀や抑鬱はその門を閉ざしてしまう。

そのようなわけで、ベシュトの的を射た見解にあるように、幻視体験や絶頂体験が最も起こりやすいのは、心がすでに静穏で受容的な状態になっているときなのである。そして、このハシディズムの創始者の助言によれば、どんな出来事にも我々の高次の能力を目覚めさせる可能性がある。なぜなら、超越的なるものは、「あらゆるものに、そしていたるところに」見出しうるからだ。我々は日常生活の一見些細で、取るに足らない出来事の向こうを見通せるようになる必要があると彼は力説した。それがうまくできるようになればなるほど、高い意識状態に達しうる見込みが大きくなる。バアル・シェーム・トーヴが語ったとされる素晴らしい寓話がある。

ある王が、おびただしい数の廊下や壁をもつ荘厳華麗な宮殿を建て、一番奥の間を自らの居室にした。宮殿が出来上がり、召使いたちが表敬に訪れたものの、入り組んだ迷路に阻まれて王の部屋にたどりつけない。立ち止まって思案していると、王の息子がやって来て教えてくれた。これらは本物の壁でなくて、魔術が生んだ幻影にすぎず、実は、王様には容易に面会できるのだ。勇敢に進んでゆけば、邪魔ものなど何もないのだ、と。(8)

このような考えに立ち、ベシュトは日常の意識を欺瞞に満ちたものとして詩的に描いている。絶対確実で本当だと思っているものが、実は全くそうではない。そして、我々と神的なるものの体験との間に横たわる越えがたい深淵だと思っていたものが、実は深淵でも何でもないのだ。

ベシュトの一番弟子の偉大なマギードが、さらにいっそう明確なモデルを提示した。それは、マズローをはじめとする現代の心理学者たちが研究している創造的、霊感的、または啓示的な瞬間に関するモデルだった。マギードの鋭い洞察によると、我々の自我（習慣を重んじる社会的自己）には、そのような出来事がたびたび起こるのを防ごうとする傾向があるという。我々は「解き放たれる」のを恐れている。つまり、勘定高い心を、不合理で自発的なものにゆだねるのを恐れているのである。日常の俗っぽい臭気が心から完全に消えたときにのみ、まったく異なる意識状態に入ることを当然のごとく期待できるのだと彼は説いた。「天上のどの門を開けるのにも、それにふさわしい鍵が必要[9]」だと述べて、自我の「滅却」を促す具体的な瞑想法を処方した。彼の説明は東洋のさまざまな宗教に驚くほど似ているが、それによると、この難しい課題を成し遂げた暁には、狭い意識的な心が開いて、はるかに大きな、より賢い自己になるという。

マギードのすばらしい弟子、リアディのラビ・シュヌール・ザルマーンが、この興味深い思想を本格的に発展させて、今日なお実践されているハバドの体系にまとめ上げた。これは、ウィリアム・ジェームズやフロイトの百年先をゆく非常に洗練された人格へのアプローチだが、その中でこのルバヴィッチ派の創始者は、普段の意識状態をあからさまに夢遊病者のそれに喩えた。平均的な人間は、一歩進むごとに目の前に広がる数限りない天上の神秘にほとんどまったく気づいておらず、誰にとっても最重要の課題は内面のまどろみから「目覚める」ことである、と主張した。伝統的なカバラーの理論と同じく、彼もこのプロセスには意志力が不可欠である点を強調した。「心をしっかり固定し、心の深みに触れるくらい強く注意を集中することによって・・・「永遠の愛」を理解する努力をしなければならない[10]」と『タニア』の中で述べている。

十九世紀初めのちょうど同じころ、ブラツラフのラビ・ナフマンがまさにこのメッセージを生き生きと広めた。今に伝わる彼の人物伝から窺い知れるのは、幼少時にさえ、世俗的なものを超えた人間の意識の別の諸次元が実在すると確信していたことだ。英国の詩人・芸術家で同世代のウィリアム・ブレイクと同様に、ラビ・ナフマンも少年のとき、彼の宇宙観を形成する神秘的な体験をしている。東欧の田園地方の森や野原を一人さまよいながら、生きとし生けるものに聖なるものが現前するのを直に感じ取ったのだ。草の葉の一枚一枚が独自のエクスタシーの歌に燃えている。それなのに、そのような真の知覚に目覚める人は、一万人かそれ以上に一人しかいないと、後に弟子たちに語っている。

この魅惑的な霊的思想家の考えでは、絶頂体験がごくまれにしか起こらないのは、内面への冒険に挑むことなど滅多にないからだという。彼にとって哲学的思索は、宇宙を理解しようとする絶望的な試みとして非難されるべきものであった。なぜなら、宇宙はそもそも人間の理屈で働いていないからだ。ブレイクと同様に彼も、怠惰な主知主義を知識への誤った道であると非難した。また、ラビ・ナフマンは、伝統的なカバラの瞑想法を実践するだけで、より高次の能力が目覚めるなどと、人々を煽ることもしなかった。なぜなら、こうした活動もやはり、真の自発性と熱意をもって行なうのでなければ、心の不毛なエクササイズに堕するおそれがあると信じていたからである。

彼にとっては、心からの道こそが高次の意識状態に至る最も確実な道であった。「あなたが何をする人であろうと、常に心を喜びで満たしておきなさい」と彼は教えた。「幸福な気持ちでいれば、人に活力を与えられるからだ[11]」と。そしてさらに、毎日次のように力説した。我々は心して、自分の中に、人生に対する熱意と活気に溢れた態度を生み出さねばならない。そうしていれば次第に、自分を取り巻く微かな神秘に気づけるようになるからだ、と。さらに、霊感に満ちた瞬間が訪れる気配がなくとも、とにかく霊感を受けたかのように行動しなさいと勧めた。「熱中していなくとも、そういうふりをしなさい。やがて、本当に熱中するものだ[12]」。それゆえ、幻視体験の唯一最大の決定要素は、それに先立つ心構えだとラビ・ナフマンは言明している。すばらしく幸福で平和な瞬間の訪れは、単なる偶然や成り行きではなく、むしろ、その人らしい心の仕組み、すなわち日々の感情や欲望と密接に関係しているのである。

興味深いことに、このようなカバラーの基本的信念が最近の科学的研究によって裏づけられてきている。その草分けともいえる研究においてマズローが見出したのは、優れた才能に恵まれた創造的な人々、すなわち、彼が「自己実現者」と名づけた人々が他の成人に比べてより頻繁に絶頂体験を報告するということである。著明な社会学者、アンドリュー・M・グリーリーが、著書『超常現象の社会学』の中で報告している追跡調査によると、神秘体験をしたことのある人々は、他の人々よりも心理的健康の尺度において高得点であった。ともかくも、このように非常に充実した人生を送っている人々は、自分の心をそのようなエクスタシーが起こりやすい状態におく準備ができていたのだ。

要するに、カバラーが告げているのは、悲哀や自己憐憫や抑鬱に沈んでいると、人は、だれもが他者との関係に望んでいるたぐいの幸せな「高み」を、人生からうっかり閉め出してしまうかもしれないということである。我々はさまざまな経験をただ受け入れるだけの存在ではなく、日々それを自ら創り出しているのだとユダヤの秘教は説く。自信と明るい人生観を持ち続けることによって、このような美しくも素晴らしい内面の出来事を体験する努力をせねばならない。それができるようになればなるほど（ただし、にわかな奇跡的変化を期待しないこと！）、こうした出来事がますます頻繁に起こることになろう。「したがって、各人が最終的に到達するレベルは、その人自身の選択と上達の結果なのだ[13]」と、ラビ・モシェ・ハイム・ルザットが鋭く指摘している。

保護する心のブラインド

カバラーの体系が常に主張してきたのは、我々の内なるブラインドには重要な適応機能があるということだ。我々はたしかにそのために宇宙に関する最高のことが理解できなくなると言われるが、その一方で、成長と発達への体の欲求に目を釘付けにされることで、地上での肉体的生存を保証してもらっている。もちろん、これまでずっと見てきたように、カバラーの主要な思想家たちはほとんど異口同音に、我々が物質界の欲望に浸りすぎがちだと言う。けれども、彼らが同時に繰り返し主張してきたのは、唐突にこうしたシャッターを取り除こうとしてはならないということだ。心に、さらには体にさえ深刻なはねかえりが起こるといけないからである。力ずくで内なる天上の門になだれ込もうなどと思ってはならない。そんなことをすれば、ふだん当たり前と思っているものを相当危険にさらすことになるからだ。実際、カバラーの伝統には、神的な気づきの扉をこじ開けようとしたがために、まだ、受け入れるだけの心の準備ができていない知識に押し寄せられて、死や狂気に至った導師気取りの者らの話がいくらでもある。

この点を例示する伝説として最も有名なのは、おそらく、「園に入った四人の賢者」の話であろう。歴史上実在する人物を扱ったこの物語は、ベン・アザイ、ベン・ゾーマ、ベン・アブヤ、ラビ・アキバ（いずれもイェルサレムの神殿が再度破壊された時代に学者として名声を博した人物）が宇宙のもっとも高遠なるヴィジョンを追求した経緯を詳しく語っている。心身ともに無事だったのは、ラビ・アキバただ一人だった。あとの三人は内面の旅から二度と回復しなかったのである。そして、ユダヤ史上、この男たちが当時最高の賢者に数えられていたことを我々は忘れてはならない。彼らは「ハイ」な気分になろうとして、怠惰にスリルを求めるような人々ではなかったのだ。ユダヤの神秘主義が伝えようとしているのは明らかに、普段の意識は非常に脆いものであって、ともするとあっけなくこわれてしまうということだ。いかに目標が殊勝であろうとも、無闇にそれに手出しをしてはならないのだ。

このような見方が何世紀にもわたって、カバラーの教えの重要な要素として受け継がれてきた。十二世紀フランスに初めて書物として現れた『バーヒール』が力説するところによると、我々が肉体の形をとって存在するためには、宇宙を隈なく照らす天上の光の一部が目に触れないように隠されていなければならない。さもないと、我々はそれに耐えることができないからだ。けれども、霊的に向上すればするほど、この神々しい輝きをしっかりと感じとり、しかも、それに耐えられるようになる。『バーヒール』の説明によると、「[創造の]光があまりにも強烈だったため、それを凝視できる被造物がいなかった。そこで神は、究極の未来に現れる義人のためにそれを残りのものから引き離してたくわえておかれた[14]」のだという。

『ゾーハル』にもやはり、これと同様の興味をそそる考え方が多数示されている。それによると、人間の脳は「終末の日が訪れるまでは、決して割れない殻に包まれて」おり、最期の瞬間に初めて「殻が割れて、何物にも遮られずに、脳から世界へと光が[輝き]出る[15]」という。象徴的表現と、おそらく事実そのままであろう表現とをまじえながら、内なるブラインドが生理学的に不可欠であることを、『ゾーハル』ははっきりと示している。アブラハムやモーセのような、聖書に登場する最も偉大な指導者たちでさえ、通常の世界認識を取り囲むバリアを完全に突破することはできなかった。より高次の領域を垣間見るところまでは到達したが、彼らでさえ、正気や生命を失わずに耐えられるのはそこまでだったのだと『ゾーハル』は説明する。内なる門は徐々に開かれねばならないということが、すばらしく詩的かつ明快な表現で語られている。

そのとき、神はまず、彼らのために光の洩れる小さな隙間を一つお開けになり、次に、それよりいくらか大きいのを開け、そのようなことを繰り返してから初めて、四界すべてに面する天上の門を彼らに開け放たれるであろう・・・

・・・ずっと暗闇に閉じ込められていた人を光の中に連れ出すときに必要なのは、まず最初に針の穴ほどの小さな隙間を開けてやり、それからもう少し大きい隙間を開けるという具合にして徐々に慣らしていき、最終的に全部の光を浴びても耐えられるようにすることだ。・・・同様に、回復途上の病人にもいきなり、たっぷり一人前の食事を与えてはだめで、少しずつ慣らしていくことしかできない。[16]

五世紀後にハシディズムの師たちが主張したのはまさしく、心の仕組みに関するカバラーのこの中心的信念だった。ルバヴィッチ派の創始者、ラビ・シュヌール・ザルマーンは、心のシャッターの本質に相当な関心を注いだ。著書『タニア』の中で彼が体系立てて説いたのは、宇宙に生きるどんな動物も、畏れ多く不可解な聖なる光の荘厳さから守られねばならないということだった。生まれつき備わっているそのようなシールドがなければ、燃えさかる火のあまりにも近くに置かれた蝋人形のごとく、我々も溶けて無くなってしまうだろう。しかし、と彼は言う。それでもなお、誰もがみな、その天上の暖かさに溶け込みたいという尽きせぬ憧れを抱いている。手の届く最高の高みを直観的に感じとった者は、日々繰り返される無味乾燥な人生から脱したいと渇望する。人間の本質は「いつも上方に向かって火花を発することだ。なぜなら、火の炎は本性からして、上なるその源泉に合一するためには・・・邪悪なものから別れようとするからである、たとえ、そのために［自分が］消滅することになろうとも」[17]と彼は述べている。

これとよく似た見方だが、ブラツラフのラビ・ナフマンも我々の精神の潜在力にこれと同じ特徴を認めた。通常の時空の限界を超えようとする切なる思いがどれほど高尚であっても、通常の知覚を内面の出発点とすることの重要性に気づかねばならないと彼は教えた。ラビ・ナフマン自身は、聖なるものを目が眩むほどに体験し、その威力に取りつかれた非凡な幻視者だったが、弟子たちには、根気強く努力するよう、あまり性急に絶頂体験を求めないようにと警告した。世の人々は俗事に関心を集中する能力をちっとも恩恵だとは思っていないと、例のごとく皮肉っぽく主張した。しかし、この資質がなければ、人生の無味乾燥さに気が狂わずにはいられないかもしれないと、この偉大なレッベは述べている。「自分が「高次の」世界について知っていることすべてを常時「体験」しているところを想像せよ。・・・もしそれができるなら、あなたは人生に耐えられないだろう[18]。」

要するにここで見えてくるのは、カバラーが我々に心の典型的な働き方についての、想像力豊かだが、まとまりのあるモデルを提供してくれているということだ。しかし、こうした視点には実際、いかなる今日的意義があるのだろうか。それは今でも通用するのだろうか。

現代において実証されるカバラーの正当性

興味をそそるのは、現代心理学がまさにこのカバラーの考え方に収束しつつあるという発見である。近年、通常の意識の特徴や、そこからの異常な逸脱について論じる科学的文献が増えてきた。知覚の精神生物学、重い精神病、さらには、特定の薬物が精神に及ぼす影響といった、一見何の共通性もなさそうな諸分野から明らかになりつつあるのは、カバラーが最新の研究結果を何百年も先取りしていたということである。

一九五〇年代の後半に、心理学者のウィリアム・ブロードベントが初めて、我々の中枢神経系には、取組み中の仕事にとって重要でない諸々の刺激を締め出す「フィルター」装置が内蔵されているという革命的な考え方を提唱した。たとえば、にぎやかなパーティー会場にいて、周囲がどんなに騒々しくても（もちろん、アルコール類を飲みすぎて、この「フィルター」が一時的な機能不全に陥れば別だが、）普通は自分たちの会話に注意を集中することができる。しかし、同時に複数の会話に完全に注意を集中することは不可能だといってよい。我々の心はそのようには働かないらしい。実は、こうした現象が現在まで徹底的に研究され、「カクテルパーティー症候群」と呼ばれるようになっている。二十年近くにおよぶ多数の実験室での研究を通じて、研究者たちが確信するに至ったのは、今や古典となったブロードベント博士の著書『知覚とコミュニケーション』（Broadbent, 1958）で示されている根本的真理なのである。誰もがみな、車の運転にせよ、読書にせよ、テニスの試合にせよ、今の瞬間でいちばん重要なことに注意を限定する強い能力を備えているらしい。

たとえば、静かにこのページを読んでいるとき、あなたの周囲では間違いなく、数知れぬ微妙な音が生じているはずだ。はるか遠くで轟く飛行機のエンジン音かもしれないし、通りに走り出す自動車の音かもしれないし、もしかしたら母親を呼んでいる子どもの声かもしれない。あなた自身の体でさえ、絶えず一定範囲の音を出している。けれども通常は、このようにランダムに散乱されるノイズがあなたの注意を妨げるようなことはない。あなたは一瞬顔を上げるかもしれないが、すぐまた読書に戻って、思考の流れを途切れさせることがない。

現在ほとんどの心理学者が話題にするこのフィルター装置は、我々人間に先天的に備わっているものだ。正常な成熟過程の自然な展開とともに、子どもたちは少しずつ、この注意を集中させるという先天的な能力を伸ばしてゆく。したがって、外の通りでトラックが同じく逆火を起こしても、教室にいる十歳の子が、四歳の弟妹と同じように激しく反応することはめったにない。おそらくこのフィルター装置のおかげで我々は、特定の思考や感情に注意を固定させることができるのだろう。研究者たちの推測では、外界の刺激が十分に緊急を要するものである場合（たとえば煙の臭いや助けを求める叫び声などの場合）には、このプロセスのどこかのレベルで、理性的自己が突然、注意の方向を転換させるようにはたらく。そうでないかぎり、日常生活でふりかかってくる数知れぬ感覚のほとんどを、意識からうまく遮断しているのである。

ジョン・ズブリン博士が、この事実に関する何年もの科学的研究を適切に要約し、一九七〇年のアメリカ神経薬理学会で次のように述べている。「我々のレセプターは、内面と外界両方からの広範囲な刺激に絶えずさらされているので、無視しなければならないもの・・・から重要な刺激を区別する何らかの手段が必要になる・・・これが選択的注意である[19]」。そうした心のメカニズムがいつもうまく働くため、我々はそれを当然のように思っている。そのような装置が作動していることを、普段は意識さえしていない。

残念なことに、ある点で、選択的注意を活用する能力が働きすぎてしまうことがある。研究結果に示される証拠からうなずけるのは、我々のほとんどが、自分の知覚環境で起きていることの多くにまるで気づいていないということだ。まさにその意味で、カバラーが教えるとおり、我々はまるで半ば眠っているかのような状態で日課をこなし、周囲の現実に完全に目覚めることなど決してないのである。

この事実を明らかにする例を挙げると、心理学者のジェローム・ブルーナーとその同僚が行なった一連の実験では、研究参加者たちに、前もって選んでおいた実験用トランプでゲームをしてもらった。特定のカードをわざと変形させてあったのだが、いつもながらの物の見方に慣れきっていて、それに気づいた者はほとんどいなかった。他の研究者たちが強調してきたのも、同様に、神経系に焼き付けられているものは無視して、自らの精神活動、特に、繰り返される思考や心配事に熱中できるようにする、我々の注目すべき「才能」だった。我々の心のシャッターは確かに長いこと閉ざされた状態にある。それゆえ、感覚の幅を広げ、新たな体験（できることなら絶頂体験）によって日常的な心の姿勢を変化させるには、意識的な努力が必要なようだ。

現代心理学のこうした見方を裏づける発見が、意外なことに、重い精神病（特に統合失調症）や精神病状態の本質に関する科学的研究からも得られている。こうした状態にある人々は、自分が生みだした空想や恐怖から現実をうまく区別できないのが特徴だが、この障害は有史以来の人類文化にあまねく認められてきたものである。何十年も前から、まさに現代精神医学がそもそも創成された時期以来、この分野の専門家たちは、患者たちがたびたび注意を集中できないと述べることに気づいてきた。けれどもほとんどの場合、このような訴えは単に、そうした人々の不合理な妄想が別の形をとったものとしか見なされなかった。

その後、一九六〇年代の初めから、研究者たちがこのような訴えをもっと真剣に受け止めるようになった。『心の科学ジャーナル』に掲載された画期的研究において、J・チャップマン博士とA・マッギー博士は、統合失調症の人々にこの疾患が「内側」からは実際どのように感じられるのかを語ってもらい、その陳述を収集した。インタビューを受けた人々は繰り返し、自分にふりかかってくるさまざまな刺激を区別するのがおそろしく困難であることを報告した。言葉ではっきりと表現できるある患者によれば、「特に興味があるわけでなくても、あらゆることがらが私の注意をとらえてしまうようです。私は今の瞬間、あなたに向かって話をしていますが、隣の部屋や廊下の物音も聞こえています。それを遮ることがなかなかできません」[20]。心に重い障害をもつ人々を相手に仕事をする中で、筆者自身もこのような訴えを聞くことが多い。患者たちによると、音や光、さらには自分の考えまでもがどうしようもなくごたまぜになってしまうときがあるという。統合失調症の人々をカウンセリングしていてわかったことだが、彼らが体験していることは、本人の想像の産物などではなく、まさしく、それに立ち向かい乗り越える努力が必要となる障害の反映なのである。

このように、重い精神病を説明するモデルとして今日急速に浮上してきているのは、それを正常な感覚フィルターの故障によるものとする考え方である。まだわかっていない何らかの理由によって、生化学的または神経学的な欠陥が生じ、その結果として、その人の通常の中枢神経系が混乱状態に陥るのだ。国立精神保健研究所が発行する『統合失調症』の一九七七年号において、キース・ニュヒターラインが要約しているように、「見当違いの刺激に反応するという統合失調症の傾向が、注意障害を説明する上での中心的役割を果たしてきた。この臨床現象が何よりはっきりと示しているのは、注意の異常こそが、統合失調症の基礎をなす［精神］障害かもしれないということだ」[21]。言いかえるなら、まさにカバラーが明言しているとおり、あまり急激に心のブラインドを取り除きにかかると、狂気にみまわれてもまったく不思議ではない。常時押し寄せる感覚刺激の凄まじい渦に、このブラインドなくして耐えられる者などほとんどいないからだ。

人間特有の意識に関するカバラーの考え方を裏付ける興味深い情報の三つ目が、様々な向精神薬の効果の研究から得られている。気分に変化をもたらす化学物質に対する広汎な関心が西洋で本当に目覚めたのは一九六〇年代になってのことだが、世界中をみわたすと、いわゆる原始的部族の多くが昔から人間の経験のこうした次元についてよく知っていたことは明らかだ。アメリカ・インディアンの諸部族は何世紀も前から、周到に統制された儀式のもと、メスカリン、ペヨーテ、シロシビンのような天然物質を用いて高次の意識状態を起こしてきた。こうした儀式にしみわたる深い霊的な雰囲気に触れて参加者たちが語り伝えてきたのは、宇宙との不思議な親近感を味わう劇的体験である。世界から切り離されているという通常の知覚が溶けて消え、恍惚とした一体感へと変わってゆくのだ。

我々の文化においては、人間の潜在能力探求の第一人者に数えられる作家、オルダス・ハクスリーが、一九五〇年代の前半にメスカリンを使った実験を試みている。光彩を放つ随筆『知覚の扉』には、この化学物質の影響を受けて得た体験が描かれている。何とも驚くべきなのは、彼が人間の意識に関して、現在の主流をなす理論を先取りしていただけでなく、同時に、カバラーの見方の大要を的確に表現していたという点である。現代において絶頂体験や幻視体験を分析したものの中に、これほど詩的に描かれたものはないといってよい。

数分が経過する間、いや、数世紀であったろうか、私はその竹製の脚を凝視していただけでなく、実際に私がその脚そのものであった。・・・人間は誰しも、あらゆる瞬間に、それまで自分の身に起きてきたことをすべて思い出すことができ、また、今宇宙のあらゆる場所で起きていることすべてを知覚することができる。ほとんどが役に立たず意味のないこの膨大な知識に圧倒されて混乱しないように、本来なら知覚すべきもののほとんどを遮断して自分を保護することこそが、脳や神経系の役割なのだ。・・・生物学的な生存を可能にするためには、脳や神経系の減圧弁を通して、拡大した意識を濾し分ける必要がある。その反対側の端から、我々がこの惑星の表面に生存する上で役立つ類の意識が、少しずつぽつぽつと漏れてくるのだ。(22)

当然ながら、そのような薬物に誘発された心理学的洞察には必ずよくないことが付いてくる。心を変容させるサイケデリック体験はオルダス・ハクスリーにはとても快適に感じられたのだが、これを体験している最中に、見当識を失って恐怖感さえ抱いたと報告している人々が少なくない。この異彩を放つ作家は、論考の中でこの事実を認めたうえ、自分がメスカリンの影響下で幻覚を起こして味わったのと同じ奇妙な感覚を、統合失調症患者は数多く経験しているようだとはっきり述べている。ドラッグの元へビーユーザーたちを相手に治療ワークを行ないながら、筆者がたびたび感じてきたのは、彼らの個人としてのアイデンティティ感覚がひどく損なわれているということだ。

完全に孤立したつまらない人間と感じるか、さもなければ、宇宙の最奥の秘密を自分と共有する天上人と日々親しく交わっているという途方もない誇大妄想を抱くか、そのいずれかなのである。どちらの場合も、そのような人々はもう、入浴や身支度すらほとんどできなくなることがある。科学者たちにはまだよく理解されていない何らかの点で、彼らの心は、意識のすべての門が一気に開かれる衝撃に耐えられなかったのである。

カバラーが何世紀も前から示してきたように、絶頂体験を引き起こす秘訣は、ただ単に心のブラインドを打ち壊すこととはまるで異なる。幻覚物質に関する研究が証明してきたように、それだけならば特に難しいことではない。我々の神経系の内部には、目覚めている間、注意が安定した状態に保たれるのを助ける特定の化学物質が存在することを示す、納得できる証拠があるようだ。ＬＳＤやメスカリンのような薬物はこれらの化学物質を破壊するらしく、その結果、内面と外界の両方から大量の刺激が押し寄せて、あらゆるものがきわめて重大な意味をもつようになる。そのとき、このような状態に各人がどう反応するかは多くの要因によって決まるが、何よりも重要なのは、本人の精神的安定と人生への態度である。ハクスリーが次のような的を射た考察をしている。「あなたが誤った方向に進み始めたら・・・起きること［すべて］が、あなたに対する陰謀の証となろう。すべてがいかにももっともらしくなり・・・私にはどうにもならないだろう。恐怖と憎悪を大前提に出発するならば、行き着くところまで進まねばならないであろう。」[23]

かくして、我々はぐるりと一巡して、カバリストたちの最初の教えに戻ってくる。確かに我々は、心のシャッターゆえに宇宙の限られたことしか認識できない。けれども、ゆっくりと、慎重に、段階を踏んで、それを取り去ることを学ばねばならない。同時に、個々人の心の仕組みや人類の取組み全体について、前向きで自信に満ちたイメージに浸る必要がある。ラビ・ナフマンが忠告しているように、「家が焼け落ちるとき、人はしばしば一番どうでもよいものを持って逃げる。混乱しているときも、これと同じことをしてしまう可能性がある。あわててはならないのだ(24)」。

超越体験

これからいよいよ語ることになる人間の体験する領域は、まさにその本質からして、言語表現を受け付けないか、あるいは許さないもののようだ。普段の感情でさえ、抽象的な言葉で表現するのは至難のわざなのに、ましてや、通常の知覚をはるかに超えた、そのような体験について、同様のことを試みるのは不可能に等しいと思われる。生まれたときから目の見えない人に、夕焼けを描写してみせるにはどうすればいいだろうか。あるいは、ずっと耳の聞こえない人に、音楽特有の力を説明するにはどうすればいいだろうか。言葉を尽くしてもせいぜい、その感覚が実際にどのようなものかをほのめかすのが関の山だろう。こうした理由から、世界の偉大な宗教体系の多くと同様に、カバラーの伝統も、超越的現実が本当はいかなるものであるかについて、多くを語ってはこなかった。禅仏教の有名な格言に、「月指す指は月にあらず」という言葉がある。また、同じく的確な比喩に、「筏は彼岸にあらず」という言葉もある。これら主要な霊的修行の書き物のすべてが強調していると思われることは、その書き物にどのように表現されていようとも、それを文字通りに受け取ってはならないということだ。それはごく一般的な道標にすぎないからである。

これと同じ信念が、カバラー全体に行き渡っている。カバリストにとって幻視体験の唯一最も重要な特質はおそらく、それが言語に絶するものだという点だろう。十六世紀にパレスチナのサフェドで異彩を放った思想家イツハク・ルーリアは、弟子たちに対して次のように語ったと言われる。「口を開いて喋ろうとすると必ずや、まるで海水が堰を切って溢れ出すような気持ちに襲われる。そんなとき、私の魂が受け取ったものをどのように表現すればよかろう。書物に書き留めることなどできようか[25]」。ルーリアがユダヤの秘教の思想に及ぼした影響は比類なきものであり、彼が忘我の現実を具体的に述べるのを躊躇ったことは、知識へのこの異色のアプローチの歴史全体を例証するものである。ルーリアもやはり、その先人や後人たちと同じく、少数の親しい同僚や弟子たちと自らの体験をいくらか語り合っていた。けれども、彼の仲間たちや他の人々の著作の中に、高次の知覚の具体的内容を詳細に描いた箇所を探しても見つからない。それを描いてみせたのが、スウェーデンの科学者であり神学者でもあった、エマニュアル・スウェーデンボルイである。この興味を惹く十八世紀の人物は、次から次へと本を著して、天国や地獄への心の旅を克明に描いたのだった。

興味深いことに、ブラツラフのラビ・ナフマンが、心の中の神的なるものの領域は本質的に伝達不可能であるとはっきり述べている。「あなたは幻視を体験するかもしれない。けれども、あなたは自分自身にさえそれを語ることができない。今日、あなたは霊感を得て新しい光を見るかもしれない。けれども明日になれば、あなたはもう、自分自身にすらそれを伝えることができないだろう。なぜなら、そのヴィジョンを呼び戻すことはできないからだ[26]」。したがって、彼自身の教えは、こうした体験に到達できる方法を強調はしても、実際に何が起こるのかを具体的に述べてはいない。

とは言うものの、様々なカバラーの文献にそういった記述がないわけではない。特に『ゾーハル』には、このような驚くべき歓喜の体験の諸相に触れている箇所（ほのめかされてじらされるだけだとしても）が見つかる。これから見ていくように、そのような表現には、他の古来の伝統に見られる表現とも、現代の人々から報告される話とも、驚くほどよく似たところがある。

この種の体験にきまって存在する重要な要素は、自分の人生を大局的見地から見ているという感情に満ち溢れていることだ。自分が為してきたことすべてを、一見良いことも悪いこともひっくるめ、恐ろしいほどの冷静さと愛情をもって、物凄く高いところから見下ろしているかのような感じである。日々のごく些細で無意味な瞬間さえもが、首尾一貫した意味を伴って、ぴったりと収まる。その感覚は、内面の混乱と不安という、はるかに一般的で、誰もがあまりによく知っている感覚と、ほとんど対極をなすものである。直観的に自分の向かうべき方向がはっきりと明らかになる。

ラビ・ルザットが、こうした体験を霊感的、詩的に描く中で、我々の日常の存在を、迷路の庭で道に迷った人間のそれに喩えている。彼によると、迷路の中にいる者には、自分が正しい道にいるのかどうかを判断するすべがない。けれども、「見晴らしの良いポーチに立った者には、眼前に広がる道がすべて見えている」[27]。興味深いことに、マズローをはじめとする人々が発見してきたのは、突然、世俗的なものを超えて高められてゆくこの感覚こそ、彼が「絶頂」体験と呼ぶようになった体験の中核をなす感覚だということだった。

このような瞬間のもう一つの大きな特徴は、激しい感情の流露である。カバリストによると、そこでの感情は普段の感情をはるかに超えるものであり、それゆえ、ほのめかすことしかできず、はっきり説明することなどできない。第三章で簡単に見てきたとおり、『ゾーハル』では、霊的な気づきの最高の高みが、愛する相手との性交中におとずれる歓喜の極みに喩えられている。それがさしているのは、性欲や肉欲では断じてなく、むしろ、日常的自我を超越して万物と一になるオルガズムの絶頂感である。『ゾーハル』の代表的な一節に、「魂と魂が結ばれて固く結合して一つになり、一つの愛になる瞬間のエクスタシーに比べられる愛はない[28]」とある。タントラ・ヨーガの伝統では、あらゆる喜びを伴う性的抱擁がやはり、最も高次の意識にいたる前触れとして描かれている。

こうした体験に特有の感情については、カバラーの書物によって違いがあるものの、それら全体にはっきりと共通するものがある。カバラーに先立つメルカヴァーすなわち「戦車」のアプローチが、厳粛な畏怖と驚異の気分を伝えている。その入門者は、依然として肉体的存在を神的なるものから隔てている深淵に常に気づいているのだ。ずっと時代を下り、ハシディズムの師たちがこぞって、言語に絶するものとの、もっと個人的な出会いを描くようになり、このような状態で敬虔なる者が味わう無条件の喜びを特に強調した。しかし、カバラーがこうした体験を描く際の根底にはいつも、宇宙の壮大な調和と統一性を重視する姿勢がある。あらゆるものが突如、美しくも意味に満ちた姿を覗かせる。様々なカバラーの書物の間には、歴史的・地理的に大きな隔たりがあるにもかかわらず、注目すべきことに、そのどこからも嫌悪、激怒、憤慨、落胆、当惑といった日常的感情は聞かれない。実際、ここでひときわ目立つ感情（しかし普段はめったに口にしない感情）は、畏敬の念や輝かしさといったものである。もちろん、他の多くの霊的アプローチで語られる偉大な幻視

体験についても同じことが言える、

さらに、自己アイデンティティの感覚にも根本的な変化が起こる。ユダヤの秘教の実践家がきまって述べてきたのは、通常の心の視座がまるで意味をなさなくなること、そして、はるかに大きな意識へと高められて、自分の真価に気づくということだ。十三世紀のアブラハム・アブラフィアの弟子の一人が述べていることだが、このような意識の領域では、「生来の心に支配されなくなり・・・自分の思考に支配されなくなる」[29]。もはや肉体の縛りによって我々の真の本性が制限されたりはしなくなるようだ。「人は自分の最奥に存在するものが、自分の外側にあることに気づく」[30]。

こうした体験では、体の感覚器官も圧倒される。繰り返し描かれる最も重要な感覚は、宇宙のあらゆる生物と無生物に浸透している光の感覚である。この光は、我々が想像しうる限界をはるかに超えた、光輝と透明性を兼ね備えたものとして描かれる。『ゾーハル』が簡明に述べているように、「最も重要なのは、透明、微妙、純粋にして理解を超えた最奥の光である」[31]。さらに続けて『ゾーハル』はこう語る。「ここまでにせよ。神性について黙想してもよいが、それより先は許されない。なぜなら、完全に理解を絶するものだからである」[32]。興味深いことに、オルダス・ハクスリーが、メスカリン服用後の恍惚境で見た宇宙の姿を描くなかで、「私がいる世界では、あらゆるものが内なる光で輝き、無限の意味を帯びていた」[33]と述べている。

神的なるものについての最高次の知覚は、無限の眩い光に満ちた領域として描かれる。カバリストがエーン・ソーフと呼んでいるものについて、それ以外の属性は何一つ伝えられない。カバラーにおいてはそれが、善悪やその他、一見対極をなすように見える万物のあらゆる要素が流れ出るところと見なされている。チベット仏教では、この意識状態は非常に高められたものとも考えられている。この霊的修行の入門者はそれを「輝ける虚空」と呼んでおり、どれほど筆舌を尽くしてもその体験を描くことのできないものである。ラマ・ゴーヴィンダが『白雲の道』で明言しているように、「虚空は、我々の限りある人格を否定するものではなく・・・決して失われることのない光が永遠に去来する宇宙の子宮を・・・含み、包み、さらに育むものである」[34]。非常に興味深いことに、死や臨終に関する現代の科学的研究からわかってきたのは、「死の門」に立った人々の多くが、限りない智恵と愛に満ちた「光の存在」の輝きに包まれているという感じを報告しているということである。これについては第八章で論じる。最近の刺激的な著書『死に臨む生』(Ring,1980)において、ケネス・リング博士がこの臨終の「核」をなす様相について詳しく論じ、それが別の意識状態にもある可能性をほのめかしている。カバリストならば間違いなくこの考え方に賛成するだろう。

カバラーが我々に描いてくれているように、幻視体験の最も強力な要素の一つは、我々の確固たる時空の概念が覆されることである。普段の日常的感覚がすっかり消えるか、さもなければ、もう問題にならなくなるようだ。『ゾーハル』では、ラビ・シメオン・バル・ヨハイとその息子に実際このようなことが起きたと語られる。「かくして、彼らは二日の間、飲まず食わずで、昼も夜も気づかずにそれを続けた。出てきたときに初めて、彼らは自分たちが二日間何も口にしていなかったことに気づいたのだった」[35]。『ゾーハル』にはいろいろな内面の変化が象徴的に描かれているが、それによると、夜空の星々が地に生える木々のように間近に感じられ、はるか昔に世を去った賢者が語り、未来がはっきりと見えてくる。それどころか、そのような絶頂体験の最中には霊力が目覚めると言われているが、カバリストの見地からすると、そうした能力が不可欠ということは全くない。何より重要なのは、またしても、宇宙の諸相がすべて関係し合っているという揺るぎない確信である。

このような基本的観点こそが、通常の意識状態と高次の意識状態の両方に対する、ユダヤの神秘的アプローチの特徴である。驚くまでもなく、こうした見方は、人類の歴史に一貫して世界中至る所に生まれた多くの霊的伝統に本来備わっているもののようだ。ウィリアム・ブレイクが殊勝にも述べているように、「知覚の扉が清められれば、すべての物事があるがままに、無限なものに思えてくる[36]」。

第六章　夢と音楽を通じて源泉に戻る

「預言者たちがもはやいなくなって、賢者たちがその代わりをするようになった。賢者は、ある意味で、預言者よりもさらに優れていた。そして、賢者たちがいなくなると、来るべきものが夢となって啓示される。」

『ゾーハル』

「どの科学にも、どの宗教にも、どの哲学にも、それ特有の歌がある。その宗教や科学が高尚であればあるほど、その音楽もより高きものになる。」

ブラツラフのラビ・ナフマン

ふだん世を渡るときに我々が潜在能力のごく一部しか使っていないということは、ほとんど自明の理になっている。現代において多くの優れた思想家たちが、このとらえ所のないテーマに注意を向けてきた。フランスの哲学者ジャン＝ジャック・ルソーは、我々の心を奴隷に貶めるものとして文明そのものを非難した。その数世代後、カール・マルクスが、自分の周りにいる一般大衆の自己疎外や不幸の元凶として、西洋の資本主義経済体制を槍玉に挙げた。十九世紀後半には、社会学や心理学系の諸学問が立ち上がって、人間同士を引き離し、最も深層の自己からも疎遠にしてしまう数多くの原因を指摘した。フロイトに端を発する現代のさまざまな心理療法が心の不安感を和らげようと努力してきた。けれども中には、内面のしっくりこない感じこそが、人間としての状態の基本であり、生き物としての我々の仕組みそのものの一部なのだと論ずる人々もいる。

我々はこうした問題がすべて、最近になって起きてきたと考えがちだが、実はそうでもない。何世紀も前からカバラーが強調してきたのは、ふだん我々が自分の能力のほんの一部しか利用しておらず、才能を全面的に発揮して生き生きと輝く瞬間はごくまれでしかないという考えである。『ゾーハル』のような書物が教えるのは、我々が通常は、長年続けてきたまるで眠っているような状態で生活していること、しかし、この世に一人しかいない自分が誰であり、地上での目的が何なのかについて、完全なる認識を取り戻す確かな道筋があるということだ。カバリストが好んで行なってきたのは、人間の明らかな欠点を嘆くことよりもむしろ、一人一人が持っている無限ともいえる力を強調することである。しかし、我々の内に眠っている潜在能力を引き出すには行動手段が必要だと彼らは主張する。さらに、すべての方法が万人に役立つとは限らないし、誰にでも勧めてよいとは限らない。けれども、最も直接的で、しかも普遍的な二つの方法がある。それは夢と音楽の世界である。

夢に関するカバラーの思想は、最新の考え方を何百年も先取りしており、いくつかの点で、主流の科学のさらに先を行くものである。科学界の研究者たちが今ようやく、音がいかに心の奥深くに影響を与えるかを理解し始めたところだが、ユダヤの神秘の伝統はずっとこのテーマに広範な関心を向けてきた。このようなアプローチを通して我々は、人としての幸福を高め、創造的なひらめきを燃え立たせる源泉に戻ることができると、カバラーは我々に告げているのだ。

夢――内なる領域に踏み込む

夢は有史以来のほぼすべての文化を魅了してきた。大昔の人々は夢を、自分の人生にとって重要なメッセージを告げるものと考え、これに敬意を払い、畏怖の念さえ抱いた。黄金時代のギリシャ人たちはアスクレピオス神を讃えて三百を超える神殿を建てた。神への嘆願者たちが遠路はるばるこれらの神殿に詣で、役に立つ夢を引き出すように仕組まれた聖なる儀式に与ったものだった。東洋でもやはり、静かで落ちついた場所に、夢を見るために参籠する寺が建てられていた。アメリカ大陸では、先住諸部族が神感の源泉として夢を大切にしていた。部族のシャーマンたちが荒野に深く分け入っては、食物も、水も、人との交わりも絶って、力や知識を与えてくれる夢を誘い出し、それを部族民のもとに持ち帰ったものだった。

ところが、産業化時代の幕開けとともに、そのような直観的な智恵が不遇をしいられるようになった。フロイトが夢に関する情報を求めて当時の医学文献を研究し始めたとき、この話題について書かれた文献は皆無に等しかった。同僚のほとんどが、夢などというものはすべて、まじめに取り合う価値のない迷信の一つだと見なしていた。実際、一八九九年に画期的な著書『夢判断』を発表したとき、フロイトは物笑いや嘲りの的にされた。それから数年間、夢の隠された意味を探ろうとする彼の的を射た研究は、狂人かポルノ作家のたわごととして退けられていた。

当然ながら結局、彼が先鞭をつけた精神分析運動は時代の趨勢を得ることになった。夢の本質に関するフロイトの大胆な思想は、不気味なほどの正確さを備えているように思われた。彼がどこからその鋭い洞察を得たのかは依然として不明だが、彼が強調した、自己理解の強力な道具として夢の解釈は、主流をなす治療法の一環となった。実際、偉大な思想家の考え方にしばしば起こるように、彼の見解も多くの弟子たちの間で定説の座を得た。この十年ほどでようやく、正統派の研究者たちが新たな観点に立って夢の研究を始めるようになってきた。今日の実験者たちは、フロイトの大胆な貢献の意義を軽んずることなく、いまなお得体の知れないこの人間の営みについてますます多くの情報を明らかにしつつある。

こうした刺激的な研究の多くが世界中の実験室でなされているが、夢に興味のある今日の人々は、大昔からの霊的体系にも情報を求めている。しだいに明らかになってきたのは、これらの修行がしばしば、人間の心と体に関する深遠かつ高度な知識体系を織り込んできているということだ。革新的な心理学者たちはすでに、夢についての興味をそそる教えを求めて、ヨーガ、チベット仏教、道教をはじめとする昔ながらのアプローチといった情報源に当たり始めている。しかしながら、今までのところ、このテーマに関するカバラーの見解の豊かさや複雑さはほとんど認識されてきていない。

これは何とも皮肉なことである。五百年以上も前から、ユダヤの秘教の体系は、夢が我々の日常

『ラジエルの書』に描かれている、神秘的なヘブライ文字のカリグラフィー（オランダ、17世紀）。

生活において中心的な重要性を持つと考えてきたのだ。夢がいかに機能するかについての一見新奇に見えるフロイトの発見に、(一一九〇年頃にまで遡る)『ゾーハル』のような書物が強い影響を与えたかもしれないという、説得力のある証拠が存在する。さらに、カバラーの見方が、多くの点において、夢に対する今日の姿勢を先取りしてきただけにとどまらない。この古来の神秘のアプローチは、いくつかの意味で、現代の研究者たちがきまって提案するものより、いっそう綿密で包括的な見方を提供しているのである。

カバリストは常に、眠りや夢が我々の日常生活において重要な役割を果たしていると信じてきた。睡眠を時間の浪費だと非難したことは決してなく、むしろ、我々の心と体の健康に直接役立つものと見なしてきた。人間の体を美しく神聖なものと見るイメージとも一致して、カバラーの思想家たちは、飲食のような他の身体活動とともに、睡眠にも、きわめて重要な霊的目的があるとして大切にした。睡眠のおかげで、体力が補給されると同時に、高次の霊力に対して心が開かれるのだともカバラは明言する。したがって、いかなる理由があろうとも、十分な睡眠を拒んではならないと注意される。それはちょうど、不必要な断食やその他の肉体的な自己懲罰を試みてはならないと忠告されるのと同じである。

特にハシディズムの師たちがこの考えを強調した。熱心な弟子たちの多くが、夜も昼もなく四六時中がんばり通して高尚な知識を得ようとした。すると、その師たちが、穏やかだが断固たる態度で、真に調和のとれた生き方をするには十分な休息を維持しなくてはならないと説いた。忙しく活動せずにはいられない気持ちがどんなに強かろうとも、休息のための時間は欠かせない。それがなければ、たちまち精神力が失われ始めるだろう。高名なハシード、ラビ・ススヤーが次のように述べている。「睡眠にも目的がある。向上を願う者は・・・まずいったん日々の仕事をわきにおいて、新たな英気を受け取る必要がある。それによって、思いもよらぬ新たな啓示が授かるかもしれない。そして、そこにこそ眠りの秘密があるのだ(1)」。

興味深いことに、初期のハシディームは弟子たちの精神の健康を、その睡眠の質によって判断さえした。広く知られた逸話によると、ある著明なハシードが晩年に、自分の師から一番学んだものは何だったかと尋ねられて、「正しい睡眠のとり方」と答えたという。我々の社会がまだこの教訓を学んでいないことはあまりにも明らかである。眠りにつくために毎晩、一種類かそれ以上の鎮静剤を必要とする無数の成人がこれを証明している。カバラーの見地からすれば、これは、我々の大勢の中にバランスの崩れが存在することの明らかな徴候である。

この点で、興味を惹かれる昔ながらのカバラーの実践の一つが、真夜中の祈祷や寝ずの行である。少なくとも中世にまで遡るこの方法は、ユダヤの秘教の伝統の達人たちに大いに好まれてきた。入門者は数時間眠ってから、夜中の十二時ちょうどに目を覚ます。それから瞑想して、さまざまな聖歌や賛美歌を歌い、聖書の神秘を深く探究する。カバラーが指摘するところによれば、この時刻はとりわけ、内面の源泉の智恵を受け入れやすく、最も急速な自己成長を確実に期待できるという。例えば、『ゾーハル』が述べるように、そのおかげで王としての器を磨いたダビデ王は、このことをよく心得ており、したがって、この時間に起きるのを習慣にしていたという。通常、実践家がこの異色の行を続けていると、やがて夜が明けてくる。『ゾーハル』がさらに語るところによると、こうして入門者は「一条の恩寵に取り巻かれる。天空を見上げる彼のもとに、聖なる知識の光が射してくるのである」(2)。

この技法は実際、今日の我々にとって特にメリットがあるかもしれない。夜のこの時刻の方が静かだという明らかな利点に加えて、空気中のマイナスイオンを取り込みやすいという物理的なメリットもあるかもしれない。科学者たちは、我々が大気中の荷電粒子の存在に敏感に影響されることに気づいてきた。フレッド・ソイカが興味深い著書『イオン効果』(Soyka, 1978) の中で報告しているように、イオンが我々に有益な影響を及ぼすこと、そして、一般に日没後の方がイオン濃度が高いことは今や明白である。さらに、短時間眠ったり起きて活動したりと、交互に繰り返すこの方法にもともと価値があるのかもしれない。じつにさまざまな研究から、一日に何度も短い仮眠をとるようにすると、創造力が非常に高まるという証拠がどんどん得られている。おそらく直観的にであろうが、現代ではトマス・エジソンのような優れた発明家たちが、まさにこうした一日のリズムを活用してきた。エジソンもやはり、夜に短時間の睡眠をとり、それから起き出して、早朝まで研究に専念するのが常だった。

だが、ここでもまた、ハシディズムの指導者たちが警告を発した。たとえば、レキヴィッァ・レッベは、弟子たちの一部に、精神世界のより高度な神秘を求めて、日が暮れてもずっと夜更ししている傾向があるのを非難した。このような行ないの背後にある殊勝な動機を褒めながらも、次のように述べている。「大勢の敬虔な人々が・・・沈んだ気分の中で心の糧を食す。睡眠不足で頭がぼんやりしているからだ。これは間違ったやり方だ。・・・十分な睡眠をとってこそ・・・聖なるれない。

研究に励むための明晰な頭脳が得られよう」[3]。同様に『ゾーハル』も、きちんと注意を払える頭と敬虔な心がなければ、徹夜しても無益だし、自滅的でさえあると明言している。言いかえると、もし疲れていて、精神を精一杯働かせるだけの力がないのなら、夜はぐっすり眠った方がよいかもしれない。

とはいえ、カバリストにとっては明らかに、夢こそが睡眠の最も重要な側面である。ユダヤの主要な秘教の書物が繰り返し主張するのは、夢が我々に自己探求の鍵を握る重要な道や、宇宙に関するより深遠な智恵に至る道を与えてくれるということだ。実際、規範的なユダヤの伝統の中でさえ、夢は日々の生活の助けになり得るものとして大切にされている。たとえば、紀元二世紀から五世紀の間に編纂されたタルムードに、夢の意味に関する的を射た論考がいくつか含まれている。学術誌『行動科学史ジャーナル』に発表された、裏づけ資料の十分な論文「タルムードにおける夢心理学の萌芽」の中で、モシェ・ハレヴィが次のように述べている、「夢に関するタルムードの心理学には・・・多くの物事に対する意見の中にばらばらに交じってではあるが・・・夢の本質やメカニズムについての詳細な叙述があり、それは最新の実験結果の多くを先取りするものである[4]」。

心の仕組みを見抜く優れた洞察力をもって、カバラーの思想家たちは我々の夢に徹底的に注目した。彼らは夢を単にとりとめがなく、説明のつかない体験とみなすどころか、ほとんどの夢を日常の心の状態を映し出すものと考えた。つまり、日々の活動をしながら一番よく考えることが何であろうと、それがきまって夢にも現れるものなのだ。このプロセスを明快に述べた表現が、十三世紀の『ゾーハル』に見出される。それによると、「ダビデは一生涯、戦に明け暮れ、血の雨を浴びていた。それゆえ、彼の見る夢はすべて、不運の、破滅と崩壊の、血と惨殺の夢で、平和の夢を見ることはなかった[5]」。

カバリストにとって、夢はまじめに受け取らねばならないものである。それは普段の情動を暴露するので、自分自身の隠された深みへと通じる確かな道筋を与えてくれる。「解釈されない夢は、解読されない手紙のようなものだ[6]」と『ゾーハル』が簡潔に述べている。我々は夢を、目覚めているときの生活とは関わりのないものとして、無視したり退けたりするのではなく、むしろ、夢と誠実に向き合うべきである。さらにいっそう強い調子で、『ゾーハル』はこう力説する。「思い出されない夢は、見なかったも同然であり、それゆえ、心から忘れ去られた夢は、決して満たされることがない[7]」。カバラー全体に響き渡っているのは、自分の夢のメッセージに細心の注意を払うべし、ということの教えである。

カバリストの見るところ、この課題をなし遂げるには確固たる技法が必要である。合理性と詩的豊かさが奇異なほど強力に混じり合っていることに一致して、彼らが常に主張してきたのは、一定の明確なルールに従って夢を解釈しなければならないということだ。こうした見解は犯されざるものと見られており、人によって異なるものではない。つまり、すべての人間の夢は、その人の身分にかかわらず、きまって同じ一定の方法で解読できるのである。このように、ユダヤの神秘の体系は、夢を、しばしば謎めいているもの、困惑させるもの、あるいは、我々の内にある高次の力に触発されたものとさえ見ながらも、本質的に理解不可能なものとは考えない。「すべての夢はその解釈に従う」と言われる。「［ヨセフは］問題の根本まで見抜いたので、どの夢にもことごとく辻褄の合うような適切な解釈を与えた」[8]。

夢解釈の鍵を握る要素は、夢のそれぞれ別の側面を理解することにある。古典的フロイト理論をみごとに先取りしたアプローチの中でカバラーがほのめかすのは、眠っている間、我々の心が象徴によって働くということである。『ゾーハル』のような書物は、夢の中での主要な象徴の力として性を何より重視するフロイトとは見解を異にするものの、夢の多くの特徴が実際、抽象的な思考や隠された感情を表わしていると語る。かくして、我々は次のように知らされる。「夢の教えによると、夢に現れる川は平和の予兆[9]であり、「tob［善］」という言葉が含まれる夢はすべて・・・その文字が正しい順に現れるならば、平和の予兆である[10]」と。さらに、『ゾーハル』が語るところによれば、夢に現れる色彩は「青を除いて[11]」すべて縁起がよいという。

この点でもまた、ユダヤの秘教の伝統は現代心理学を著しく先取りしている。というのは、色彩が実際に我々の最も深い情動と結びついていることが、今日の研究によって実証されてきているからである。きまって「色つきの夢」を見る人、言いかえると、そういう夢を覚えている人は（夢はもともとそういうものらしいので）、概して内面の世界との接触がより良好である。さらに、『ゾーハル』が鋭く伝えているように、暗い色彩は個人的な不幸の感情と関連がある。英語の一般的用法として、「ブルーマンデー」（憂鬱な月曜日）とか「ブルースを歌う」といった言い方はよく知られている。

カバラーがさらに説明するように、夢のすべての要素が正しく読み解かれると、夢の意味が明確になってくるものだ。夢はその解釈によって決まると考えられており、ひとたびその意味が理解されれば、変化に対応する足掛かりとして役に立つかもしれない。しかしカバリストは、夢を打ち明ける相手について細かな注意を与える。夢は決して些細な事柄ではないという見方に沿って、彼らが常に強調してきたのは、見た夢を誰にも語ってはいけないということだ。赤の他人やちょっとした話し相手は、夢の重要な意味を歪めたり、取り違えたりしがちである。伝えられた重要なメッセージを故意に軽視することさえあるかもしれない。たとえば、ある人が夢の中で、別の場所に移住した後とても幸せになるとする。現実のものとなるかもしれないこの移住に反対の知人は、「明らかに無意味な」そんな夢は無視するようにと、その人を説得するかもしれない。そのようなわけで、夢について聞いた人がその重要性を歪めるおそれがあるので、友人以外には自分の夢を明かしてはならないと、『ゾーハル』はきっぱり述べる。しかし、この洞察に富む書物は同じように、夢を胸に閉じ込めたままにしてはいけないとも強調する。「夢を見たときはそれを・・・友人たちに打ち明けるべきである[12]」と。もちろん、我々のほとんどは、ごく親しい人にさえ、そういった深い私的な感情を打ち明けたりしない。けれど、もしそのようにしたならば、お互いの距離を縮めて将来の誤解を防ぐのに役立つかもしれない。

　重要な内なる道として夢を重んじるカバラーの信念は、「夢断食」と呼ばれる習わしに反映されている。タルムードの時代にまで遡るこの古来の風習が求めるのは、不吉な夢を見た後に断食しながら自省することである。夢を見たその日に行なうようにと、はっきり指示されている。ごちそうを食べて楽しむ伝統的なユダヤの祭日、安息日にさえ、この興味深い風習をを守るようにと、ラビの指導者たちは勧めた。彼らの説明によると、不吉な夢は一つの戒めであって、天からの取消不能な宣告ではない。したがって、不穏な夢の原因に立ち向かう行動をただちに起こすことによって、その気がかりな夢をそもそも引き起こした内面の不均衡を正せるかもしれない。そして、断食と瞑想は、心の表面下にひそむ感情との調和を促すのにたいへん役立ちそうである。一般に、この興味深い風習では、夢を見た人が断食する日の最後には集団での儀式も執り行なわれる。その人のまわりに親友三人が集うのだ。こうして、友人に囲まれながら楽な気持ちで、当人は自分を勇気づけてくれる聖書の文句をいくつか暗誦する。おそらく、そうする中で、夢を見た人の意識の中にポジティブな自己像が植え付けられるのだろう。

十六世紀に、著明なカバリスト、ヨセフ・カロが、この魅惑的な魂の処方箋について具体的に論じている。安息日に断食が許される理由となるのはいかなる種類の夢かについて、過去のラビたちの見解を分類した彼は、次の三種類を認めた。トーラーの巻物が燃やされる夢、贖罪の日の祈祷を終えた夢、そして、自分の家の梁または自分の歯が抜ける夢、である。降霊術でトランス状態にあるとき、カロは自分のマギードからこう告げられた。「安息日には断食すべきでないという指図に、これらの例外を含めたのは正しい[13]」と。ひとこと付け加えると、それから三百年以上経って、フロイトが歯の抜ける夢を、身体の活力、特に性交能力が失われることへの恐怖を反映するものとして挙げたことは注目に値する！　フロイトが独自に論じてから百年近くの間、精神分析界ではこの種の夢がずっと去勢不安の典型例とされている。カロが言及したその他の種類の夢についても、それを解釈するのは同様に難しいことではない。ユダヤ教において贖罪の日は、人々が自分の行なった悪事や、実行すべきでありながらしなかった行為について許しを請う日である。この宗教的祭日の夢を見るのは、おそらく何かについての深い罪悪感をほのめかしているのだろうと、カバリストたちは疑う余地もなく考えた。また、自分の所有物（物質的なもの、もしくはトーラーという形をとった精神的なもの）が損なわれる夢も同じく、解決を要する内面の情動的葛藤を暗示している。

それゆえ、カバラーは我々に病、死、あるいは破壊の夢をきわめて真剣に受け止めるようにと忠告する。「人は［理由］なく夢で警告を受けないことにも気をつけよ。わざわいなるかな、警告夢を見ざる者」[14]と『ゾーハル』は明言している。注目せずにいられないのは、現代の健康に関する研究者たちが、このカバラーの洞察にまさしく文字通りの意味を見出し始めていることである。一部の研究者は、夢が実際に内なる身体的健康とその欠如を、病気が臨床的に明らかになる何か月も、さらには何年も前に、知らせてくれることがあるのを発見してきた。パトリシア・ガーフィールド博士が『エクスタシーへの道』（Garfield, 1979）で報告しているように、ソビエト*の科学者たちは、患者の見た夢をもとに、やがて現れるであろう病を高い精度で予測できるようになってきている。レニングラード**研究所では、たとえば腹に傷を負う夢は、肝臓か腎臓の病気をほのめかしている可能性のあることがわかってきた。本人が体のその部位の痛みや障害をはっきりと意識する前に、である。米国の研究者たちもやはり、ガン患者たちがしばしば、迫り来る病についての「警告」夢を見てきていることを発見しつつある。しかも重要なことにも、ときには、この由々しい病の診断が

＊訳注　今日のロシア
＊＊訳注　今日のセント・ペテルブルグ

実際に下されるずっと前にである。このような実例から、どんな夢も真剣に受け止めるべきであり、そのようにすれば、それだけ、たぶんもっと健康になれるだろうというカバラーの見解の妥当性が容易に示される。

夢に関してカバラーが教えるもう一つの興味深い実践は、日常生活のための導きを夢から積極的に得ようとするものだ。この意識変容のテクニックは、いくつかの手順を踏んで行なわれる。もしかすると、あなたは最近体の不調を感じていて、もっと健康になりたいと思っているかもしれない。あるいはことによると、現在の仕事を続けるべきかどうか、確信が持てなくなっているかもしれない。そのようなときは、夜、床に就く前に、できるだけ具体的かつ簡潔な言葉で、自分の問題を書き留める。それから数分間瞑想し、さらに、精神の集中を促すために、詠唱したり、一定の儀式を行なったり、ヘブライ語アルファベットの文字を並べ替えたりといったことをする。これらの方法もまた、このアプローチとの関連で、きまってカバリストが勧めるものである。

それに引き続いて、夢の源泉に自分のジレンマの答えを求める。十二世紀から伝えられてきた一つの決まり文句は次の通りである。

偉大にして、強力で、畏れ多き神の御名にかけて懇願いたします。今宵、私のもとを訪れて、夢、幻視、聖書の一節の暗示、〔自動〕発話・・・〔自動〕筆記のいずれによってであれ、私の質問と要請に答えてくださいますように。[15]

この興味深い方法は、いくつかの異なる霊的修行において高く評価されている。霊感が授かる夢を見るために眠りに就くこの方法は、「夢籠り」と呼ばれ、古代ギリシャやアメリカ先住部族によって重んじられてきた。『人間性心理学ジャーナル』の一九七六年秋号に掲載された、「夢籠り」と題する刺激的な論文の中で、ヘンリー・リード博士が論じているのは、この技法が心理療法のきわめて効果的な道具になりうるということである。彼はまた、数人で一緒に行なう夢籠りの儀式が引き金となって、テレパシーのような超常的な夢が見られるとも報告している。今日、このエクササイズが、一見こうした儀式とは無関係に、様々な心理学者によって再現されてきているようだが、彼らはカバラーがずっと昔からそれに精通していたことにまだ気づいていない。筆者もまた、この自然治癒の仕掛けを実践してきた他の人々と同様に、最も効きめがあるのは、疲れてふらふらのときよりもむしろ、入眠前の、少なくともいくぶん意識が清明なときであることに気づいてきた。ふつうは、それから数日のうちに、提示した問いに直接関連する夢が見られる。

夢に関するカバラーの思想の中で最も興味をそそられる側面はおそらく、夢が我々に超感覚的な情報を伝えてくれるかもしれないという信念であろう。そのような夢はかなりまれなので、いつも見られると思ってはいけない、とカバリストは主張する。それどころか、夢の圧倒的大多数は世俗的な思考や感情にたやすく帰することができるものだ、とカバリストは我々に忠告する。例えば、『ゾーハル』が繰り返し説明するように、「多少とも擬い物が混じり込んでいない夢などない。真実と虚偽がまぜこぜになっているのが夢なのだ」(16)。十八世紀に、ラビ・モシェ・ハイム・ルザットがやはり、無関係な情報の含まれていない夢を見るのは不可能であると述べている。ということは、夢の神秘の力を決定づける大きな要因は、目覚めているときの日常的な心の状態なのだ。心の内面が平穏であればあるほど、そして、つまらない空想や落ち着かない不安で眠りが乱されることが少なければ少ないほど、「高次の」知識が授かる夢を見る能力が増す。そのような非常に高い状態では霊能が現れてくると言われる。

カバリストにとっては、夢こそ、最も身近でどこにでもある超常的智恵の源泉である。『ゾーハル』が簡潔に述べているように、「夢は幻視よりも明確なので、幻視ではっきりしない点を説明してくれるかもしれない」[17]。ラビ・ルザットが、それ以前のユダヤの神秘家たちの言をそのまま繰り返しながら言明したのは、夢が預言に至る道だということである。カバラーが教えるところによると、睡眠中、我々の心は、内なる創造性の源泉に対する受容性が格段に高まっている。意識的な思考の流れが遮断されており、それゆえ、神からの霊感が入りこむ余地ができている。ただし、日々の心配事や欲望に心を奪われることなく、むしろ、それを受容できるほどに心が開かれていればの話だが。実際、一八〇〇年頃に、ヴィルナのエリヤ・ガオンが弟子たちに対し、睡眠の唯一の存在目的は、夢という伝達手段を通して宇宙の神秘を伝えることにある、と教えている。

今この時代に、夢に関するカバラーの見解の、より奇抜なこうした側面さえもが、心の革新的な探求者たちによって確証され始めている。フロイト自身、夢での超感覚的知覚と思われる様々な事例に非常に興味を惹かれ、一九三〇年代に「人々は元来、テレパシーによって互いに理解し合っていたのかもしれない[18]」と述べている。より最近では、何人かの精神分析学者たちが同様に、精神分析を受けている患者たちの夢の中で、そのようなコミュニケーションが生じている証拠を報告してきた。彼らの研究から明らかになっているのは、患者とそのセラピストとの間での心霊的な夢は決して珍しくないということである。実際、カール・ユングは、師であるフロイトよりもさらに強くこの現象に興味を抱き、テレパシー、予知、および千里眼を伴う夢について詳細に記している。

一九七〇年代に、ニューヨークにあるマイモニデース・メディカル・センターのマイモニデース夢研究所を拠点にして、夢に備わっている可能性のある超常的性質について、徹底的な調査が行なわれた。数年にわたって実施された一連の多くの実験から、この問題についての説得力あるデータが得られた。『コミュニケーション・ジャーナル』の一九七五年冬号に掲載された論文、「夢およびその他の変性意識状態」の中で、スタンリー・クリップナー博士は、別々の十二の研究結果を検討し、「テレパシーや夢は実験室環境において実証できる[19]」と結んでいる。マイモニデース夢研究所の彼の同僚、モンタギュー・ウルマン博士が、同誌の中で結論として述べているのは、我々の夢が時として「本来ならば知る術のない、空間的に隔たった場所で[20]」起きている出来事に関する情報を引き寄せ、組み込むことができるらしい、ということである。そして、それ以上に注目されることとして、「夢は、まだ起きていない出来事の場合のような、時間的な隔たりのある情報を集めるようだ[21]」と彼は記している。しかし、今のところまだ、そのような先見の明ある研究者たちも、どんな人にこうした尋常ならぬ能力が現れるのかを予測できていない。というのも、我々全員が同じようにそうした能力を持っているとは思われないからだ。

しかしこの点でもまた、今日の我々の問いに対してカバラーが直接的な意味をもってくるかもしれない。ユダヤの秘教の伝統は、夢における超感覚的知覚と心の具合（とりわけ、内面の充足感、平静かつ明晰な頭脳、他者への思いやり）とを結びつけて考える。どんなに預言的な夢に注目するにせよ、どんなにありふれた夢にせよ、カバリストは常にこの体験領域を、理解の有力な源泉と見なしてきた。『ゾーハル』が実にうまく述べているように、「夜間には、あらゆるものが本来の根源や源泉に戻る」[22]のである。

次の節では、自己成長へと向かうもう一つの重要なカバラーの道、すなわち音楽の道について検討するつもりである。夢と同様に、この内なる道に入るのに求められるのはただ、体験を進んで受け入れる気持ちと率直さのみである。

歌の翼に乗って

我々は音の海の中で生活している。しかし、ほとんどの者が、現代社会でのしつけや教育によって、自分に対する音の影響力を無視するように仕向けられてきた。環境中に音があふれていても、慣れっこで当たり前と思うか、さもなければ全く耳を閉ざしてしまう。しかし、心理学者をはじめとする研究者たちは、我々のすべてが周囲の音響からどれほど強い影響を受けているかに、だんだんと気づくようになってきた。最近の研究から明らかになっているのは、母親の胎内から生まれ出る前にもう、我々が鋭敏な感受性で音に反応しているということだ。良かれ悪しかれ、数えきれないほどの多くの道筋で、音が我々の人格や気分を形成しているのである。実際、あらゆる業界が、スーパーマーケットや銀行、空港やエレベーター、オフィスビルやレストランで、耳に優しく、うわべでは心を落ちつかせる音楽の繭を提供するようになってきた。

しかし、音響効果に対する科学的関心の高まりは、決して今に始まったことではない。古代人は、音がしばしば微妙なやり方で我々の行動を形成することに鋭く注意を払っていた。遠い過去のほぼすべての文化において、日常的な心の状態を変える手段としての音楽の効能が、少なくともある程度は信じられていた。アメリカ・インディアンは定期的に、音楽を伴う癒しの儀式を行なっていたようである。ギリシア人のうち、アリストテレスとプラトンの両方が、ある種のメロディーに病気を治す力があると考えていた。ギリシア神話において、アポロンは医術の神であるとともに音楽の神でもあった。中国の偉大な哲学者、孔子は、歌の世界に深く精通している優れた人物にのみ、国を治める資格があると論じた。

カバリストやそのユダヤの先駆者たちにとって、音は信じがたいほどの強い霊力と見なされてきたものだった。何世紀もの間、こうした思想家たちが、音楽の魅惑的な神秘について興味をそそる見解を述べてきた。正しく理解して応用するならば、音響には、山を砕き、星をも粉々にし、我々をエクスタシーの絶頂へと運びゆく力があるとカバラーは我々に語る。

ほぼ四千年前の発祥のとき以来、ユダヤ教はメロディーに、宇宙についての通常の知覚を変容させる力があると考えてきた。聖書の預言者たちの時代には、竪琴奏者たちが特別な楽曲を演奏して、超感覚的パワーが活性化されると思われる精神状態を誘発したものだった。例えば、聖書にこう語られている。「今、楽を奏する者を連れてきなさい」とエリシャが言った。そして『楽を奏する者が演奏をすると、主の御手がエリシャに臨み、彼は言った。『主はこう言われる・・・』』[23]ということが起きたのだった。ダビデとサウルの物語では、癒しの力としての音楽の重要性も見てとれる。サウルは、初代のイスラエル王になったとき、パラノイアの混じった反復性の抑鬱発作に苦しんでいたようだ。付添の者たちがたいへん気遣って、こう進言した。「竪琴を上手に奏でる者を探させてください。・・・おそばで彼の奏でる竪琴が王様のご気分を良くするでしょう(24)」と。そこで、若きダビデが連れてこられて、サウル王の前で演奏すると、王はその後以前よりはずっと気分がよくなった。

メルカヴァーすなわち「戦車」のアプローチがユダヤの神秘家たちに好まれていた何世紀もの間、その瞑想体系の中で、音にとてつもなく重要な位置が与えられていた。達人たちが教えたのは、それぞれの音響には、我々の体に対する特別な効果があるということだ。それゆえ、彼らは複雑な視覚化のエクササイズを、様々な賛美歌や詠唱歌と結び付けた。通例、実践家たちは集中力を高めるために、頭をかがめて両膝の間に入れるといった特殊な体位もとった。また、繰り返しの多い賛美歌を暗誦することで、つまらない日々の思考や感情との関わりを取り払いやすくした。きまって一人でひそかに歌われるこれらの詠唱歌は、厳粛な気分やトランスに似た意識状態をもたらすように仕組まれていた。『ヘーハロート』（天の広間）の書の代表的な決まり文句は次の通りだった。

素晴らしき気高さと不思議な統治、
高揚の気高さと荘厳なる統治、
それが現れては、栄光の王座の前を通り過ぎてゆく、

一日三回、天の高みにて
天地創造のときから、褒むべきかな、今日に至るまで。[25]

これらヘブライの賛美歌が表現している信念（後のカバラーの発展の中心をなすもの）は、宇宙全体が天上の歌で活気づいているという考えだ。改宗者はまた、次のこの賛美歌を声に出して歌うようにも求められた。それは、神の玉座の前でまさしく天使たちによって歌われるものとして象徴的に描かれていた。この時代の他の詩的賛歌と同様に、声を出して朗誦するとさらに大きな力をもつ。

日々の賞賛と歌から
折々の歓喜と高揚から
そして敬虔なる人々の口から発される言葉から
そして身を捧げる人々の口から湧き出る旋律から
火の山と炎の丘とが
日々「集められ」て秘められ、やがて溢れ出す[26]

興味深いことに、この時代のユダヤの秘教の道に通じた人々が同じく主張したのは、音が危険な性質や破滅的な性質さえも秘めている恐れがあるということだ。大多数の者にとっては、物質界にしみ渡る天上の歌を聞かずにおく方がよいと、メルカヴァーの師たちは説明した。なぜなら、宇宙に響きわたる畏るべきハーモニーにさらされたら、我々はそれに耐えることができずに、たちまち破壊されてしまうと思われるからだ。そのようなわけで、セナケリブの軍隊の兵士たちがエルサレムの包囲を試みて失敗したという聖書の一節（列王記下一九の三五）について、ある五世紀のラビは、神に「彼らが耳を開かされ、神獣たちの歌が聞こえたので死んだのである」と論評を加えている。

一一七五年頃プロヴァンス地方に現れた『セーフェル・バーヒール』には、音がきわめて重要な創造の力であることについて触れた箇所が無数にある。この興味深い書物の無名の著者が言明しているのは、宇宙の神秘が七つの「声」を通して聡明な者に啓示されるということだ。これらの音響の一つひとつが、偉大にして秘められた宇宙の調和をいやおうなく感じさせるものとして描かれている。比喩的な表現で『バーヒール』はこう説明する。「王が白いローブをまとって従者たちの前に立たれる。たとえ遙か遠くにおられても、彼らにはやはりその声が聞こえる。王が語られるときにその喉が見えなくとも、その声は聞こえる」[27]。自然界の最奥の秘密はつかめぬままでも、通常は聞こえないこれらの音の意味を理解すれば、神秘のヴェールを次々と看破できる、と『セーフェル・バーヒール』はほのめかしている。

イベリア世界におけるユダヤの「黄金時代」には、当然イスラム教の影響のもとにだが、カバラーとスーフィズムの道がしばしば交わった。スーフィズムの信奉者たちは昔から、例えば三十分以上同じ音楽を詠唱して、内面の反応をつぶさに観察するといった方法で、肉体に対する音楽の効果を研究してきていた。かくして、十三世紀にアブラハム・アブラフィアが、超常的な精神状態に達するための、音を用いた特殊技法を編み出した。それはイスラム教やヒンドゥー教で用いられる技法に似たものだった。アブラフィアの最大の関心は、意識変容の道具としてヘブライ語アルファベットをいかに用いるかにあったが、やはり、音が我々に及ぼす力も鋭く認識していた。著書『閉ざされた庭』の中で彼は次のように述べている。

文字の組み合わせは、音楽を聴くことにたとえられると知るべし。・・・キノルとネヴェル［聖書にでてくる竪琴］の奏でる［音楽が］・・・それを証明してくれる。・・・［それは］振動を通して耳に甘美な感覚をもたらす。・・・音楽をおいては、これほどの喜びを生み出すのは不可能だが・・・文字についても同じことが言える。[28]

彼にとって音のハーモニーは、我々の心に明確な反応を引き起こすものだった。彼は音楽の意義やそれがもたらす効果について思索しただけでなく、特定の調べや母音を声に出す際の具体的なルールを定めた。生徒たちはきまって、ハタ・ヨーガに似た特定の種類の体位をとりながら、これらの音を発声したものだった。彼らの目標は、実際の霊能、特に予言の才を得ることにあった。これを成し遂げる重要な鍵の一つは、聖なる神の名を正しく繰り返して発音することであると教えた。「決して注意を集中せずに口に出してはならない。それらを聖別し、よく理解し、それから思索せよ」[29]とアブラフィアは弟子たちに忠告した。

アブラフィアの書物とほぼ同じ頃『ゾーハル』が現れて、音楽に関するユダヤの秘教の思想がしっかりと定着した。たちまち権威あるカバラーの書となった『ゾーハル』は随所で、音と、それが宇宙において持っている重要な意義について触れている。このテーマに関して『ゾーハル』が示す数々の考え方の中で、特に注目されるのは、まさに真の意味において、宇宙が創造の各側面の歌で燃え立っているというものである。より高尚な天上の被造物のみならず、恒星や惑星、木々や動物たちのすべてが、至上の存在の前で各自のメロディーを歌っていると言われる。この大いなるハーモニーのごくわずかな反響でさえ、聞き分けられるだけの資質をもつ者はいないに等しい。けれども、一意専心して瞑想し、善行を積むならば、一生のうちのいつか、少なくとも束の間のメロディーを聞き取れるだけの幸運に恵まれるかもしれないと『ゾーハル』は強調する。

この調べを完全に聞き取れる者は、モーセとヨシュア以外、この世に現れていないと『ゾーハル』は説明する。後者については、激しい闘いのさなかに太陽の旋律を聞いて、ひどく動揺したといわれている。それゆえに、「日よ、ギベオンにとどまれ・・・」つまり「歌うのを止めよ」と言ったのである。エリコの町に対するイスラエル人の戦いを描くときに、聖書が語っているのはもちろん、ヨシュアがどのように音の威力を武器として利用したかということだ。彼はイスラエルの軍勢に、この城壁の町を包囲して、「ラッパが絶えず鳴り響いている間」その周囲を七回行進するように指図した。そして、「民が角笛の音を聞いて、一斉に鬨の声をあげると、城壁が崩れ落ち(30)」たのである。興味深いことに、今日の科学者たちは、一点に集中させた音波が物体を破壊する力についで研究中であり、医学研究者たちは音波を、信じがたいほど高精度の「切断用」器具として利用し始めている。たぶん、多くの科学者からいつも吹き込まれるほどには、我々は進歩していないのだろう。

『ゾーハル』に示されているもう一つの卓越した思想は、単なる言語による説明では無理でも歌ならば、宇宙の深遠なる秘密を表現できるかもしれないというものだ。創造物の多くが、人間の語彙で表現できる限界を完全に超えているとカバラーは我々に語る。言葉の畏るべき力を信じながらも、カバラーの思想家たちは、その本質的な限界をしっかりと認識してきた。そのようなわけで、秘教の知識を伝える高尚な歌が、宇宙に響き渡ることを語る中で、『ゾーハル』は次のように述べている。「そのような歌を聞き取るに値する者は幸いである。なぜならば、我々が知りかつ教えられてきたように、この歌を理解するに値すると思われる者は、教義に熟達し、今までと今後とを見分ける才智を獲得するからである(31)」。

『ゾーハル』が続けて言うことには、ダビデはこの秘められた歌に十分に気づいていたおかげで、未来の出来事をほのめかす霊感あふれる賛美歌を数多く作曲することができた。しかし、ソロモンは「その歌について、さらに卓越した知識を授かっており、」それゆえ、さらにいっそう深遠な領域まで洞察することができた。ソロモンの『雅歌』には「あらゆる・・・智恵の極意、力を秘めた歌が収められている(32)」と言われる。それどころか、カバラーの伝統において、一見美しい恋愛詩にすぎない『雅歌』は、実は、これまでに記された神秘的洞察の中で最も重要なものの一つなのである。この作品を解釈するには、絶えざる努力と辛抱強さが必要と思われる。それ以前のユダヤの秘教の書と同じく『ゾーハル』も、天上の旋律に心を開くときは、壊滅的な影響を受けることのないように、あくまでも少しずつ行なうようにと強調する。

十五世紀に、カバリストのイツハク・アラマが『イツハクの本』という論文の中で、音響の宇宙的バランスと我々人間との関係について具体的に論じている。我々一人ひとりが日々の行動を通じて、全体のハーモニーに根本的な影響を及ぼしていると彼は主張する。ほんの些細なことのように思われる行動や、さらには想念でさえ、我々を取り巻く世界の調和に寄与もすれば、不協和音の原因にもなる。精神的にも肉体的にも正しく「チューニング」されたときに、存在のあらゆる和音がぴったりと合うのだと彼は説明する。この魅惑的な見解は、チベット仏教のような他の宗教体系にも見られる。

十六世紀前半までの間ずっと、音楽に関するカバラーの信念は、規範的なユダヤ教から隠されていた。秘教の伝統の実践者たちは、ふつう小さな集団でひっそりと瞑想を行なったり、賛美歌を歌ったりしていた。たいていの場合、ユダヤの同胞に影響を及ぼすことがほとんどなく、多くの人々はカバラーの存在さえほとんど知らなかった。ところが、ユダヤ人が一四九二年にスペインから追放されてから後の数十年間に、ユダヤの神秘主義の支流が全盛期を迎え、音響に関するカバラーの考え方が次第に影響力を増すようになった。十六世紀のパレスチナで異彩を放った霊的思想家イツハク・ルーリアは、音楽を、高次の意識領域へと我々を連れてゆく最強の手段の一つと見なした。さらに彼は、適切な方法で音楽に集中すれば、ユダヤ民族が現世での地位を積極的に取り戻し、同時に、シェヒナー（神の女性的側面）の追放を終えることができると主張した。弟子たちに対して、夢や憧れを音楽で表現するようにと奨励しただけでなく、自ら様々な歌の作曲も行なった。

安息日の晩にはいつも、ルーリアとその改宗者たちが行列をなして、長く垂れる白いローブに身を包み、大空のもとで神聖な儀式を行なった。詩篇を歌い、楽器を演奏し、儀式の最後を必ず『レハー・ドディ』（来たれ、愛しき者よ）で締めくくった。これは、現前していると思われるシェヒナーに挨拶する目的で歌われた曲で、今でも典礼で歌われている。ソロモン・アルカベッによって書かれたこの歌をルーリアが好んだのは、気分が高められるからであり、また、師の大胆な思想が詩的に表現されているからだった。ルーリア自身が作曲した歌はアラム語で書かれており、やはり今日まで失われずに残っている。

サフェド・グループの最も重要な作曲家の一人にイスラエル・モーセス・ナジャラ（一五四二―一六一九）がいる。パレスチナとシリアで暮らし、一五八七年に『イスラエルの歌』を出版した。たぶん、このような作品としては東洋で印刷された始めてのものだろう。詩に譜をつけるにあたっては、独自にメロディーを作曲したり、アラブ、トルコ、ギリシャ、スペインの歌を自由に編曲して用いたりした。きまって、ヘブライ語の歌詞や伝統的なユダヤの歌唱形式に合うようにメロディーを書き直していた。歌に対するこのような開かれた姿勢は当時のカバリストたちからたいへん好まれたが、これは、さまざまなポップ・ミュージック（ロック、ジャズ、フォークソングなど）からメロディーを取り入れて、瞑想やヒーリング音楽に組み入れる現在のやり方と比較されよう。

舞踏への誘い

ほどなく、ナジャラの異色の楽曲や、サフェドに暮らすその仲間たちの作品が、ユダヤ世界全体に伝えられた。彼らの音楽はたちまちシナゴーグでの儀式に組み入れられ、ユダヤ民族にまた新たな熱情をもたらした。とはいえ、大勢のユダヤ人から見て、歌と踊りを本当に主要な霊的地位へと高めたのは、明らかに、その二百年近く後に現れたハシディームだった。古典的カバラーの他の多くの側面がそうであるように、ハシディズムの創始者たちの助力があってこそ、こうした魅力あふれるカバラー体系の特徴が社会に浸透し、一般庶民にとって近づきやすいものになったのだ。事実、ハシディズムの開祖であるバアル・シェーム・トーヴ自身が、音楽を、身分や正規教育の程度に関係なく、だれもが宇宙の輝きを体験できる、最も直接的な道の一つとみなしていたと言われている。自らの使命の全く最初から、ベシュトとその弟子たちは、音楽の情動面への影響力を最大限に重視していた。

ハシディズムの師たちの考えでは、地上に生きる人間のだれもが、高次の意識状態への道をひらく独自の歌をもっている。「どの魂も歌によってでなければ、高められて、切り離される以前の根源へと戻ってゆくことができない[33]」と、ラビ・ドウ・ベール・ルバヴィッチが、興味深い著書『エクスタシーに関する小冊』の中で述べている。一八一五年頃にルバヴィッチ派の創始者の孫によって書かれたこの書物には、心身に影響を及ぼす力としてのメロディーについて具体的に触れた箇所がある。その中でラビ・ドヴ・ベールが説明しているのは、聖書に登場する指導者すべての中で、モーセだけが、あらゆる魂をその可能性いっぱいまで目覚めさせる秘密の歌を知っていたということだ。真の魂の師ツァディークは、それゆえ、音楽とその効果に深く精通している。さらに、このルバヴィッチ派の指導者が述べていることだが、我々一人ひとりには実際に、一定の、存在の「歌」があり、まさに、それによって自分の最奥の自己が創造され、定義されるのだ。この点でもまた、魂の達人はこれらの調べを聞きとれるので、弟子たちがその可能性いっぱいまで成長してゆくのを助けることができる。

　初期ハシディズムの師たちが特に重んじたのは、音楽特有の、自然にわきおこる性質である。そこに我々の心を変容させる独特の力があることを、彼らは認めていた。素晴らしいメロディーを聞けば、退屈、無気力、あるいは憂鬱な気分をたちまちのうちに吹き飛ばすことができるという。精神の高揚を最大限に促すような音楽は、通常の世界認識を超えたところまで我々を運んでゆくことさえできる、と彼らは述べている。非常に重要なことだが、そのような場合に、我々は地上に生きることの意義について真の認識を取り戻せるのである。ラビ・ドヴ・ベールは次のように語る。「何よりもまず必要なのは、メロディーによって誘発されるエクスタシーの性質を理解することだ。これは自然にわきおこるエクスタシーに分類される・・・そこにはいかなる選択も知的な意図も一切ない[34]」。これほど深く歌に心を揺さぶられる我々の能力に驚嘆しつつ、彼はこう付言する。「自意識が完全に失われ[35]」、それゆえ、日常の些末な心配事から解放されるのだ、と。

　理性のみでは平和や全体性を得られないという信念に沿って、ハシディズムの師たちは、歌と踊りを、神的なるものの認識に至る重要な道と考えた。学問のみで、宇宙についての理解が得られるという考えをはねつけたのである。人生の特定の側面においては、おそらく非言語的な手段でしか、内なる完全性に到達できないだろうと主張した。

　きまって語られるハシディズムの寓話にこんな話がある。偉大なハシディズムの師の一人が、聴衆の中に講話の意味を明らかに理解していない老人がいることに気づいた。彼はその老人をそばに呼んでこう言った。「私の言葉の意味がよくおわかりにならないようですね。このメロディーをお聴きなさい。私の言っていることがわかるようになりますよ」。それからすぐ、ハシディズムの師は歌詞のないメロディーを歌った。それに魅了された老人はゆっくりとこう答えた。「もう、あなたが教えようとなさっていることがわかります。神様への強いあこがれを感じています」。この話に登場する師は、有名なルバヴィッチ派の創始者、リアディのラビ・シュヌール・ザルマーンだった。この出来事があってから、彼は自分の行なう講話に必ず音楽を組み入れるようになった。歌詞のまったく付いていない歌だったが。

ハシディズムの説話にもう一つ、こんな話がある。ある師が近くの町を通りかかった。智恵に優れた者、とのうわさを聞いたその町の年寄りたちが、彼に挨拶しにやってきて、数多くの個人的な悩みを相談した。このハシディズム指導者はじっくりと耳を傾けていたが、一言も語らなかった。そこで、年寄りたちは、シナゴーグで集会を開き、そこに彼を招いて話をしてもらうことに決めた。たぶん彼らは、そのような神聖な雰囲気の場でならば、もっといろいろ答えてくれるはずだと期待したのだろう。その篤信家は招きに応じてシナゴーグを訪れ、段を昇って演壇に立った。そしてこう言った。「説教をしたり、みなさんの悩みにお答えするよりも、歌を一曲うたいましょう」。一同、しんとなった。ツァディークが自作の曲を歌うと、だれもが急に、それぞれ自分の問題を解決する力が湧いてくるのを感じたという。

実際、ハシディズム創始者たちのほぼ全員が、人生における癒しの力としての音楽の威力について自ら説いたことを、熱心に実践した。彼らの多くが音楽的才能に恵まれており、会衆のために歌を作曲した。そのような人物に、リアディのラビ・シュヌール・ザルマーン、ブラッラフのラビ・ナフマン、ベリチェフのラビ・レヴィ・イツハクなどがいる。どの歌も、完全に独自のスタイルをもっており、そこに、その作者特有の形而上学的な見方が非言語的に表現されている。たとえば、ラビ・ナフマンの作品はどちらかというと情緒的で感傷的で、ラビ・シュヌール・ザルマーンのはもっと静かで瞑想的である。自分では作曲できない指導者たちは、レッベの気分を正確にくみ取ってくれる楽人に作曲してもらっていた。

しかし、ハシディズムの最盛期に一貫してその中心をなしていたのは、歌詞を伴わないメロディーにこそ最も大きな影響力があるという確固たる信念である。このようなメロディーはニグニーンと呼ばれ、今日では数百曲を数えるが、それが体現しているのは、最も表現力豊かな音楽形態として、歌詞のない歌を重視する初期ハシディズムの考え方なのである。たとえば、ルバヴィッチ派の創始者が教えたのは、歌詞のあるメロディーには制約があり、限界があるということだ。歌詞が終わったところで、曲も終わらねばならない。しかし、歌詞のない歌ならば、いつまでも繰り返すことができるので、そのようにして、我々を霊的エクスタシーの極限まで高めることができる、と彼は明言した。「音楽には人を高めて、預言的な霊感を与える力がある」[36]とあるハシディズムの師は語っている。「歌によって、人は天上の門を開くことができるのだ。」[37]

十六世紀のカバリストたちと同様に、ハシディズムの創始者たちも、身のまわりで耳にする歌からの借用を全くいとわなかった。最高に素晴らしい曲の数々が、農民の歌や、軍隊行進曲、さらには恋愛をうたった当時の流行歌にさえ由来している。こうした様々なものを取り入れる姿勢を端的に語るこんな逸話がある。二人のハシディズムの師が道を歩いている途中、牧場で羊飼いが歌っているのをふと耳にした。魅惑的なメロディーだった。「この歌が無駄に消えてゆくのを、神様はお望みになるまい」。ハシディームの一人がそう言って、あとで会衆が歌えるような形にととのえた。通常、このような荒削りの民謡は、ハシディズムの生活様式に沿った特有の儀式にふさわしい形に書き直された。祝祭日にはほとんど必ず、また、毎週安息日の午餐でも、歌と踊りが特に重んじられた。

最近の研究者たちが、今日もなおハシディームに歌われているこれらの曲を分析することによって、ニグニーン*の際立った特徴のいくつかが明らかになってきた。明確な音楽的構造のあることがわかってきたのである。一九七四年にイスラエルの音楽雑誌『ユヴァル』に発表された「ハシディズムのダンス・ニグーン」という論文の中で、エルサレムのヤアコヴ・マゾルとアンドレ・ハジュが次のように述べている。「音楽的感受性の鋭いハシードは、ニグーンに表現された有機的統一という概念に気づいており、自分の感覚と推論能力の両方でそれを理解している(38)」。さらに、歌全体を通して各パートが、神に近づく独特の方法に対応しており、同時に、ある特定の気分をも表現している、とのことである。

興味をそそられるのは、歌詞のないメロディーやそれが心に及ぼす不思議な力を重視するハシディズムの態度が、他の霊的伝統の場合と非常によく似ていることである。大昔のヒンドゥー教徒

＊訳注　「ニグーン」の複数形。

もこれと同じ見方をしたようだ。現代のヒンドゥーの詩人、タゴールがこう述べている。「ヒンドゥスタンの古典的な表現様式では、言葉に重要性はなく、メロディーが独自に訴えかけるのに任せている(39)」。

初期ハシディズムの指導者たちは、通常の心の枠組みから喜びの領域へと踏み出す手段として、活発な身体運動をも重んじていた。バアル・シェーム・トーヴの祈りは非常に力強く、体の各部位が同時にあらゆる方向に震えるほどだったと言われる。彼の直弟子の何人かは自らの弟子たちに、何と、宙返りしながら祈るように勧めた。驚いたことに、同じ頃、「シェーカー派」と呼ばれる教派がイングランドに起こり、その後、米国で盛んになった。このシェーカー教徒は、体を折り曲げて頭と両足を重ね、輪のように転がるという独特の回転運動を実践していた。ハシディズムの教えとまったく同様に、そのような身体活動を行なうことによって神との合一に近づけると教えていたのだ。ベシュト自らが次のように語ったと言われている。「喜びと欲望を経ずして子を授かることなどあり得ないが、それと全く同じことが学問や祈祷についても言える。歓喜と悦楽をもって行なってこそ、そこから何かが生まれるのだ(40)」。しかし、結局、激しくリズミカルに体を揺すりながら祈祷や瞑想を行なうハシディズムのスタイルは影をひそめていった。ラビの中の痛烈な反対者、ミトナゲディームの怒りを和らげるためだった。

しかし、ハシディズムの創始者たちが当初、人に変容をもたらす踊りの効果を重視していたことは、現在も伝統の一部に残っている。祭典のときは今でも、歌と踊りが盛大に繰り広げられる。『東西ジャーナル』の一九七四年十月号に掲載された、「音楽、わがハシディズムの冒険」と題する興味深い論文の中で、ジョセフ・ハレリが、ニューヨーク市にあるルバヴィッチ派の大集会場で行なわれた祝祭を観察したときの強烈な体験を描いている。

彼［レッベ］が微笑んで、それから歌い始めた。・・・初めはゆっくりしたテンポで、歌詞のないメロディーを歌った。強烈な感情を損なうだけの歌詞は不要なのだ。・・・少しずつ、歌も体の揺れもスピードを上げ始めた。最初はごくわずかに、だがやがて加速度的に速度を増してゆき、その間ずっと、聴衆は彼とぴったり同期をとっていた。いつの間にか、同じメロディーの同じ歌が、大いなる歓喜とエクスタシーの叫びとなり、私も他のみんなと一緒に跳ねたり体を震わせたりしていた。・・・レッベの顔つきがすっかり変わって、満面が精気で輝いていた。彼は宇宙のあらゆるエクスタシーを呼びさましているところだった。私はまるで、セイレンの歌を聞いているユリシーズのような気持ちだった。

あの瞬間に、勉学だの、日々の稼ぎだの、死だのといったことを気にかけた者がいるだろうか。重要なのは歌であり、エクスタシーこそがすべてだった。(41)

今日、癒しの専門家たちによって、人間に対するこのような音楽特有の力が次第に認識されつつある。この二十五年ほどの間に音楽療法の分野が驚くほど大きな成長を遂げた。心身をともに癒してくれる音の効果がますます明らかになりつつある。とりわけ、自閉症のような神経疾患など、重度の障害をもつ子どもたちに対し、音楽は学習とリハビリテーションのためのきわめて有効な道具となることが証明されている。口頭や文字でのコミュニケーションには反応しないのに、音楽にならば応答する子もいる。耳から入ってくる音響の何かが、どういうわけか、彼らの中にある、人間的な温かさや人間関係への欲望を呼び覚ますのだ。あるセラピストが述べているように、「子どもたちは、言葉を受けつけないかもしれないが、音楽に耳を傾けることをいとわない[42]」。

日常の意識に影響を及ぼす音楽の力についても、同様に、現代の研究者たちによって確証がなされつつある。世界中のあちこちで、音楽家とセラピストが、抑鬱と闘い、なおかつ自分や宇宙についての認識そのものを変える強力な手段として、音を利用している。『音楽療法ジャーナル』の一九七二年夏号に掲載された興味深い論文の中で、ヘレン・L・ボニーとウォルター・パーンクが「サイケデリック（LSD）心理療法における音楽の利用」と題して、アルコール依存症、薬物嗜癖、および末期ガンの患者のための医療プログラムに、どのように音響が組み込まれてきたかを述べている。そのような人々に対して、音楽は、鬱積した欲求不満や自己憐憫の感情の解放を促し、場合によっては、エイブラハム・マズローが呼ぶところの「絶頂体験」を引き起こしさえすることが明らかになってきた。高度にコントロールされた環境下において、特定の音楽の録音テープと気分を変える物質を組み合わせて用いた場合に、患者たちがしばしば、自己イメージやさらには人生全体についての態度が劇的に良い方向へと変化すると報告することにセラピストたちは気づいている。ある患者が次のように述べている。「宇宙のあらゆるものは一つのまとまりをなしていて、すべてがある種の高次の秩序のもとにおかれている、という感じを体験しました[43]」。

一九七五年に同ジャーナルに発表された、「音楽と意識」と題する補足論文の中で、ボニーは、そのような自己変容を引き起こす音の力について、さらに詳細に論じている。古典的なカバラーの方法と驚くほどよく似たテクニックを用いて、彼女が説明しているのは、瞑想における視覚イメージを音楽と一つにすることによって、心の健康を高めるとともに、新たな方向に向かって心の発達を促していくやり方である。スティーヴン・ハルパーン博士も同様に、著書『人間という楽器のチューニング』(Halpern, 1979) の中で、音楽を通じて最も高次の創造的衝動を刺激する具体的な方法について詳しく論じている。彼はこの目的に合わせた作品を作曲し、レコーディングしてきた。その他にも数多くの人々が現在、この魅惑的な試みに取り組んでいる。

ユダヤの神秘の伝統に行き渡っている考え方そのままに、政治家でアーチストのジャン・パデレフスキーが次のように述べている。「生命があるところには必ず音楽も生きている。地震による地盤隆起の中に、強大な惑星運動の中に、不変の原子の隠れた衝突の中に。あらゆる光の中に、目を眩ませたり和ませたりするあらゆる色彩の中に。動脈血の中に、あらゆる苦悩の中に、心を揺さぶるあらゆる高揚感の中に」(44)。

第七章　かなたの次元

「だれもがみな、他者一人一人とつながっており、別個の存在とみなされる人間など、一人もいない。」

ラビ・モシェ・ハイム・ルザット

「より深い知識を人間に伝えてくれる暗示には、上昇系列がある。その第一段階をなすのが夢、第二段階がビジョン、そして第三段階が預言である。」

『ゾーハル』

ユダヤの伝統は、数学、物理学、天文学といった分野で、西洋文化の偉大な人物たちを輩出してきたと、今日では一般に考えられている。しかし、そのカバラー的な側面は常に、超常的なものに対して強い関心を持ち続けてきた。ユダヤ教を単に、理性を重んじる宗教としか考えていない人々にとっては、全く思いがけない発見かもしれないが、何世紀も前からそれは、千里眼、テレパシー、霊媒能力、スピリチュアル・ヒーリング、預言といった、興味をそそる現象にも取り組んできたのである。

こうした問題やそれにまつわる問題に関心のある人々が現在、カバラーに見出しうるのは、こうした事柄を真剣に探究してきた長い尊ぶべき歴史である。ユダヤ教がこの魅惑的な領域に強い関心を払ってきたばかりでなく、その知的巨人たちの何人かがそれに相当な注意を向けてきた。実際、その時代の一流の学者たち、つまりヨセフ・カロやヴィルナのエリヤ・ガオンのような人々自身が、こうした領域に際立った才能を持つと言われていた。彼らは自分自身の超感覚的体験を、まさにユダヤ民族の始祖から代々受け継がれてきたものとみなしていた。

それゆえ、カバリストたちはきまって、聖書に登場する主要な人物には霊能があると考えてきた。『ゾーハル』のような書物には、彼らが、我々全員の内に眠っている非凡な力を目覚めさせるのに必要な、特別な知識を獲得している者として描かれている。こうした学識をカバラーは、ある世代の魂の師たちから次の世代の魂の師たちへと、ごく秘密のうちに伝えられるものと一般に見なしてきた。それゆえ、比喩を用いてこう語られる。「神は確かに、ある本をアダムに下された。そこから彼は卓越した智恵を得たのだ。それは後に、『神の息子たち』、つまりその世代の賢者たちの手に渡り、それを熟読する特権を得たものは誰でも、卓越した智恵を学ぶことができた[1]」。後に、『ゾーハル』が我々に教えるのは、この本の中にこそ、「より高次の神秘」に至るための何百もの鍵について説明する、秘密の文書があったということだ。

アダムに言及するほかに、『ゾーハル』は、この進んだ知識体系に触れることができた人物として、エノク、ノア、アブラハム、ヨセフ、モーセ、ヨシュア、ダビデ王、ソロモン王、預言者たちといった聖書の人物の名をはっきり挙げている。決して簡単なことではない、とカバラーは強調しているのだが、秘密を明らかにして、正しく理解すれば、その実践家は、ふだん我々の内に眠ってる幾多の力を行使できるようになるだろう。さらに、その人物の霊的な到達度が高くなればなるほど、才能を可能性いっぱいまで開花させる能力がそれだけ増すことになるというのだ。

それゆえ、ユダヤ民族の始祖であるアブラハムはきまって、様々なカバラーの書に、異彩を放つ霊能者として描かれてきた。彼の預言的な夢やビジョンは、日常生活の中の神秘に気づいて高められた意識から、直接生まれたものだと言われる。彼は、「人の住むあらゆる領域で」世界を導いてゆく高次の力のすべてを評価できたと『ゾーハル』は語る。さらに、「敬虔な行ないを積む生活によって自らを正した後、彼はついに神の智恵に参入し、自分をその聖なる師と合一させた」[2]。アブラハムはこのように、敬虔な生活を長年続けた直接の結果として、超感覚的な認識状態に到達したのだと言われる。

同様に、カバラーの秘教の伝統はダニエルやエゼキエルといった預言者たちを、長きにわたる霊的実践と献身によって千里眼や予知能力を得た者として描いている。すなわち、カバラーは、なお衝突の続くこの世界への霊感あふれるそのメッセージを、真の超常的ビジョンとみなしており、単に人間の条件を詩的に述べたものとは考えていない。カバラーが示すところによれば、聖書の預言者たちは、たとえ、本格的な霊能が現れる前に起きてくるプロセスに気づいていなくても、個々に一定の意識レベルにまで高められたときに、その力を獲得したというのだ。

こうした見方とも一致して、カバリストは預言的な意識領域を、誰でも望むことができ、しかも、おそらく到達できるものと考えてきた。それは、いにしえの時代に限られたことではないのだ。ただし、この点をカバラーは非常に重視してきたのだが、前もって厳密な努力を重ねて準備する必要がある。さらに、これを実践する者には、特定の心理的変化や、さらには肉体的変化さえ伴うと考えられてきた。ただ座して、未来に思いを馳せることとは全く異なると言われている。この考えを簡潔に説明して、十八世紀イタリアの詩人・神秘家であるラビ・モシェ・ハイム・ルザットは、「啓示が下るときは、［入門者の］諸感覚が機能しなくなり、意識がすっかり失われる[3]」と述べている。そのようなトランス状態に入ると、特定のビジョンがはっきり見えてくる、とラビ・ルザットが続けて語っている。そのような霊感を通じて、我々は人間の理性の領域の外にあることがらに気づけるようになるのである。「これらの中に未来の出来事や隠された［神秘］が含まれている[4]。」興味深いことに、この箇所でラビ・ルザットは、抽象的な言葉だけで語っているわけではない。彼自身、若い頃から霊媒者だったのだ。

一般に、カバリストは預言的状態（さまざまな超心理学的体験を言い表すときの彼らの用語）を、通常の心の状態とは根本的に異なるものと考えていた。実際、この変性意識状態は、日常の限られた世界認識とはほとんど相容れない、とカバリストは主張する。その目標は、仕事だの金だのといった、日々の世俗的な関心事を保留または棚上げして、より高次の自己に支配させることにある。それができると、通常の感覚経路が一時的に遮断されて、超感覚的能力が目覚めてくる、とカバリストは説明する。

さらに、これは我々にとって到達不可能な目標ではないと教えられる。むしろ、こうしたプロセスの展開は、人間に備わっている基本的な可能性と考えられている。実際、『ゾーハル』が穏やかに語るのは、エノクの時代には幼い子どもたちでさえ、こうした神秘の術をよく心得ていたということだ。しかし、我々には、辛抱強く一歩ずつ進んでゆく心構えが必要である。「［この状態に］到達するには、［人］それぞれの準備の整い具合に応じて、十分な指導を受ける必要がある。[5]」

ユダヤの神秘の伝統の中で、己の天賦の可能性を最もよく認識していたのはモーセだった。他のいかなる聖書の指導者や預言者にもまして、超感覚的な形の知識に完全に波長を合わせることができたと言われる。『ゾーハル』をはじめとする根本書は繰り返し、彼のことを、人間としての通常の精神的制約を超えようと努力した一種の超人として讃えている。いくつかの理由で、カバリストはモーセを、他のあらゆる聖書の人物から区別した。そうすることによって、これらの書物は同時に、超常体験全般に関するユダヤの秘教の信念をも照らしているのである。

たとえば、ラビ・ルザットによると、モーセは、すっかり目覚めている通常の意識状態のままで預言を体験できただけではなく、「自らの意志で・・・意のままに預言的ビジョンを起こす[6]」こともできたという。他の預言者たちは、その体験をしているとき、完全には覚醒していなかったし、また、常にそれを方向づけられるとは限らなかったと、このイタリア人カバリストは述べている。その何世紀も前に『ゾーハル』が、いつもの大胆かつ印象的なイメージを用いて、これと同じ見解を述べている。

モーセと他の預言者すべてとの間には、何段階もの開きがあった。彼らとモーセの関係は、猿と人間の関係にも等しかった。他の預言者たちが見たのは、薄暗い鏡の中のビジョンであり、それでさえ、思い切って見上げて凝視することも・・・明確な言葉でそのメッセージを伝えることもしなかった。モーセは恐れることなく頭を上げ、そして、他の預言者たちのように意識を失うことなく、天の栄光の輝きを凝視した。(7)

他の箇所で、『ゾーハル』が詩的に語っているところによると、モーセが清明な意識で預言の鏡を凝視していたのに対し、他の預言者たちはみな、曇った表面をのぞき込んでいたという。つまり、カバリストの目から見て、ビジョンの明晰さにおいても、深さにおいても、彼を凌駕する者はいなかったのだ。

現代心理学の言葉でいえば、モーセの心霊状態は、本人の日常的自我から何の干渉も受けずに生じているとみなされた。それに対し、他の人々の超常体験は、未来に対する本人の欲望や願望によって影響を受け、歪められることさえあった。ラビ・ルザットが次のように述べている。「モーセのビジョンのこうした性質ゆえに、彼の受け取った情報は明確で、しかも夥しい量だった。この点でもやはり、モーセは他のすべての人にまさっていた。(8)」

おもしろいことに、ごく単純で、およそ情動とは縁のなさそうな場面の記憶でさえも、本人の思考や感情に潤色されることに、今日の心理学者たちは気づいてきた。直接に目撃する出来事が複雑であればあるほど、事前の期待や信念に影響されて、ますます曖昧になってゆく。たとえば、第五章で触れたように、わずかに誤りのあるトランプカードを見せる実験をすると、大多数の人はその変化に気づきさえしない。もっと測定のむずかしい超心理学的体験の場合でもやはり、無意識の願望によって、どんな情報を受け取るかが決まってくると研究者たちは信じている。モーセについてのカバラーの説明は道理にかなっているようだ。なぜならば、聖書の指導者すべての中で、欠点や判断の誤りはあったにせよ、シナイ山の預言者だけが、自我の縛りから十分に解放されており、ビジョンが完全無欠のまま現れるのに任せることができたと言われるからだ。それゆえに彼は、預言を体験するために感覚を奪われたり、通常の意識を失ったりする必要がなかったのである。

現代ユダヤの心霊探究者たち

超常現象を体験することは可能だという信念とも一致して、記録に残されている時代になると、多くのユダヤの神秘家たちが仲間から霊能者として描かれたり、あるいは、意図的に超感覚的能力を養おうと試みたりしてきた。しかし、たいていの場合、彼らは自らの探究を、神的なるものとの和合を深めるという、もっと大きな目標に付随するものと見なしていた。たとえば、十三世紀のアブラハム・アブラフィアは、預言の才を獲得する方法について多数の手引を書いている。それは意識的に学ぶ必要があるが、多大な忍耐と修練も不可欠だと彼は信じていた。「祝福された記憶を持つ賢者たちを明晰かつ鋭敏な心で、研究せよ」と助言した。「天与の知性で、カバリストたちのわざを見詰めよ。・・・あなたが求めるとき、神はこれらを通じて答えてくださるだろう。[9]」第四章で見てきたとおり、日常の意識を変え、身体感覚を越える能力の発達を高める技法として、アブラフィアが特に勧めたのは、ヘブライ語アルファベットの並べ替えだった。先人たちと同様に、アブ

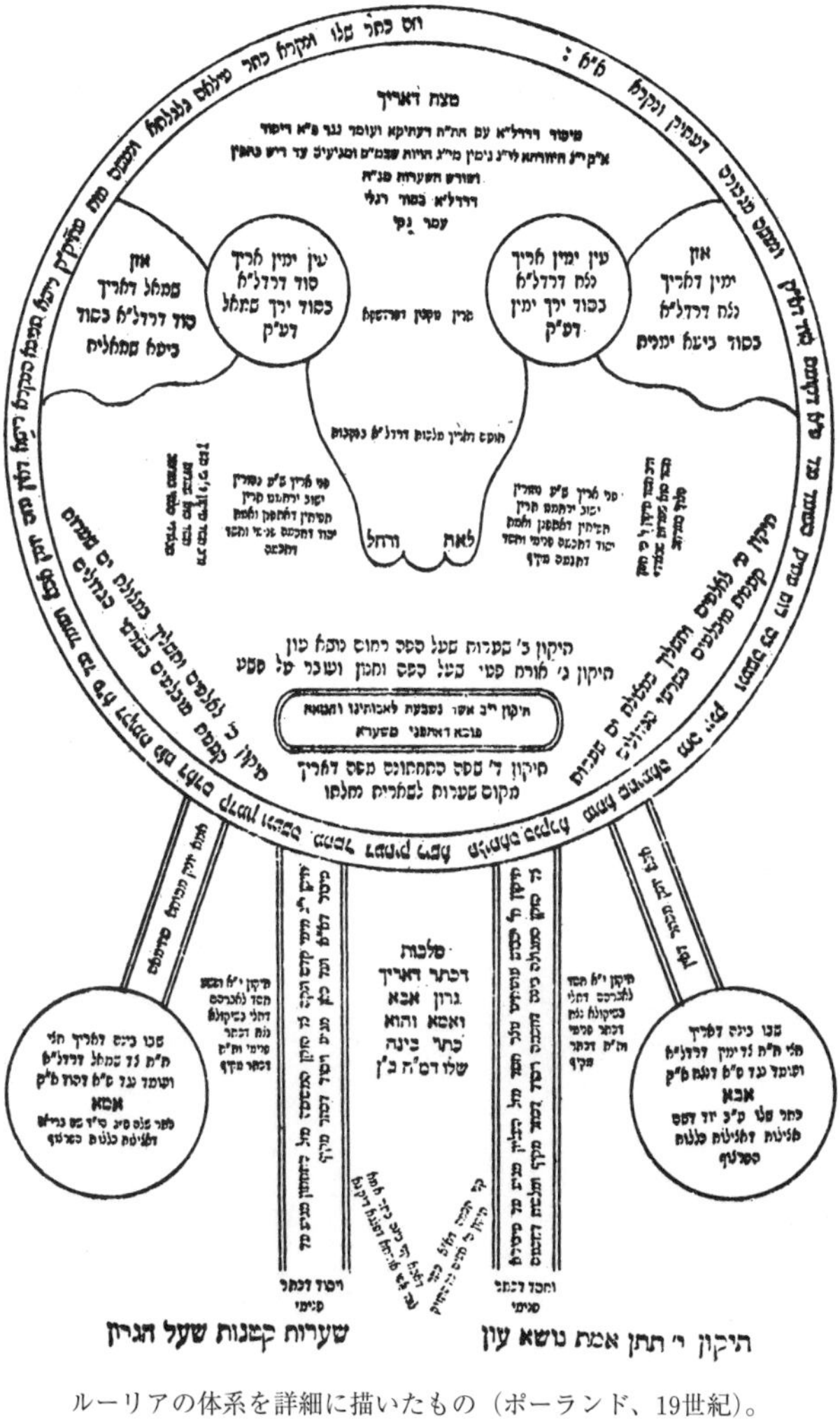

ルーリアの体系を詳細に描いたもの（ポーランド、19世紀）。

ラフィアもなかんずく、そのような才能は霊的献身いかんによると信じていた。「周知のとおり、預言を愛する者は、神を愛し、神に愛される」[10]とアブラフィアは述べた。そこには明確な関係があると、彼は感じていた。

十六世紀になると、パレスチナのサフェドのコミュニティに、超感覚的能力をもつことで名高い人物が何人か現れた。その中で最も有名なイツハク・ルーリアは、何世紀にもわたりユダヤ教の流れに影響を及ぼした。彼には千里眼、予知能力、さらに、周囲に漂う霊気を感じとることでその人の過去とされるものを「読む」能力があると、弟子たちは信じていた。彼の一番の書記であり弟子でもあったハイム・ヴィタルは、そのような現象に関するユダヤの伝統に魅せられただけでなく、様々な信仰をもつ霊媒、霊能者、ヒーラーたちにたびたび意見を仰ぎもした。ヘブライ大学のR・J・ツヴィ・ヴェルブロウスキ教授が、興味をひく著書『ラビ・神秘家のヨセフ・カロ』(Werblowsky, 1977)の中で述べているところによると、ヴィタルの「自叙的著作『セーフェル・ハ・ヘズヨーノート』の随所に、占い師、手相見、油占い師を訪ねた話が出てくる」[11]という。

著書の中で、ハイム・ヴィタルは、今日ならば超心理学と呼ばれるであろう領域に慎重な目を向けた。彼もまた、霊的に健全で、適切な準備や心構えができていれば、どんな人でも高次の能力を獲得しうると確信していた。通常とは異なる知の様態の様々な段階に対しては、きちんと方法に則った仕方で、すなわち、一歩一歩内面の発達に応じてアプローチすべきだと考えていた。このようにすれば、心身を荒廃させるやもしれぬ危険が降りかかるのを、たとえば、狂気に陥ったり、死に追いやられたりするのを、最小限に抑えることができる。先人たちと同様に彼も、通常に世界を体験しているあり方を変えようとする試みは、軽々しく行なうべきものではないと信じていた。ハイム・ヴィタルは、入門者が自己を認識している心的状態と、清明な意識が失われている心的状態をも区別していた。次のような的を射た指摘をしている。

預言には二種類ある。(a)トランスのような状態でなされる預言。・・・理性魂*に流れ込み、次に、動物魂に引き入れられ、そこで形を与えられて、内面の五感で経験されるものとなる。・・・この種の預言は「夢」と呼ばれるが、本当の夢ではなく、むしろ「トランス状態」といえる。(b)もう一つの預言は完璧なもので、その場合には感覚が圧倒されずに、光がその本来の形をとる。これこそがモーセの預言の本質である。[12]

さらに、このルーリアの有力な弟子によると、そのような高次の状態を最大限に体験する能力は、知性と肉体の両方の活力によって形成されるという。内面が健康であればあるほど、未来について大きな展望が開けてくる。それゆえ、ヴィタルのアプローチで象徴的に描かれる「生命の樹」を昇るためには、日々体力を鍛えるとともに、たゆみなく精神活動を続ける必要がある。「これで、預言のレベルが千差万別である理由がわかるだろう。その数は無限である」[13]と彼は説明した。この考

＊訳注　アリストテレス哲学の用語。「魂」は生物の生命原理を指し、「理性魂」、「動物魂」はそれぞれ人間と動物のそれを指す。他に「植物魂」がある。

え方とそっくり同じなのが、『ゾーハル』に示されている見解、すなわち、どこまで意識が高められるかは、結局のところすべて、日常的な心の状態の質にかかっているという見方である。習慣化している話し方、行動の仕方、心の持ち方がすべてを左右する、と『ゾーハル』は随所で語る。

ヴィタルは、日頃の活動がいかに重要かを強調するとともに、特に霊能を目覚めさせるための、一定の瞑想訓練を処方した。彼の編み出した技法は、想像力を働かせることによって、互いに作用し合う十のセフィロートを一つ一つ思い描くというやり方である。第四章で詳述したように、入門者は、セフィロートの体系を流れる聖なる光を高みへと上げることを学ぶ。そして達人は、逆のプロセスで、その光を引き戻して下ろす。そうしているうちに、人間の体内にあるエネルギー中枢が活性化されるのだと言われる。これを実践する際には、強い意志を働かせる必要がある。というのは「より高いレベルまで高められようとする欲望によってこそ・・・獲得されつつある知性に加え、獲得されるべき考えが影響力をふるう道筋が開かれるからである[14]」とハイム・ヴィタルは述べている。興味深いことに、ヨーガやチベット仏教のような他の霊的伝統も同様に、超常的能力への道として、心の目での視覚化を重視する。

サフェドのコミュニティの中で、超感覚的現象の領域を深く探究したもう一人の重要人物が、魅力溢れるヨセフ・カロである。当時最も強い影響力を揮っていたユダヤ律法学者で、現在に至るまでユダヤの律法に影響を及ぼし続けているカロは、五十年近くにわたって、たびたび霊媒状態を体験している。秘密の日記『マギード・メシャリーム』(これが彼のものであることは、もはや疑うまでもない)には、彼のマギード(彼自身や当時の人々から、彼の口を通して語っている独自の存在と思われていた人物）の言説が記されている。史料からうかがえることだが、カロは独りでいるときによく（日記に時たま、闖入者のせいでマギードの話が突然中断されたことが記されている）、自然に超常状態に入っていった。

カロに特徴的なのは、声が変化してすっかり異なる口調やリズムになったときに何が起きているのかを、いつも忘れずに覚えていたことだ。自分から意識的に何もしようとせずとも、風変わりだが筋道の通った話が口をついて出てくるのだった。ミシュナー（ユダヤの聖書の注釈書）の霊魂と名乗る、この第二の人格、すなわちマギードが、秘教の話題を幅広く、高次の意識の本質や霊魂の生まれ変わりについての分析から、実際の預言の表明に至るまで、語るのだった。

注目すべきことに、ヴェルブロウスキ教授がカロに関する本の中で述べている通り、これらの予言の一部は現実になった。その上、詳細な記録があるこの十六世紀の霊媒の事例には、今日研究がなされている同様の現象との間に、興味をそそる類似点が認められる。たとえば、二十世紀初頭に、ウィリアム・ジェームズが何年もかけてレノーラ・パイパー夫人の能力を調査し、彼女の才能の一部は正統派科学では説明がつかないと結論づけた。現在では、ジェーン・ロバーツが、広い層に受ける本（『セスは語る』『パーソナル・リアリティの本質』など数冊）を出版し、その中で、彼女の魂の導師、つまりマギードと名乗る者の口述筆記を行なっている。数十年前には、よく知られた霊能者、エドガー・ケイシーが同様の才能を見せた。そして今日、現代のこうした人物のリストは非常に長くなっている。この謎めいた現象の本質が究極的に何であれ、また、超心理学者たちが未だ確かな答えを出せずにいるにせよ、ヨセフ・カロの体験は、現在研究されているパターンと驚くほどよく一致する。

この才気煥発なタルムード学者は、自分のマギードの啓示を毎回体験直後に正確に思い出しただけでなく、数時間おいてそれを記録している。つまり、彼の日記の内容のほとんどは金曜日の夜に記載されている。書くという行為で神聖な安息日を汚すことのないよう、カロはその晩にメッセージを書き留めたのである。歴史上、これほど容易に、心の変性状態を同化できた霊媒はいない。実際、カロの衰えを知らぬ健康と肉体的スタミナ、そして八十七歳で没するまで翳りを見せなかった知的厳格さゆえに、彼の異例の心理学的体験は、今日の我々の関心を惹き付けずにはおかない。また、このラビがユダヤの律法に詳細かつ論理的な解釈を与えた素晴らしい業績の数々を考えると、そのような体験を安易に退けるわけにもいかない。

興味深いことに、カロのマギード自身が、この不可解な現象はどのように起こるのかについて説明をしている。日常の意識的な精神活動を一時停止させるのがうまくなればなるほど、その結果として、超感覚的な認識が入りうる水路はそれだけ容易に開かれるようになる。そして、その情報の正確さ自体はどうかというと、この複雑なプロセスがどれほど完全に行なわれるかにかかっているという。

「私があなたに教えることが完全には正しいと思えないことが時折あるならば」とマギードは語った。「あなたの心の中に妨げとなる迷いがあるのかもしれず、それが原因で、私の言葉「すなわち預言」が必ずしも現実にならなかったり・・・また、それが原因で、私が口ごもったり、あなたにすべてを啓示できなかったりもする。[15]」興味をそそることに、ジェーン・ロバーツの「セス」

という人格も同様にこう述べている。「この本の口述にあたっては、私は自分の現実の一部を投影したにすぎない。・・・操作しなければならなかったり、人間の心理にあわせたりしているところが多々ある。」[16]

ユダヤ教史家たちによって現在、ユダヤ教の秘教の伝統の至る所にマギード現象が認められるという証拠がますます見つかりつつある、たとえば、カロのマギードはサフェドのカバリスト仲間から特に畏れ敬われていたわけではなく、ハイム・ヴィタルのような同僚たちもどうやら、カロを可もなく不可もない霊媒としか見ていなかったようだ。ヴィタルは、そのような超常的コミュニケーションの質が霊媒自身の霊性と関連していると信じており、実際、カロ自身は、完璧に正確な預言を伝えてくれるもっと優れたマギードを望んでいたように思われる。

この点で彼が非常に高く評価していたのは、殉教したカバリスト、ソロモン・マルコだった。一五三二年の異端審問で火刑に処せられたマルコは、一五三〇年のテヴェレ川の氾濫や、一五三一年のリスボン大地震のような出来事を正確に予言していた。カロの仲間にもう一人ラビ・ヨセフ・タイタツァクがいるが、彼もやはり、自動書記を通して伝えられる霊能の持ち主だと評されていた。この二人は、ユダヤ教のカバラー的側面についても、主流派の側面についても、活発な文通を交わした。

十八世紀の主要なカバリストで、トランス霊媒状態をたびたび経験しているのがラビ・モシェ・ハイム・ルザットである。敬虔さに関する古典的な書『メシラト・イェシャリーム』(正義の道)で最もよく知られている彼は、一七三〇年代および一七四〇年代に秘教の心理学について数多くの論文を書いた。まだ若くて未婚のころでもすでに、イタリアで自分のまわりに弟子たちを集めていた。どうやら二十歳のときに超常体験が始まったらしい。一七二九年頃に、気心の知れた友人に宛てた手紙の中で、次のように報告している。

あるイッフード〔瞑想訓練〕を行なっていたとき、僕はトランス状態に落ちました。目が覚めると、次のように語る声が聞こえたのです。「私は、聖なる王の隠された秘密を啓示するために降りてきた。」しばらくの間、僕は震えながら立っていました。・・・けれど、その声は止むことなく喋り続けました。・・・翌日の同じ時刻に、独りで部屋にいるようにしたところ、また声が聞こえてきて、さらなる秘密を僕に告げました。ある日、彼は僕に、自分が天から送られたマギードであることを明かしたのです。(17)

初期のユダヤの神秘家たちと同じくラビ・ルザットも、そのような体験は、訓練を積んだ、心得のある指導者の助けなしに行なってはならないと強く警告した。おそらく、自らの体験に基づいて語っているのであろうが、『神の道』の中で、預言に備えんとする者はまず、それなりの様々な修行を積まねばならないと書いている。とりわけ重要なこととして強調しているのは、経験を積んだ預言者が、道に沿って一歩一歩手引きしてくれることである。この種の訓戒は、他の多くの霊的伝統でも、その中心をなすもののようである。この著明なイタリアの神秘家も、自分に特有のマギード現象について、簡潔だが興味深い説明を行なった。同じ手紙の中で、次のように述べている。

「身元不明の魂たちも姿を現しました。その一人一人が私に告げる新しい考えを書き留めます。これらはすべて、私が顔を地面につけてひれ伏し、夢の中でのように、人間の姿をした聖なる魂たちを見つめている間に起きることなのです[18]」。

ハシディームと超常現象

それから数十年後、超常現象に対するユダヤ人の関心が、東欧に起こった新しいハシディズム運動と密接に絡み合うようになった。その初期の指導者たちは、心霊世界それ自体を重視したわけではないが、神的なるものへの有効なアプローチの一つとして、不合理なものの重要性を強調した。タルムードの研究は本来、高次の意識への確かな道ではないとの信念から、広範囲にわたる超感覚的現象に対して寛容な態度をとった。実際、ハシディズムの創始者であるイスラエル・ベン・エリエゼルは、存命中、超常能力のほぼすべての面に才能を現し、奇跡を為す畏るべき人と見なされていた。バアル・シェーム・トーヴ（村や集落に何千という信徒をもつカリスマ的な魂の導師）として賞賛を浴びるようになる前にも、ヒーラーかつ千里眼の人として地元で知れわたっていた。彼の刺激的な人生にまつわる数知れぬ物語が、事実なのか、作り話なのか、今となってはもう区別するのは不可能に等しいが、いくつかの共通するテーマがこれらの物語を貫いて流れている。そこから、ある特定の霊能についてのカバラーの信念が浮かび上がってくる。

たとえば、いくつかの逸話では、バアル・シェーム・トーヴが、師の助けを求めている嘆願者と出会う。ベシュトと話しているうちに、あるいはその直後に、その人は自分の願っていた出来事が起きたことを知る。現代の言葉で言えば、このプロセスはサイコキネシスと呼ばれる現象と関連があり、念力によって物体を操作する能力といえる。また他のエピソードでは、このハシディズム創始者が、自分の出会う人々に降りかかる特定の出来事を正確に予測したと言われているが、これは予知能力を示すものである。また別の物語で語られるのは、バアル・シェーム・トーヴが初めて見る物の背景にある歴史をどれほど正確に言い当てることができたかということだが、これは超心理学者がサイコメトリーと呼ぶ現象である。

そのような逸話の一つにこんな話がある。ベシュトがある友人の家を訪ねるが、眠りにつくことができない。翌朝、戸惑う友人に尋ねられて、バアル・シェーム・トーヴはこう説明する。そのベッドを作った人は、深い悲しみに暮れながら作ったらしく、そのせいで、彼の感情すなわち「震え」が、いまだ消えやらぬ霊気として木を取り巻いていて、ベシュトを眠らせなかったのだ、と。この種の物語の興味深いところは、今日同じような霊能者が語る内容と非常によく似ている点である。近年、このタイプの直観力について、科学的研究が進められてきている。ローレンス・ルシャン博士が、著書『霊媒、神秘家、物理学者』(LeShan, 1974)の中で、まさにこの現象に詳細な注意を向けている。

ハシディズム運動が広がるにつれて、その指導的人物の多くにもやはり超常能力があると信じられるようになった。こうした輝かしい師に挙げられたのは、メジリッチのラビ・ドヴ・ベール(マギード)、リアディのラビ・シュヌール・ザルマーン(今日栄えているルバヴィッチ派の創始者)、ブラッラフのラビ・ナフマンなどである。彼らの師にまつわる伝説と同様に、彼らについての物語も、本当なのか潤色なのか、今日の我々が正確に見分けるのは容易でない。それでもやはり、こうした物語のいくつかは、この興味深い分野の最新の証拠資料と比べるのに役立つ。

たとえば、ある逸話によると、スピトフカのラビ・ヤコブ・サムソンが一七九一年のある日、突然ヴィジョンを見た。シェヒナーが、激しく泣く女性の姿で彼の前に現れたのだ。とたんにラビ・ヤコブ・サムソンは、友人であるコレッツのラビ・ピンハスがたった今死んだ悲しみに声をあげて泣いた。それから何週間も経って届いた知らせによると、同僚が死んだのはまさにその日だったという。喪に服したハシードの説明によると、嘆き悲しむ女性の姿は、友人の逝去に対する天界の反応を象徴するものだと解したのだという。

この点でもまた、カバラーの考え方は、超感覚的知覚についての最新の見解を何世紀も前から見事に先取りしている。今日最も有力な見方は、そのような心霊現象においても、より一般的な心的事象の場合と同様に、無意識の心が象徴を使って働いている、というものだ。たとえば、まだほとんど知られていないことだが、フロイト自身が、自分の患者で遭遇する、一見超常的と思われる出来事を説明するために、こうした仮説を提案し、「テレパシー研究の発展のために、精神分析は何か貢献できるかもしれない」[19]と述べている。

この種の例として研究者がよく引き合いに出すのは、落下物に当たって空から墜落してくる小鳥を鮮明な白昼夢で見た、というような人の話である。その人は、意味などありそうもない幻影のことは忘れてしまい、何時間も経ってから初めて、「バーディー（小鳥）」の愛称で呼ばれている妻が、道を渡ろうとしてトラックにはねられたことを、しかも、夫が白昼夢を見たちょうどその瞬間に事故が起きたことを、知る。フロイトの弟子カール・ユングもまた、人生において自己を統合していくのに、象徴が重要な意味をもつことを確信していた。彼は患者の思考や夢、超常現象その他に含まれる象徴を、患者本人が正確に見つけて、その意味を理解するのを援助した。

特に千里眼の能力で知られる著名なハシディズムの師が、ルブリンのラビ・ヤアコブ・イツハクで、人々から「予見者」と呼ばれていた。存命中は、霊的な「読み」や癒しを求めて遙か遠くの町から旅してくる信徒たちに、その超常能力を讃えられていた。興味深いことに、半ば伝説となった彼の伝記的情報が示すところによると、若い頃、彼が自分の並外れた才能に有頂天になることはほとんどなかった。それどころか、そのせいで人間に対する愛情が損なわれると言って、それを排除しようとし、何か呪われたもののように見なしていた。後に、ハシディズムの年上の師たちからの慎重な指導の下でようやく自分の霊能を受け入れるようになり、ラビとしての仕事にそれを利用するようになったという。

実は、十八世紀後半にハシディズム運動が根づくにつれて、大勢の支持者たちがそのような能力の顕現にますます重きを置くようになり始めた。多くのユダヤ人は、ハシディズム創始者たちの求める精神的厳しさには、どれほど穏やかに告げられても、とても応えられなかった。その結果として、ツァディークの役割に変化が生じた。もはや敬虔さだけでは崇められなくなり、この俗世的なものと神的なものとの媒介者がますます、ほとんど超人的な能力と結び付けられるようになった。ハシディームの小集団がこぞって地元のツァディークの神業的能力を誇った結果、近隣の村同士が、奇跡をもたらすラビを指導者にしているという名声と栄誉を競い合うようになった。もちろん、そのような噂を広めるようにと信徒を唆しているらしいツァディキームもいたが、その一方で、こうした要素によってハシディズムの地位が高まってゆくことを、危惧の念をもって眺める者もいた。心霊能力はあくまでも二義的なものにすぎず、何よりも重要なのは、人間一人ひとりの霊的成熟だというのが、そうした人々の考えだった。

興味深いことに、高く評価されているヴィルナのエリヤ・ガオン（リトアニアのハシディームに反対する勢力の頭目とされる人物）は超心理学の領域にずばぬけた才能をもつと言われていた。当時最も賞賛されるタルムード学者であり教師でもあった彼は、ハシディズムの考え方に激しく反対した。といっても、合理主義の立場からカバラーの誘惑に敵意を抱いていたわけでは決してない。歴史学者たちは、彼の敵対者との闘いを解釈する上で、しばしばこうした誤りを犯してきた。実のところ、ヴィルナのガオンは超感覚的能力の存在を容易に認めていた。そのうえ、彼自身が長年にわたって、マギード現象を含む超常状態をたびたび体験してきたらしい。彼が異議を唱えた理由はどうやら、ハシディームが、ひたすら瞑想することで得られるような非感覚的な認識に頼りすぎて、伝統的なトーラー研究を怠っていることにあったようだ。

彼から最も厚い信頼を受けていた弟子の一人で、有名なタルムード研究仲間でもあった人物が、一八二〇年に初めて公開された話の中で次のように述べている。「私が彼の聖なる口から聞いたところでは、マギディームが何度も天から彼のもとに現れて、何の苦労もなくトーラーの神秘を伝えたいと願い出たが、彼は頑として耳を傾けようとしなかった。・・・マギディームの一人にどうしてもと言われて・・・彼はこう答えたという。「トーラーをどう理解するかを［他者から］伝え聞きたくはありません。[20]」

意識的にか無意識にか、二百年以上前のヨセフ・カロの態度と同じく、ヴィルナのガオンも、自らの尋常ならざる霊媒体験によって、ユダヤの律法の解釈が揺らぐのを拒んだ。その潜在的価値を認めつつも、弟子たちに対しては、そのような現象に頼ったり、神的なるものへの近道を求めたりしないようにと忠告した。さらに、そのような体験は、まさにその本質からして、人を惑わせがちであることも強調した。したがって「大切なのは、人が骨折りと努力を通してこの世で獲得するものなのだ[21]」とヴィルナのガオンは語った。それゆえ、日々の霊的活動から得られる知識を補ってくれるような心霊現象にだけ注意を向けるのがよい、と弟子たちに説いた。

興味深いことに、ヴィルナのガオンは、一つの許された道として、夢のもつ高次の性質を重視し、次のように述べている。「神が眠りを作られた目的はただ一つ、魂が肉体とつながっている限り・・・到達し得ない洞察に、人間が到達するためである。［なぜならば］・・・眠っているとき・・・魂は肉体を抜け出して超自然的な衣をまとうからである。[22]」

ほどなく、ハシディズムの師たち自身が、超感覚的体験そのものを重要視しすぎるべからずという同様の警告に力を入れ始めた。おそらく、コミュニティ生活でツァディークの果たす役割のうちの超人的側面が、支持者からあまりに重視されるようになってきたのを、彼らも不安に感じたのだろう。それゆえ、ハシディズムの指導者たちはますますはっきりと、霊能そのものを手段としてではなく目的として追求すべきではないと主張した。『ゾーハル』にも、「人間は奇跡に頼るべからず、というのが我らの師の見解なり[23]」と書かれているのだから。さらに、そのような現象は、覚めた目で見るべきであって、実際に起きても冷静に対処するように。もし本物の超常体験をしたならば、まず神に感謝し、それから普段通りに暮らすこと、とハシディズムの師たちは説いた。

今日まで伝えられてきた寓話に次のような話がある。何人かのハシディームが、ツァディキームの行なっていたとされる多くの奇跡について述べたてていた。辛抱強く耳を傾けていた彼らのラビが、突然こう言った。「奇跡が起きたのはツァディキームのおかげだと言えば言うほど・・・いかさま師に騙される土壌が作られることになります[24]。」別のハシディズムの師、メジボツのラビ・バルーフも、同様の状況で次のように語った。「『奇跡は』何と全く役に立たないものだろう！　エリヤが奇跡を行なったとき、人々は「主は神なり」と叫んだと言われる。けれども今日の人々は、奇跡を起こすことで評判の人物に熱狂し、「主は神なり」と唱えるのをすっかり忘れている[25]。」

注目すべきことに、超常能力に対するこのような姿勢は、ヒンドゥー教やチベット仏教といった、他のいくつかの霊的修行にも共通してみられる。認識へのこうした東洋の道では、何世紀も前から、我々が日々内面を発達させてゆく上で、特殊な才能が重要な意味をもつとは考えてこなかった。たとえば、『チベットのタントラの神秘』（Blofeld,1974）の中で、ジョン・ブローフェルドが次のように述べている。「霊的交わりが著しく上達してくると、一般に心霊能力と呼ばれるものを伴うようになる。その中で最もよくみられるのがテレパシーである。達人たるもの、自分のためにそうした能力を磨いてはならず、また、緊急時以外にそれを使ってはならないという警告を受ける[26]。」同様に、『白雲の道』（Govinda, 1970）の中で、ラマ・ゴーヴィンダがこう述べている。「仏教の本来の瞑想体系において、［心霊］能力を得ることは単なる副産物でしかなく、高次の道においては刺激というよりもむしろ、危険と見なされている。その道は、解脱を目指すものであって、超常能力のひけらかしを忌み嫌うからだ。[27]」

こうしたテーマ全体に対するカバラーのアプローチと東洋のアプローチには、実によく似たところがある。典型的な物語にこんな話がある。川の岸辺で、仏陀がある僧侶に声をかけられた。その男が高らかに語ったところによると、この十年間というもの、毎日毎日、空中浮揚で川を渡る方法を一心不乱に稽古してきた。そして今日、ついにこの課題を成し遂げたのだという。それを聞いて、仏陀は静かに答えた。「哀れなことよ！　十年前に渡し船にお乗りになればよかったものを。」

ハシディズムの寓話にもやはり、これと同じように川と船を背景にした話がある。リアディのラビ・シュヌール・ザルマーンがある夜、船で川を渡っていた。ふと、空に浮かぶ三日月を見つけた彼は、船頭に、月に祈りを捧げる間、ちょっと船を止めてほしいと頼んだが、丁重に断られた。それから数秒の内に、まるで氷山に突っ込んだかのように船は止まった。それからさらに数秒後、船は再び動き始めた。ラビ・シュヌール・ザルマーンがもう一度頼むと、明らかに動揺している様子の船頭は、今度はその通りにしてくれた。このハシディズムの創始者はなぜ、あっさりと一度目に船を止めなかったのだろうか。彼の末裔であるラビ・ヨセフ・イツハクによれば、そんなことをすれば、不必要に超常能力を見せびらかすことになったからだろうという。それゆえ、この偉大なハシードは「人間らしい自然な方法で船を止めてもらえるように、船頭に頼んだのだ。[28]」

第八章　生死を超える不滅の魂

「たしかに深遠なる下降、真の追放としてであったが、火花が一つ一つこの世界に降りてきて、肉体と生気溢れる魂をまとった・・・聖なる光明に加わり、それと合一するために。」

リアディのラビ・シュヌール・ザルマーン

「現世は岸辺の如し。来世は大洋の如し。」

ラビ・モシェ・ハイム・ルザット

地上の一人ひとりに聖なる使命があることを根本信念とするユダヤの神秘家からすると、我々は絶えず自分の超越性の閃光と向き合っている。身分がどうであれ、我々はみな、究極の実在、エーン・ソーフ（「無限なるもの」）の力の及ぶ限りの範囲と密接に関連している。我々が個々別々に存在するためにさえ、聖なる光の畏れ多き特質をいくらか引き出さねばならないとカバラーは教える。しかし、この光がないように見えるのは単なる迷妄にすぎず、内面の成長を通じて次第に、人は自分を鼓舞する聖なる源泉の強さと輝きに気づくようになると言われる。「人間のネシャマー［霊的側面］」は本来、それが生まれ出でた・・・あらゆる生命の源泉と合一するために、肉体からの離脱を願い、切望する」[1]とリアディのラビ・シュヌール・ザルマーンは記している。瞑想中や祈祷中に、または周囲の人々に反応して、あるいは日常生活のごく単純な仕事をしている最中に、感覚を超越した世界の実在性を感じることがある。そのような瞬間、心理学者のエイブラハム・マズローが適切にも「絶頂体験」と呼んだ瞬間に、我々は突然、自分の本質を思い出す。

といっても、カバリストたちは、人間性をやみくもに楽観視する見方には与してこなかった。十分に現実主義者である彼らは、ほとんど絶え間なく続く日々の気晴らしや些細な悩みごとが、我々の高次の側面を見えなくさせうることを熟知してきた。それどころか、日常の雑事の世俗性に「捕らわれる」感覚は危険であり、断固闘わねばならないと強調してきた。なぜなら、ひとたびこの感覚に支配され始めると、自暴自棄になって、内面の目的をことごとく放棄することになりかねないからだ。それゆえ、「神の摂理」と呼んできたものを認識することこそが、人生の方向性を見失わぬようにするための重要な指針であると彼らは考えてきた。

ユダヤの神秘の伝統が説明するところによれば、日常生活で起こる何やら不可解でびっくりするような、あるいは信じがたいほど偶然に一致するような出来事が、道に迷わないための明瞭な道しるべの役目を果たしているのだという。そのような出来事が日常世界に物凄い力を及ぼし、マンネリに陥って沈滞している我々の心を高揚させることもある。周囲で起こる事柄にいつも心を開き、それを受け入れていれば、そうした出来事にすばやく対応できるようになるとカバリストは力説してきた。ラビ・ルザットの言葉を例にとるならば、この世で人間の身に起こることにはすべて、良かれ悪しかれ、それなりの様々な理由があるという。「最高の智恵は、あらゆる被造物について、それを正すのには何が最適かを見抜き、理解しておられる[2]」と彼は記している。存在するものはみな絶えず相互に作用し合っているので、宇宙の構成要素一つひとつが他のすべてに呼応しながら動く。第二章で見てきたように、宇宙の調和というこの観念こそ、ユダヤの神秘の道の中核をなすものである。

したがって、宇宙に関する我々自身の理解が深まるにつれて、外面的な出来事の裏に隠れているパターンを、もっと容易に読み取れるようになる。一見何の関連もなさそうな出来事どうしをつないでいる共通の糸が見えてくるのだ。以前には単なる混乱や災難（シェークスピアのハムレットが「残虐な運命の石つぶてや矢弾の雨」と嘆いたもの）としか見えていなかったのに、やがて、ある統一性に気づくようになる。ラビ・ルザットがその例として、雌牛が足を折って倒れた拍子に、かっとなったその飼い主が、土に埋まっていた宝物を見つける話を挙げている。さらに、我々の多くが自ら体験してよく知っていることだが、心待ちにしていた旅行に急に行けなくなり、後になって、もし予定通りに出発していたら惨事に遭っていたことを知る、という話を述べている。「その本人か他の人に影響を及ぼすために、そうした手立てが運命づけられている可能性がある。ある人に何かが起こるのは、他の誰かに吉事または凶事をもたらすためかもしれない[3]」とラビ・ルザットは記している。

もちろん、年がら年じゅう日々の出来事を微に入り細にわたって吟味してなどいられない。しかし、カバリストが常に主張してきたのは、一見でたらめに起きているかのように見える事象の裏側に、実は綿密に編まれた意味のパターンが隠れているということだ。智恵を働かせることでそれを見抜く才が生まれると言われ、その力は単なる超感覚的能力よりも高く評価される。

数世代後の初期ハシディームもやはりこの考えを重視した。不思議で奇妙な出来事の成り行きには深い意味があり、いくつかのレベルで解釈すべきだと彼らは考えた。このことを示す有名なハシディズムの物語がある。コレツのレッベのある弟子が、師のためにミツヴァー（善行）を行なっているうちに、うっかり無人島に置き去りにされてしまう。野生のフルーツやベリーを食べて生き延び、結局、通りかかった船に連れ戻される。自責の念を抱きながら学舎に戻ってくると、ラビにこう言われた。「その島には、源泉に戻るのに必要な・・・聖なる火花があったのだよ。主によくお仕えしたのだから、与えられた機会を嘆きなさるな。[4]」

またこんな逸話もある。バアル・シェーム・トーヴがある弟子と道を歩いていた。暑くて埃っぽい道には何マイル行けども水がなく、弟子は喉が渇いたと泣き言を訴えた。バアル・シェーム・トーヴが神の摂理を信じるか否かと尋ねると、その弟子は「はい」と答えた。と、突然、水の入れた手桶を携えた人が現れて、驚いているそのハシディズム入門者に一口飲ませてくれた。バアル・シェーム・トーヴがその男に、どうしてこんな辺鄙なところに遠くから水を運んできたのですかと尋ねた。すると男は、「我が師がここから遠くない場所で倒れてしまい、やむなく数マイル離れた泉から水を運んでまいりました」と答えた。それを聞いたハシディズム創始者は弟子の方を向いて言った。「いいかね、宇宙には偶然なんてないのだよ。[5]」これと同じ信念が、現代のイディッシュ語作家でノーベル賞受賞者でもあるアイザック・バシェヴィス・シンガーの物語にも浸透している。彼の興味深い文学作品の多くが、うわべは幸福で満足している男が突如、途方に暮れるような、最初は惨憺たる事件に次々と追い込まれるところから始まるが、結局、長らく行方がわからなかった友人や恋人に再会したり、危険にさらされている人を救うことになったりする。

このカバラーの考え方は、共時性という、カール・ユングの唱えた「共時性」という興味深い概念に酷似している。このスイス人の精神分析学者は人生最後の二十年間に、「意味のある符合」という現象を説明する理論を発展させた。彼は、聖なる調和が宇宙全体に浸透しており、そのような出来事は万物が究極的には互いに関係し合っている証拠だと信じていた。患者との治療的な仕事の中で、ユングが力説したのは、罠にはめられて道に迷っているように感じている人々に、こうした出来事が深い意味と方向性を与えてくれるかもしれないということだ。開業しているユング派の精神科医、ジーン・シノダ・ボーレン博士は近著『タオ心理学』(Bolen, 1979) の中で、このテーマに少なからぬ注意を向け、次のように記している。

> 共時性に注意を払えば、夢に注意を払うのと同様に、内面生活を豊かにする要素がさらに一つ増え、自らの意識にもう一つ別の側面が加わる。・・・時間を超越したものと時間とが交叉する点を・・・そして、自分の内側と自分の外側とが不可分になるところが体験される。(6)

興味深いことに、個人的な文通から得られた証拠によると、ユングはヘブライ語を読めなかったものの、カバラーやハシディズムの伝統には精通していた。彼の共時性の概念が、そのような情報源の影響を受けているかどうか考えてみると面白い。それらを研究していた時期と、この理論をはっきりと打ち出し始めた時期とが一致するように思われるからだ。この理論は現在、心理学者のみならず物理学者の間でもますます注目を集めている。

人生の秘密を解く手掛かりとして、そうした不思議な出来事をどれほどしっかり見逃さずにいても、物理的存在はやはり終わりを迎えねばならない、とカバラーは断言する。その主要な思想家たちが示唆してきたのは、畢生の仕事が完成すると、その人の地上での使命も終わるということだ。次の世界に向かって立ち去るときがおとずれるのである。この考え方は初期のハシディームに大いに受け入れられた。さまざまな逸話で彼らはルーリアの教義を展開した。

ある逸話によると、高齢のラビ・イェクティエル・タイテバウムが命にかかわる病に罹った。けれども医者は呼ばなくてよいという。驚く弟子たちに理由を尋ねられて、彼はこう説明した。私の務めはもう終わったので、どんな医者にも私を救うことはできないのだよ、と。自ら予想した通り、彼は二度と回復しなかった。またこんな話もある。あるハシディズム指導者が同僚のことを、信徒会で年齢不相応の重責を担っていると批判した。何故いけないのですかと尋ねられて、年長のレッベは次のように答えた。「［人は］みなそれぞれ神様から、一定年限のご奉仕期間を割り当てられています。［彼が］もっと十分に歳を重ねてからお仕えし始めていたら、もっと長く人生を享受できたでしょうに。」[7] そして、レッベの推測通り、その同僚は夭逝した。

興味深いことに、フロイト自身、どうやらこの古典的なハシディズムの教えを信じていたらしい。権威ある伝記の中でアーネスト・ジョーンズ博士が述べているところによると、フロイトは一八九九年に『夢判断』を出版した後、今にも死ぬのではないかとの恐れを抱いていたという。それまでの人生で最も重要な仕事を完成させたフロイトは、「ライフワークを終えた以上、自分にはもう何も期待されていない(8)」と感じたのである。ここでもまた、現代文明において屈指の、人間の心の探求者に、隠されたカバラーの影響が及んでいた証を見て取れる。

死と臨終のかなた

人間の死と臨終の話題は、西洋社会で何十年間もタブーとされてきたが、最近、そうではなくなってきた。大学では現在、サナトロジー（死生学）と呼ばれるこの刺激的な新分野のコースがあちこちで開講され、研究が進められている。エリザベス・キューブラー＝ロス博士のような革新者の先駆的努力の影響を受けて、科学的研究者たちが肉体の死の心理学的次元に焦点を当て始めている。また、さまざまな文化や宗教で死がどのように見なされているかを、学者たちが綿密に調べ始めている。この分野の研究でもやはり、『続死ぬ瞬間――最期に人が求めるものは』（Kubler-Ross, 1975）の編者、キューブラー＝ロス博士が大きな影響力を及ぼしてきた。

しかし、これまでのところカバラーはまだ、この領域に関心をよせる人々の本格的な注目を集めてはいない。この事実は意外である。なぜなら、ユダヤの秘教の伝統には、まさにこの問題について述べるべきことがたくさんあるからだ。カバリストたちは、死と臨終の心理を広範囲に扱ってきただけでなく、肉体が死んだ後の意識の連続性といった、さらに思弁的な問題にも取り組んできた。サナトロジーが重要な学問として発展を続けるこれからの時代には、彼らの説得力ある考え方がますます人々の関心を惹き付けることは間違いないだろう。

カバラーの見解では実際、臨終は内面の発達の重要な一段階と考えられている。カバラーはこの過程を、人間存在の終局と見なすのではなく、むしろ、魂の発達の単なる一段階として描く。我々が不滅の存在であることは、ユダヤの神秘家にとっての根本原則であり、その体系はすべてこの原則に基づいている。しかし、死に臨んでの行ないが重要な意味をもつのは、それによって、次の存在の相がほとんど決まってしまうからである。彼らにとって、死ぬ瞬間とその間際は、別の意識領域への入口なのである。どの扉が自分に開かれるかは、どのような心の状態で臨むかによって決まるといえる。

さらに、カバラーは、肉体の死を迎える際の理想的な態度について述べている。目標は、できるかぎり意識清明かつ冷静沈着でいることだ。まさに最悪なのは、恐怖に駆られたり、混乱状態に陥ったり、死をまったく認めようとしない態度である。取り乱すことなく、運命に身を任せ、安らかな心でいればそれだけ、すんなりとうまく来世への移行を果たせると言われる。たとえば、ある優れたハシディズムの師は、「悔い改め、神にお仕えしながら生涯を終え、一点の曇りもない良心とともに死する者は幸いなり(9)」と述べている。別の偉大なハシードもやはり、次のように明言している。「死とは単に、ある家から別の家への引越しにすぎない。我々が賢明であるならば、引越し先の家はそれだけさらに美しいものになるだろう(10)。」

あっぱれなことに、ハシディズム創始者たちは、こうした観点に立って説いたことを自ら実践した。地上での最後の瞬間について伝えられているところによると、彼らは知的な面でも情緒的な面でも、このカバラーの教えに忠実だったようだ。死に目に立ち会った弟子によると、臨終を迎えたブラツラフのラビ・ナフマンは「意識も頭もはっきりしており、まったく混乱することなく、不作法な振る舞いなど何一つせず、恐ろしいほど穏やかなまま、あの世に旅立った」[11]という。その一世代前のハシード、ラビ・シュメルケは最後の瞬間を迎えたとき、「背筋を伸ばして椅子に座り、澄みきった表情でしかと周囲を見渡しながら」[12]弟子たちを周りに呼び寄せた。名高いリゼンスクのラビ・エリメレフは、死が迫っても平静で快活だった。ある弟子の手をとって、そのラビはこう言った。「なぜ喜んではいけないのかい。この下界を離れて、より高い永遠の世界に入ってゆこうとしているのに。」[13]

ハシディズムの理論と実践を物語る、この上なく美しい逸話にこんな話がある。臨終の床に横たわるラビ・ブナムのわきで、妻が悲痛な涙を流した。その様子を見た彼は、妻にこう言った。「なぜ泣くのかい。私の全生涯は、いかに死ぬか、ただそのことを学ぶために与えられてきたのだよ。」[14]この態度は、ユダヤ人か非ユダヤ人かを問わず、今日より一般的になっている死に対する考え方を正すのに、恰好の手本となるかもしれない。実のところ、「ホスピス」を利用したターミナルケアが急成長する中で、やはり、臨終を迎えた人ができる限り清明な意識を保つ権利が重要視されている。

カバラーが強調する「目覚めた状態で死を迎えること」と、東洋の諸宗教の見解とに類似が見られることもやはり注目に値する。たとえば、仏教とヒンドゥー教の書物のいずれにおいても、意識の移行の鍵を握る出来事として、肉体の死の瞬間が同じように重視されている。『続死ぬ瞬間』に収録されている筆鋒鋭い小論の中で、J・ブルース・ロング博士は、『チベット死者の書』とヒンドゥー教の『バガヴァド・ギーター』の両方がこの点について全く同じ考え方を支持している、と述べている。

『バガヴァド・ギーター』が提示している信念は、すっと後の時代に現れた『チベット死者の書』の教義の中心をなす信念と同一である。すなわち、死の間際と死の瞬間にどんな心の状態でいるかによって、死後にいかなる存在状態に入ってゆくかが決まる。・・・臨終を迎えた人間は、「感覚の扉」をすべて閉じて、意識を心臓の中心に固定し、呼吸を安定させるようにと教えられる・・・［そうすれば］「最も高次の道を進むことになるだろう。[15]」

ユダヤの神秘家たちは、内面の発達の第一の指標として、日常の意識の重要性を強調してきたので、死に際の告白にはそれほど大きな意義を持たせることは決してなかった。自分の為した悪事や口に出さずにきた憧憬を悔い改める人間を高く評価してきたことは確かだが、そのような最後の瞬間の改心を評価するにあたっては、ほぼ懐疑主義といっていいぐらいの健全な現実主義に立った。人間模様の鋭い観察者である彼らは、もうあと数年生きるために、自分の心に描く神と「取引を結ぶ」という心理傾向があることをよく理解してきた。それゆえ、このような行為はいつも、彼らの目には疑わしきものと映ってきたのだ。

たとえば、ラビ・ザルマーン・ハシードは死を間近にひかえて、死に際の告白にそれほどの価値があるのかどうかひどく疑っていることを友人たちに表明した。むしろ、食卓で美味しいものを食べながら「告白」すべきではないのか、と述べたのだ。ユダヤの秘教の伝統からすると、肝心なのは毎日をいかに生きたか、である。それは、どうあがこうと、消し去ることも、取り繕うこともできないものだからだ。

ここでもまた、カバラーの道は東洋の諸宗教の修行と見事に類似している。ロング博士はさらに次のように説明する。

仏教徒は、ヒンドゥー教徒と同じく、誕生や存在の質がさまざまであるのと全く同様に、死の質もさまざまであると信じている。［それは］・・・規律正しく生きたか、節操なく生きたか、心が清らかか、汚れているか、「注意深い」か、「軽率」かで決まる。(16)

死の門にて

カバラーはさらに続けて、肉体が死んだその瞬間に、いくつかの特有の変化が、生理面のみならず精神面にも、起きてくると述べている。『ゾーハル』の説明によると、肉体の劣化とともに、ネフェシュすなわち生命エネルギーが消失する。生命エネルギーの流れと結びついているルーアハはいくらか長くとどまるが、やはり最後には消失する。超越的な部分であるネシャマーが肉体から完全に離脱する。自己のこの高次の部分はその後、地上に存在していたときに懇意だった人々の霊魂に迎えられる。『ゾーハル』は次のように生き生きと語る。

聞くところによれば、人がこの世を旅立つときには、父親や親類が周囲に集まってくるという。顔見知りの人々に出会い、さらに現世でゆかりのあった人々すべてに出会い、やがて、そうした人々に伴われて、その霊魂は、住まうことになっている場所へと向かう。(17)

当然ながら、この話が真実かどうか、はっきりした証拠を得るのはほとんど不可能と思われる。しかし最近、まさにこの証拠を得ようとする研究者たちによって、さまざまな試みが重ねられてきた。その一つが、医者に死を宣告されながら生き返った人たちに、臨床面接を行なう方法である。その成果を専門誌と一般書の両方に発表してきた、カーリス・オシス博士、レイモンド・ムーディ博士、ケネス・リング博士のような研究者たちは、そうした人たちの報告に否定しがたい類似性があることを発見してきた。「臨死体験」と現在呼ばれているものに、研究者たちが一貫して見出してきたのは、誰もが共通して他の「霊魂」との出会いを語ることだ。それは、『ゾーハル』にもはっきりと記されている。ムーディ博士が次のような興味深い見解を示している。

かなり多数の人が語っているところによれば、死が目前に迫ったある時点で、臨終に至ってすぐのこともあれば、その他の出来事が起きてからの場合もあるが、付近に他の霊的存在がいることに気づいたという。死への移行過程を楽にするためにそこにいてくれたらしい。(18)

この本の序文で、キューブラー＝ロス博士が簡潔に、この点に関する自らの調査を引き合いに出して、やはり同じ結論に達したことを述べている。「私の研究では、ほとんどの人が、別の存在次元への移行を助けてくれる人の存在に気づいていた。ほとんどの人が、先立った愛する人の出迎えを受けていた[19]」と記している。

臨死体験に対する科学的関心が着実に高まっており、最近では権威ある『アメリカ精神医学ジャーナル』でも取り上げられている。そうしたことも手伝って、肉体の死後の出来事に関するカバラーの描写がいかに正確であったかに、ますます光が当てられるようになるに違いない。少なくとも、きわめてはっきりしているのは、このテーマ全体がこのうえなく綿密な調査に値するということだ。人間の最も奥底に潜む可能性を研究することは、もはや見当違いでも何でもない。

この問題について、『ゾーハル』はさらに次のように述べている。

さらに聞くところによれば、人は死んだときに、あの世にいる親類や友人に会わせてもらえるという。徳の高い人ならば、その人を見てみんなが喜び、挨拶してくれるが、そうでない場合には・・・毎日ゲーヒンノムに突き落とされている人々にしか気づいてもらえない[20]。

ユダヤの神秘家は、ゲーヒンノムすなわち煉獄を、拷問のような罰を果てしなく受ける場とも、悪行に対する厳しい報いを受ける場とも考えない。むしろそれは、ラビ・ザルマン・シャハテルが最近、著書『未来の巻物の断篇』（Schachter, 1975）の中で指摘しているように、霊魂が地上に存在している間にため込んできたあらゆる汚れを洗い清める意識状態なのである。実際、ルバヴィッチ派のハシディズム創始者であるリアディのラビ・シュヌール・ザルマーンは、『タニア』の中で、この状態において霊魂が世俗的な誘惑や快楽の汚れから脱しない限り、神的なるものへの高次な意識へと進むことはできない、と述べている。ゲーヒンノムはそれゆえ、肉体が死んだ直後にきまってとどまる存在領域なのだと、カバラーは断言する。その目的を今日の何かに喩えるとすれば、へとへとになるほどの激しいトレーニングをした後にはシャワーをたっぷり浴びる必要があったり、あるいは、深海に潜ったダイバーは減圧チェンバーに入ってからでないと陸に戻れなかったりするのと同じかもしれない。

このプロセスが完了すると（ただし、ここでは、時間のような四次元の概念はまったく意味をもたないとカバラーは警告しているが）、どの霊魂もそれぞれのレベルに降下してゆく。主なカバラーの思想家たちが強調していることだが、この来世にはいかなる物理的属性も考えられないという。『タニア』は、「天上界では・・・何もかもが時間を超越している」[21]と明言する。また別のハシディズム指導者は、霊界には、火や水その他、物質的なものは何もない[22]」と述べている。さらに、東欧の小さな町、ポルノエ出身のハシディズムの師、ヤコブ・ヨセフが弟子たちに語ったところによると、あの世には、食べ物や飲み物その他、肉体を喜ばせるものは何もないという。つまり、ある意味で、どの霊魂も自らその「天国」や「地獄」を創り出すのだ。肉体的存在でいるときの意識、すなわち、日々暮らしながら自己の内面でひそかに考えたり夢見たりしていることが如何によって、次にいかなる意識状態に移行するかが完全に決まるのである。

キリスト教主流派の思想とはまるで異なるこの観念こそ、カバラーの中心をなすものである。それは、『ゾーハル』全体に浸透しており、後に東欧で何世紀にもわたって隆盛をきわめた後期ハシディズムの大きな土台を形作った。『ゾーハル』が繰り返し語るのは、ひとえに現世での努力しだいで、来世の住処が決まるということだ。それゆえカバリストは、永遠の恩恵にあずかる世界や、永久に罰を受ける世界が存在するとは考えない。むしろ、彼らはそこを、肉体の死後のほとんど無数にある（意識の）領域であると、そして、実際物質界に生きているときと同じくらい多様なものであると考える。地上の人々に、この上なく親切な人から、恐ろしく残忍な人までいるのと全く同じように、この多様性は来世まで引き継がれると言われる。これと同じ考え方が、『ゾーハル』の現れた頃に書かれた、ダンテの『神曲』にも見られる。ユダヤ教神秘主義の「バイブル」は簡明にこう述べている。「幸いなるかな、聖なる一者によって、各自の等級に応じて用意された、数多くの住まいがある。・・・現世での義人の務めがそれぞれ異なるように、来生での彼らの住まいや能力もやはり異なるのだ[23]。」

ここでもまたカバラーは、日常の心の状態の質が重要な鍵となることを強調する。ごく単純でありふれた行為をするときに、自分に対し、あるいはお互いに、どれほど内面を律して、敬虔に、そして精魂を込めて行なうかで、来世でいかなる体験をするかが決まることになる。いっそう丹念な説明を加えつつ、『ゾーハル』は次のように明言する。

旅立つ霊魂がたどる道を決めるのは、その人が現世で歩んできた道である。・・・現世で自分に課している目標を、［肉体の死後も］やはり自分に引き寄せることになる。もし、現世で一定の方向に進んでいるならば、旅立ってからも、同じ方向に向けてさらに導かれてゆくだろう。・・・清らかな方向であるならば、清らかな方向へ、汚れた方向であるならば、汚れた方向へ。[24]

この美しい哲学は、カバラーの思想家たちによって、しばしば象徴的に描かれてきた。賢者の天国はきまって、聖なる調和や宇宙の秘密について、研究や瞑想を続ける精神世界として描かれてきた。特徴的なのが「天のアカデミー」の比喩であり、そこではエリヤのような預言者たちが宇宙の偉大な神秘について解説している。すでに述べたとおり、カバラーは死後の世界を物質的なものとは全く見ていない。したがって、「天のアカデミー」のイメージは、文字通りにではなく、比喩として解釈する必要がある。それは、敵対も反目も競争もない意識と学びの状態であり、そこには、ポルノイ・ハシディズムのレッベが述べたように、神に近づくことに大きな喜びを見出すツァディキームしかいない。

この見方に沿って、ユダヤの神秘家たちが常に主張してきたことだが、「エデンの園」として詩的に描かれる最高レベルの来世は、心の平安や知識に欠ける者を拒んだりはしないが、そのような霊魂には、まさにその本質からして入るのが憚られる精神世界である。ポルノイ・ハシディズムのレッベは次のように続ける。「では、これら［の人々］は楽園で、苦痛以外の何を感じられるのか。霊の喜びを知る訓練の経験なくして、シェヒナーのお近くに行く喜びが分かるだろうか。[25]」

さらに、ハシディズムの師たちは、他のカバラーの教えと同様に、この教義を、東欧の大勢の無学なユダヤ人にわかりやすいものにした。バアル・シェーム・トーヴが語ったとも、その弟子が語ったとも言われる有名な寓話がある。無学だが信心深いある御者が死んだ。彼は来世の最高の領域を享受することができない、他の霊魂たちは深遠なる問題を研究して喜悦にひたっているというのに。そこで、「天の法廷」は彼をある世界に送る。彼はそこで、立派な四頭の馬が引く見事な馬車を与えられ、ぬかるむことのない平らな道がずっと伸びているのを目にする。要するに、バアル・シェーム・トーヴの一番弟子であるメジリッチのマギードの簡潔な言葉を借りるならば、「各自が自分の楽園を創り出す(26)」のである。

この天国観が究極の真実かどうかについて研究者が確たる証拠を示すまでにはまだ時間がかかりそうだが、それはともかくとして、その哲学的意義はすでに明らかである。現代の人間性心理学者たちは、日常生活について、まさしくこの点を強調してきた。まさに実際的な意味において、我々は絶えず、日々の幸福や不満を自分自身でつくりだしている。ゲシュタルト療法の創始者、フリッツ・パールズは、治療的な仕事や著書の中でしばしばこの原理を重視した。「自分を偽らないこと、人としての成熟、そして、自分の行動や人生に責任をもつことは・・・すべて一つで、同じことなのだ(27)」と述べている。彼の目標は、患者たちがいかに自分で自分を緊張させ、苛立たせ、惨めな気持ちにしているかを、その本人に気づかせることだった。彼らが自らの態度を改めて、人生を楽めるようになるには、この方法をとる以外にないのかもしれない。

ハシディズム指導者たちと同様に、パールズ博士もまた、助けを求めてくる人々に、朗らかで生き生きとした気持ちになれるものに注意を向けるようにと促した。このアプローチは、今日の多くの人間性心理学的なセラピーにおいてはっきりと強調されるようになってきたものだ。患者たちは、もうだめだ、どうにもならないという気持ちのせいで、知らず知らず自分の健康を損ねているかもしれないことに気づくようになる。そうするうちにやがて、自分の心と体の現実を形作っているのは自分自身であることを発見する。内面の世界についての、そして、いかにして人生体験が形作られるかについての、カバラーの見解に多大なる今日的意義があるようだ。

ユダヤの秘密の教義としての霊魂の生まれ変わり

ユダヤ教の律法主義的な側面しか知らない人々からすると、それが霊魂の生まれ変わりの観念を奉じるものだという事実は、かなり意外かもしれない。霊魂の生まれ変わりに関する話は、一一七五年頃に初めてプロヴァンス地方に現れた『セーフェル・バーヒール』に早くも認められる。そのほぼ百年後に、『ゾーハル』がより詳細にこのテーマについて論じた。しかし、この刺激的な教義がユダヤの秘教の伝統の中心的要素になったのは、十六世紀のサフェドにおいてカバラーが隆盛を極めるに伴ってからである。ヘブライ大学のR・J・ツヴィ・ヴェルブロウスキ教授が述べるように、実際この時期には、「同僚たちの中に宿っている霊魂が誰であるかを、躍起になって本気で明らかにしようとしていた。・・・ルーリアは弟子たちから、その筋の最高権威と見なされていた。」[28] ハシディズムの師たちも同様にこの考えを信奉し、希望を失って貧困に喘ぐ大勢の東欧のユダヤ人に対するメッセージの重要な一要素として取り入れた。

現代ユダヤの時代になると、肉体の復活は言うに及ばず、霊魂不滅の信念も急速に衰退していった。ハシディズム諸宗派以外のユダヤ教神学者や哲学者で、霊魂の生まれ変わりの教義にわずかでも注意を払う者はこれまでほとんどいなかった。ところが今日、東洋の宗教に対する関心の高まりとともに、この古い信仰が、ユダヤ人か非ユダヤ人かを問わず、西洋の人々を目立って惹き付けるようになってきた。このテーマに関するカバラーの主張は、それ自体興味深いばかりでなく、ヒンドゥー教やチベット仏教のような、他の道で説かれる思想と驚くほどの類似を示している。

すでに見てきた通り、カバリストは物質界を超えた霊的領域の存在を重視するが、同時に、どの霊魂もその務めをすべて成し遂げるまで、現世に戻ることを余儀なくされる点も強調する。天においては、自己はただ、その肉体的生活をより深く理解するだけである。要するに、霊魂が生まれ変わるのは、まだ果たしていない命令を完遂するためなのだとカバラーは確言する。その命令の内容は一人一人全く異なるかもしれない。ここから、我々にはそれぞれ果たすべき独自の使命がある、というカバラーの基本的見解が導かれる。実際、『ゾーハル』のような書物は、我々の肉体的存在という事実そのものが、内面の発達の不完全さを示していると主張する。(すぐ後で述べる)かなり重要な例外を一つ除き、もし必要がなければ、肉体の形をとってここに存在することすらないだろう。

聖なる一者は・・・[人間に]・・・新たに出発して、不足を補うために自ら働くことをお許しになる。さらに、忘れてはならないことだが、その人が生まれ変わらねばならないのは、いずれにせよ、大した美点がないからである。なぜなら、もしあるならば、姿を変えて再び現世に生きる必要はなかったであろうし、「息子や娘たちよりもよい場所」（天国）をすぐに手に入れるであろう。[29]

『ゾーハル』は、物質界での更なる人生（カバラーでギルグリーム、すなわち、生まれ変わりと呼ばれるもの）を余儀なくする理由をいくつか具体的に挙げている。その一つが、子どもを育てなかったこと、もう一つが、結婚しなかったことだ。それゆえ、結婚しても子どもをもうけずに死んだら、その夫婦は霊魂の生まれ変わりを経て、以前と同じように再び結ばれると言われる。カバリストにとって、男女の結合（肉体的、情動的、霊的次元を含めたもの）は神的なるものへの重要な道筋なのだ。それゆえ、驚くまでもなく、夫婦関係には、他の親密な人間関係と同様、ほとんど必然的に霊魂の生まれ変わりのドラマが伴うと入門者たちは考えてきた。

実際、ユダヤの神秘の伝統では、夫婦はきまって過去生で知り合い同士だったと見なされる。ヨセフのカロのマギードが明言したところによれば、カロの妻の一人は実は、前世において有名な男性の学者だったという。そのマギードは面白いことを述べている。

彼女は男性の霊魂なので、本当はあなたの妻ではありません。あなたは彼女を「所有者のない財産」として［すなわち、真のパートナーとしてではなく］受け取ったのです。・・・その霊魂が本質的に男性の霊魂だったから、彼女はあなたの子を産めなかったのです。[30]

霊魂の生まれ変わりに関する別の話で、そのマギードは次のように述べている。

すでにご承知のように、彼女は前世を二回生きており、二度目の前世では守銭奴でした。・・・今回、転生してきたのは・・・あなたを通じて完璧なものになるためです。・・・彼女も功徳を得るでしょう。なぜなら、持参してきた金銭によって、また、あなたに尽くすことで、トーラーを教える特権があなたに与えられるからです。(31)

その奇抜なメッセージ全体を通じて、カロのマギードは、サフェドのカバリストたちの間で好まれていたテーマ、すなわち、性と結婚の領域は、我々の霊的発達度をみる重要な試験場であるという話題を展開した。夫婦がここで一緒に暮らしているのは、内面の成長を妨げている未解決の葛藤を解決するためなのである。この文脈で、『ゾーハル』はずばり、誰しもみな自分に釣り合う伴侶を得るものだと述べている。同様に、子育ての体験も、現世での生活の重要な一側面と見なされており、一生涯に少なくとも一人の子を成人するまで育てた経験なくしては、なんびともこの領域を超えることはできないと考えられている。

イツハク・ルーリアとその弟子たちは、霊魂の生まれ変わりのテーマに大きな注意を向け、この初期段階の概念を高めて、人間の運命や神の秩序の本質に関する教え全体の要としたのである。ハイム・ヴィタルが著書『セーフェル・ハ・ギルグリーム』(『変容の書』)の中で、この点を詳細に論じている。その相当複雑な体系を要約するとこうなる。人はみな普通、様々な命令のすべてを遂行しなければならない。一つでも完全には成し遂げられていない命令があると、転生を余儀なくされる。ただし、ヴィタルは、その人に完遂可能な命令と、そうではないものとを区別した。たとえば、ユダヤ教が男性だけに特定している務めは、明らかに女性には遂行不可能だ。そうした場合、それを遂行する機会がないからといって、それを理由に転生するには及ばないとルーリアの弟子は説明した。さらに、どの命令も結局、単に物理的に実行されればよいのではなく、正しい意図のもとに注意を集中して為されなければならない。「ある人の魂の火花が、それら三つ、すなわち、行為、言語、思考のうちの一つでも満たしていない場合には、そのすべてを満たすまで生まれ変わりを余儀なくされる(32)」と書いている。

ハイム・ヴィタルがやはり普及に一役買ったルーリアの喚起的な教義に、地上の様々な民族は、同一の「魂の家族」に共通の起源をもつがゆえに、ひそかに内面で互いに関係し合っているという教えがある。一見全く異質な集団や民族間で起きた幾多の歴史上の展開も、それゆえ、長年にわたる霊魂の生まれ変わりのつながりに由来するものと考えられる。初期ハシディズムの指導者たちが、それから二百年以上を経て、まさにこの概念を弟子たちに力説した。実際、ハシディズム創始者の中には、同僚たちのことを、さらには自分自身のことまで、前世では聖書に登場する卓越した人物であったと公言する者もいた。当然のことながら、我々の現世での目的は、自分自身の前世や、周囲の人々、とりわけ親密な人々の前世と関連しているとカバラーは語る。「その結果、人間はみな互いにつながっている(33)」とラビ・モシェ・ハイム・ルザットは述べている。

ユダヤの秘教におけるギルグリームの目標は、それぞれの霊魂が、物質界における死と再生の繰り返しのサイクルに終止符を打つことである。この見解は、ヒンドゥー教や仏教の教えと著しく似ている。これらの宗教でもやはり、我々が十分な霊的意識を獲得すると、ようやくそのサイクル

（輪廻）が終わると説く。ジョン・ブローフェルドは『チベットのタントラの秘儀』の中で次のように述べている。

自分は永遠だという誤った観念にしがみついているあさましい自我は、測り知れないほど長い歳月の間、延々と繰り返される死と再生に苦しむ。・・・無数にある状態のどれ一つとして・・・完全に満足できるものではない。・・・それに対処するには、自我の最後の切れ端を断ち切ることによって、その永劫［の輪廻］から自らを解き放つことだ(34)。

同じ信念のもと、ユダヤ教の神秘家たちもやはり、地上の存在に戻らざるを得ないことを、明らかに重荷と見なしてきた。ハイム・ヴィタルによると、モーセが苦しんで死んだのは、自分がまだ完全に命令を果たしておらず、それゆえ、また生まれ変わって来なければならないことを知っていたからだという。実際、『ゾーハル』が強調していることだが、来世でもなお生まれ変わりを余儀なくされることが多いのは、魂が、心から進んでこの世界の明らかな苦難に戻ることに熱心でなく、さらには、望んでさえいないからなのだ。

やはり認識すべきことだが、初期のカバラーはさらに、未来のいつの日にか訪れる全人類の復活にも触れている。そのときには、各人の完璧になった霊魂が再び肉体に入り、肉体そのものが、よく知られている肉体よりも限りなく完璧で、燦然たる輝きを放つものになるという。この神々しい出来事が、霊魂の生まれ変わりとどのように関係するかについて、『ゾーハル』は問題を論じるにとどまらず、次のような疑問も投げかける。「複数の肉体が相次いで同一の霊魂を共有した場合にはどうなるのだろう」と。「しっかりと植えられて根付いた最後のものだけが蘇るのだ[35]」という。しかし、サフェドのカバリストたちは、人類復活の観念をまるで相手にしなかった。同様に、初期ハシディズムもこの概念をあまり重視せず、魂が霊界に生まれることを意味するものとして比喩的に解釈した。

チベット仏教のような東洋の道と著しく似ている点の最後として、カバラーは次のように主張してきた。霊的に最も進んだ人々は、ギルグリームから自由でありながら、自ら進んで現世に戻ろうとする、と。カバラーはそのような人物たちを、究極の犠牲を払っている人々と見なしてきた。聖なる霊の世界の、えも言われぬ歓喜を味わった後で、人類の同胞を高めるために、絶望と混乱の渦巻く物質界に戻って来るのだから。十六世紀の神秘家ソロモン・アルカベッツは、そのような霊魂について、「・・・自らが宗教上の義務を怠ったからではなく、ましてや罪を犯したからでもなく、ただひたすら同時代の人々に対する哀れみの情から戻ってくる霊魂[36]」であると述べている。

同様に、仏教でも、何世紀にもわたって菩薩がこの上なく讃えられてきた。菩薩とは、いまだ地上での業（カルマ）の鎖に繋がれている人々への慈悲心から、あえて輪廻の道を選ぶ完成された人のことである。ラマ・ゴーヴィンダが『チベット密教の真理』の中で述べているように、そのような悟りを開いた人は、「解脱という吉報を広めるために、苦悩に満ちた衆生界に降りることを厭わない[37]」。こうした見方からすれば、菩薩は我々衆生のただ中を静かに歩きながら、人々の注意を引くことなしに、途方もなく大きな影響力を及ぼしているのである。

ユダヤの秘教の伝統においてもやはり、各世代ごとに一握りの隠れた賢者たちが全人類を支えていると言われる。彼らの人知れぬ努力が世界を動かし続けているのである。特にハシディームにとって、この思想は重要なものとなった。名声に付きものの自惚れを免れたこのような隠れ聖人たち（ラメド・ヴォヴ、すなわち「三十六人」と呼ばれる）が、いくつかの伝説では、最高の霊能と生死に関する聖なる知識を持つ者として描かれている。天の扉はまさに、彼らの前で開かれると言われる。けれども、傍目にはごく平凡な人間だ。それでいながら、どこに立っていようとも、落下してくる閃光を元の聖なる源泉へと引き揚げる。このような観念こそが、人間存在の神秘に対するカバラー的アプローチ全体の底流をなしている。

ゲレル・レッベは次のように明言している。「流刑それ自体の中に贖いが含まれている。ちょうど、種に果実が含まれているように。正しい行ないと真の勤勉さが、隠された報酬をもたらすであろう。(38)」

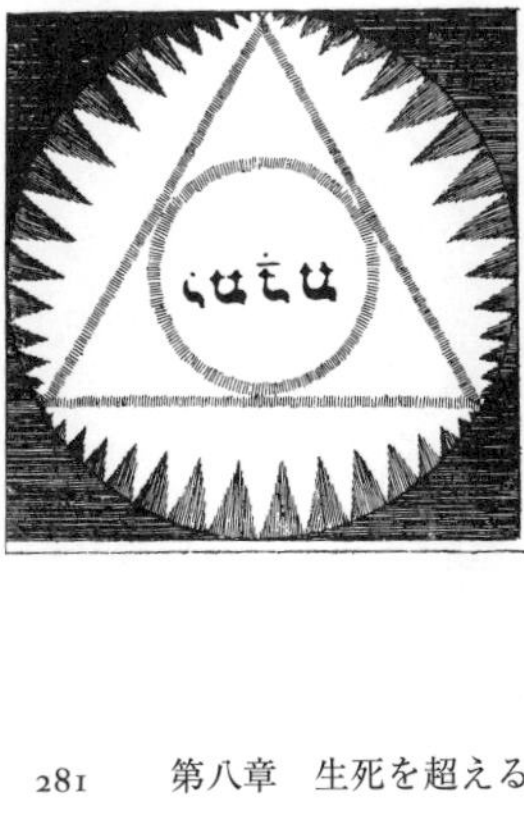

第九章　心の新しい国

「一つの道を選んで、辛抱強くそれをたどるという昔ながらの方法は、もはや幅をきかせられなくなっている。それではどうにもならないところまで、我々が発展を遂げたからだ。あらゆる道を受け入れて、ひとつにまとめ、そこから完全な、かつ安定した調和を生み出すこと、これこそが、［我々の］聖なる責任の始まりなのだ。」
「我々の魂が照り輝くと・・・きらめく閃光が世界を照らすであろう。・・・神秘の意味が開示され、ただそれとなくほのめかされてきただけのことが明確にされ、説教されてきたことの意味がはっきりと理解され、そして、明白なるものが高められて、より高き意義をもつようになるだろう。それらがすべて一緒になって世界を豊かさで満たすであろう。」

ラビ・アブラハム・イッハク・コオク

人間の心に対する科学的アプローチが今や根本的に転換しようとしており、我々は、そのプロセスの真っただ中にいる。何十年もの間、機械論的な見方が支配してきたが、ここにきて急激に、研究の新しい方向性が現れ出してきている。その中のいくつか、たとえば、心身の健康の関連性や、変性意識状態の本質などは、すでに本格的な注目を集めてきている。また、臨死体験の意味のように、広く一般の関心を引きつけ始めたばかりのものもある。

こうした興味をそそる問題が正統派科学の範囲を、伝統的には宗教の領域と見なされていた分野にまで押し広げ始めている。どちらかというと保守的な人々は、たしかに、この傾向を不安のまなざしで見る。けれども、我々人間はごく原始的な本能の総和にすぎないという見方がますます説得力を失ってきていることは明らかなようだ。人格を断片的に描くだけではもはや多くの人は満足しない。以前の科学の時代なら、そのような描き方で十分だったかもしれないが、現在ではますます多くの人がそれに代わるものを積極的に探し求めている。恐ろしいほどに複雑な、人間の心の仕組みが着々と明らかにされるにつれて、人間の潜在能力を統合的にとらえようとする気運が高まってきた。

しかし、このような探究それ自体は、決してにわかに現れたものではない。早くも二十世紀初頭にウィリアム・ジェームズが、当時、萌芽期にあった心理学分野において、自ら「医学的唯物主義」と呼んだものがまず優位を占めつつあるのをののしった。この傑出したハーバード大学教授が、正当でないとしてきっぱりはねつけたのは、偉大な神秘家の報告のような、尋常でない精神現象をすべて、癲癇のような身体的異常の徴候または完全に気が狂っていることの証拠だとして片付けてしまいたがる態度である。人間体験の雄大な展望を、狭い診療室や実験室の範囲内に閉じ込めようとすることは、無謀であって、自縄自縛になりかねないと警告した。必要なのはむしろ、我々の内

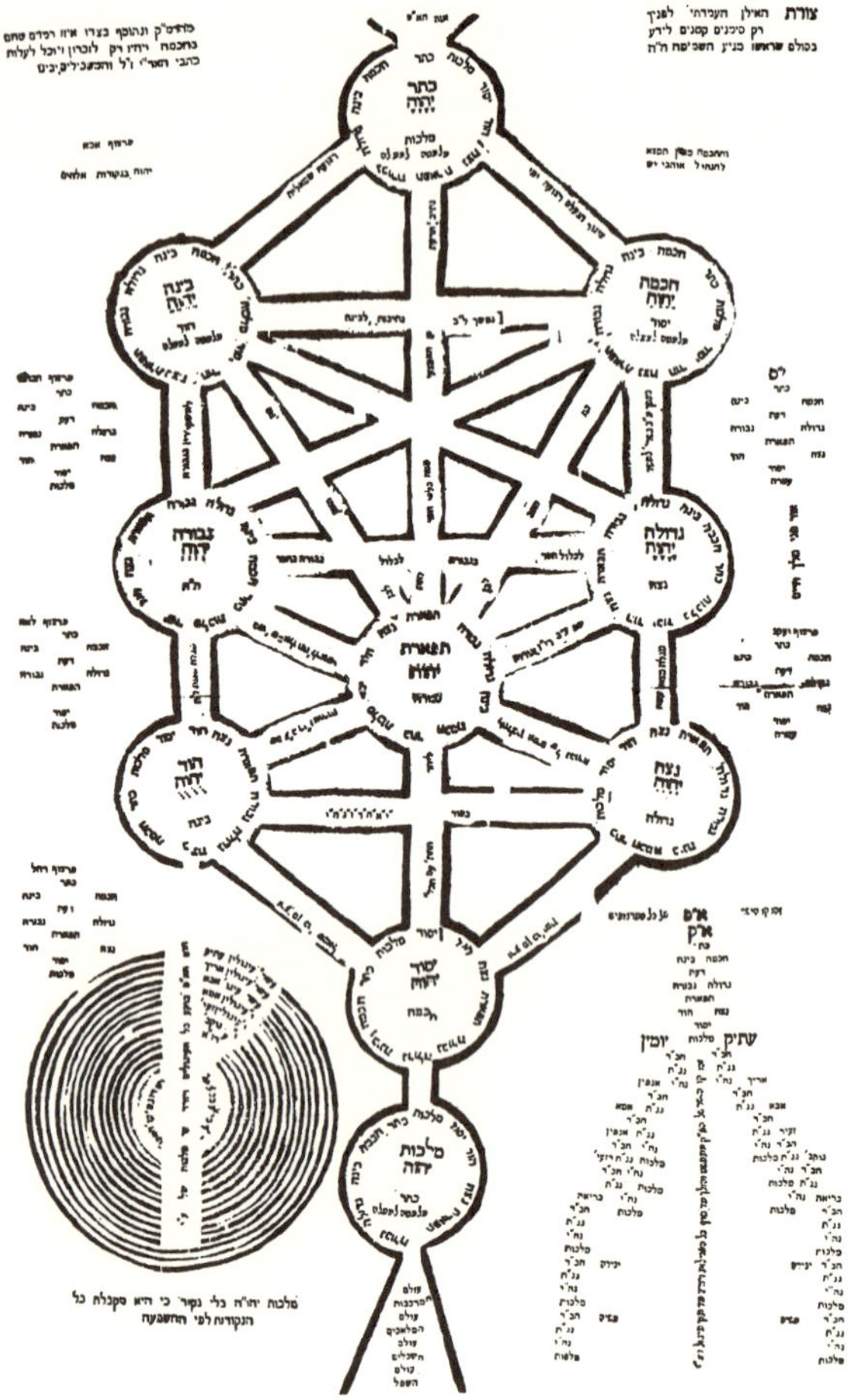

サフェド神秘派の「生命の樹」（アムステルダム、1708年）。

なる世界の、とらえ所がなく、しばしば不可解な側面をすべて虚心に受け入れて、それに畏敬の念をもつことであるとジェームズは主張した。

この異彩を放つ思想家は、創造性あふれる著書『宗教体験の諸相』（一九〇一から一九〇二年にかけてエジンバラで行なわれた講義の内容を収録したもの）の中で、宇宙の知識に至る霊的な道と科学的な道の調和をはかるべきだと提唱した。「科学と宗教はどちらも、世界の宝庫の錠を開ける本物の鍵なのだ」と詩的に書いている。「どちらか一方だけで事足りるものでも、互いに相容れないものでもない。[1]」宇宙は、「多くの現実領域が信じがたいほど複雑に浸透し合う」ものとして浮かび上がってくる、とジェームズは述べている。「このように考えれば、宗教と科学は、その時その時、その人その人で、どちらもそれなりに真実であることが確認され、永遠に共存するであろう。[2]」

残念ながら、ジェームズの先を見越した洞察力は、大方の同僚たちの理解できる範囲をはるかに超えていた。彼らはジェームズを、時代が求める厳密さにあまりにも疎い、とっぴな夢想家だと攻撃した。何といっても、今は二十世紀、客観主義の時代ではないのか、と論駁したのだ。科学には、ハーバードの著名な学者を魅了した霊的黙想を取り上げる余地などない、と批判家たちは主張した。

それから優に六十年以上の間、心理学および同系諸学問はこの立場をかたく守り続けた。フロイト理論と行動主義という双塔のもとで、研究者たちの関心は主に、精神錯乱の甚だしい人々について研究するか、さもなければ、ラットや鳩のような動物の行動と人間の行動の類似点を示すことに向けられた。なるほど、カール・ユングの停まることを知らぬ知性は、神話や象徴から、統合失調症や超心理学まで、諸分野を駆け巡った。しかし、彼のような一握りの偶像破壊者を別にすれば、ウィリアム・ジェームズの予見した統合的な見方はずっと理解されないままだった。

ところが、一九六〇年代の後半から、こうした方向性の魅力がしだいにはっきりしてきた。エイブラハム・マズローやゲシュタルト療法の創始者フリッツ・パールズのような指導的人物が、もっと周到ですべてを包括する人格モデルを作り上げるべきだと説得力をもって主張した。マズローの適切な隠喩を用いると、フロイトとその弟子たちが心の地下室を、あるいは地下の深淵の暗く曲がりくねった流れを徹底的に探ったのはそれなりにもっともなことだ。しかし、今何としても必要なのは、我々の意識の屋根裏や屋階に通じる道を、同じように照らしてくれる篝火なのだ、とマズローは主張した。

かくしてマズローは、主著『完全なる人間——魂のめざすもの』(Maslow, 1968) の中で、絶頂体験もしくは超越体験の諸特徴を詳細に探った。すでに見てきたように、最高の心の健康にはそのような出来事が関係していると彼は信じていた。「超自然的なものであれ、自然的なものであれ、宗教心理学はみな、こうした出来事を考慮せねばならない(3)」と述べている。ウィリアム・ジェームズならばきっと、この評価に賛同したことだろう。

それ以来、多くのことがこの分野で起きてきた。『人間性心理学ジャーナル』や『トランスパーソナル心理学ジャーナル』といった、さまざまな専門出版物が花開き、根付いてきた。世界各地の会議において、人間生活のシャーマニズム的または聖なる次元の重要性に焦点が当てられてきた。世界の偉大な諸宗教がいかにして、心の仕組みへの理解を深めてくれるのかを解説する本が着実に出版されてきている。おそらくそれ以上に重要なのは、こうした動きの中で社会全体が、数々の刺激的な思想を受け入れ、さらに採り入れるようになってきたことだろう。

けれども、いまだに不足しているのは、大部分がまだ未知なる心の内面を照らし出してくれる篝火だ。アイディアやテクニックの断片的な寄せ集めでは、東洋の偉大な諸宗教からのものでも、十分と言うにはほど遠い。しかし、ずっと昔から存在する、ある優れた知識体系がなお、大いに必要とされているビジョンを与えてくれるかもしれない。そして、その体系こそ、本書全体を通して説明に努めてきた、カバラーなのである。したがって、この終章では、カバラーの重要な諸特徴を、新しい心の概念を探る研究と関連づけながら手短に要約すると役立つかもしれない。

カバラー心理学に向けて

間違いなく、今生まれようとしている心理学を導くうえで助けになるカバラーの基本的前提の一つは、宇宙の万物がひとつだということ、したがって、人間を宇宙のそれ以外のものから切り離された別個の存在として研究するのは不可能だということだ。物理学をはじめとするほとんどの研究分野がずっと以前に見切りを付けた時代遅れの機械論的見方に、現代の行動科学がずっとしがみついてきたことは、皮肉ではあるがそれほど意外とはいえない。十九世紀の諸学問から研究手段を借用した歴史の浅い心理学は、統計的・実験室的方法にすがったのである。たとえば、心理学の研究者たちは、ある動物を自然の生息環境や同種の仲間から切り離し、きわめて人工的な実験室の条件下で観察しても、人間性に関する何らかの有意義な結論を引き出せるとかたく信じていた。

長年、このアプローチが問題にされることはほとんどなかった。ところが、生態学の出現とともに、生物学者たち、特に動物の行動を研究する人たちがその妥当性に対し、説得力のある異論を唱えてきた。そのような姿勢が、人間についてはもちろんのこと、もっと単純な生物についての理解をも妨げてきたと主張したのだ。さらに、この問題は純学問的な関心にとどまらない。つまり、生き物をその環境とは無関係に分析することができるという考えは、まさに音・光・その他のエネルギーが我々に及ぼす影響を査定しようとする環境心理学者たちの努力をも阻んできた。たとえば、今この瞬間、あなたは、大都市に暮らしているなら、低レベルのマイクロ波にさらされている。それがあなたの心身の健康にどのような影響を及ぼすかは、誰にもわからないのだ。

別の例をあげると、サルやその他の哺乳動物は、大地震が起こりつつあるときに、その何時間も何日も前から予兆を「感じる」らしいことが、最近の研究ではっきりと実証されてきた。明らかにそわそわと落ち着きがなくなる。また別の報告によると、下等な動物も人間も、湿度やイオン濃度の変動、さらには月の満ち欠けにさえ深い影響を受けていることが科学的に実証されてきた。

このように、学問と学問を分ける境界線は実は幻想にすぎないことが、多くの知識分野にわたって明らかになりつつある。我々は、一つの広大な、力のネットワークの中にいるのだ。学部制度は大学を管理する上では望ましいかもしれないが、科学にはあまり役立たない。実際、たとえばテキサスの大学の心理学者が、同じ建物の階下にいる生物学や物理学の同僚とよりも英国にいる同僚と、文字どおり近しくコミュニケーションを交わすことが少しも珍しくなくなってきた。幸い、この状況がより良い方向へと変化し始めている。

すでに記したとおり、宇宙が分割不可能な全体だという観念は、ユダヤの秘教の伝統にとって決して馴染みのないものではない。何百年も前からその主要な思想家たちは、ある理法が宇宙の隅々まで浸透していると主張してきた。鳥の飛翔から銀河の運動にいたるまで、あらゆることがらが互いに関連し合っていると思われる。それゆえ、正確な人格モデルは、この大前提から出発したものでなければならないとカバリストは考える。ブラツラフのラビ・ナフマンはそれを、「万物の根は一つなり[4]」という簡潔な言葉で表現した。このような姿勢で取り組めば必ずや、外界のみならず我々自身についても、より深い理解が得られるだろう。それはまさに、『ゾーハル』のような書物が五百年以上前から明言していることなのだ。

新しい心理学にとって有意義なカバラーのもう一つの重要な特徴は、どの人間も、全く異質だが互いに関連し合ういくつかの次元の意識から成っているという古くからの見方である。人間の条件の鋭い観察者であるカバラーの師たちは常に、人間のもつ低次の衝動の力を認めてきた。飲食にせよ、セックスにせよ、物質的所有にせよ、我々には利己的にすぐさま満足を得ようとする強い動因があることを重視してきたのだ。実際、カバラーの道は、人間の暗い動物的な側面と向き合う覚悟ができているという点で、今日の人間性心理学あるいは「ポップ」・サイコロジーで一部の口先達者な人々がよく唱える説よりも、優れた知恵を示している。残虐でサディスティックな迫害を直に体験してきたその指導者たちは、ホロコーストのずっと前から、我々の内に潜む信じがたいほどの残忍性をしっかりと見据えてきたのだ。暴力への傾向にいとわず立ち向かうその姿勢は、今しきりともてはやされている、さらに過激でうわべは「楽観的」な人格モデルに対し、大いに必要な解毒剤の役目を果たしてくれる。

とはいっても、カバラーは人間の本質を、生まれつき全く破壊的なものとも、ひたすら愛情深いものとも描いていない。むしろ、様々な属性が何層にも重なっているものと考える。ユダヤの神秘家たちは、誰もがみなその内面に、平凡な日々の生活で働いているレベルをはるかに超えた欲求や能力を秘めていると力説してきた。これらの潜在的可能性が十分にあるいは一部でも活用されることはまれだが、それでも非常に重要なものだと達人たちは昔から主張してきた。この確固たる立場に立つならば、超越という、人間に備わった最高の能力を徹底的に理解しない限り、人間性を完全に理解することはできない。

この点で、カバラーのアプローチは、フロイト派の見方も行動主義の見方も受け入れるが、しかし、人間存在の最高レベルにおいては、どちらの見解も間違いであって意味をなさないとほのめかす。ニュートンの物理法則が、覆されたわけではなく、単にアインシュタインのより包括的な相対性理論の部分集合になったにすぎないのと全く同様に、この対をなす二つの心理学の立場も、ある低次の意識状態では妥当なのかもしれない。けれども、非常に高次のレベルで機能する人々、カバラーがツァディキームと呼ぶ人々には全く新しい一連の原理を適用する必要があるだろう。リアディのラビ・シュヌール・ザルマーンのような卓越したカバリストなら、ほとんどの人が自分の動物的衝動に気づいていないという精神分析の考え方に、きっぱり同意するだろう。けれども、このハシディズム指導者はこうも述べている。我々にはみな、そのような衝動を抑えて、うまく導き、崇高な目的にまで高めてゆくことを学ぶ力が備わっていると。また、人間は周囲の事象によって盲目的に形成された習慣をほとんど絶え間なく決まりきった順序でこなしながら日々の生活を送っているという行動主義の洞察に、その二百年近く前の彼やその同僚たちが誤りを見出すことはなかったろう。しかし、初期ハシディズムの指導者たちは、我々には悪しき習慣や無分別な行動をすべて克服する能力があると説いたのだった。

興味深いことに、エイブラハム・マズローの「人間の欲求の階層」説はおそらく、カバラーの見方に最も近いものであろう。ブルックリンのユダヤ人家庭に育ったマズローは、直観的にこの考え、すなわち、我々人間には、生存を最優先とする能力から、限りなく非物質的な能力にいたるまで、幅広い能力が備わっているという考えに到達したようだ。これら高次の能力が完全に覚醒し発揮されるのは、真に「自己実現する」人に限られるとマズローは辛辣に述べている。そのような人々が、より高い創造性、美的価値、道徳性を求める欲望は、我々だれもが知り尽くしている些末な悩みの数々を、ある意味で「飲み込んで」、あるいは、乗り超えてしまう。

カバラーの見方の中でもう一つ重要かつ有意義なのは、我々人間の志向性を重視している点である。現代の精神力動論は、生物学的な力が生み出すような無意識の感情に、人間がどこまで支配されうるかを理解するのに多いに貢献してきた。二十世紀の我々にはもう明らかなように、人間はしばしば完全には純粋とはいえない動機から行動する。けれどもカバラーは、人間には高次な動機付けの力も働いており、それなくしては人間的成長など全くあり得ないとほのめかす。

偉大な神秘家イツハク・ルーリアの時代からカバリストたちが強調してきたことだが、誰にとっても一番大事なのは、日常生活で遭遇する「落下した火花」をその源泉に向かって引き揚げることだという。暦年齢、教育程度、職業に関係なく我々はみな、断片化された世俗の出来事から、意味と全体性を作り出すことを熱望しているのだと彼らは教えてきた。カヴァナーという言葉はそれゆえ、単に自覚的な意志力をほのめかすのではなく、むしろ我々の存在全体からにじみ出る志向性を意味している。精神の発達がある一定段階に達した人はみな、意識的にも無意識にも、まず第一に世の中を立て直す力になろうと奮起する。

ユダヤの神秘家たちは、この内面の資質をつとめて養ってゆく必要があると述べてきた。なぜなら、それは自然に発達するものではないからだ。確かに大多数の人は、それがほとんど完全に眠っている状態かもしれない。そうだとしても、カバラーの見方からすれば、現代心理学はこの人間の生得的属性に冷たい目を向けてきた。どんな人でも、人生のどんな瞬間にでも、劇的な変容の第一歩を踏み出すことができるとカバラーの道は明言する。実際、ハシディズム創始者たちの物語に共通するテーマはまさに、誰にでも根本的な自己変容が可能であるということ。しかし、正統派心理学はきまって我々を、コンピューターのようにプログラムされた、速やかに遠大な決意を下す力などない自動機械人間の如くに描いてきた。たぶん、このイデオロギーの強い影響を受けて、我々の多くが、生き方や心の持ち方を変えるのはほとんど無理だと感じているのだろう。そのせいで、ひどく破壊的で自己成就的な預言が我々の思考のかなりの部分を支配してきた。

筆者自身、入院患者や地域の患者を相手に治療的な仕事をする中でしばしばこの態度に出会ってきた。それをあからさまに言葉に出して、「私に何が期待できるというのですか。どうせ私は、あんな惨めな子ども時代を過ごしたんですから」と嘆く者もいる。あるいは、はっきり物を言う統合失調症患者の中には、すぐさまこう意見する者もいる。「私は心を病んでいるんですよ。一生治らない病気なんだから、これ以上良くなるはずがない。そうでしょ、先生。」実際、厳密なフロイト派または行動主義的な一連の価値観をもつ心理療法家は、適切な返答をするのにひどく窮するだろう。なぜなら、これらの心理学体系のどちらも、成長や変化への意志を重視していないからだ。

しかし励まされることに、最近、自己の発達には志向性が一番重要であることを再確認しようとする人間性心理学者が増えてきた。ロロ・メイやロベルト・アサジョーリのような現代の思想家たちは、自覚的な意志力（およびその畏るべき力）の概念を心の科学の最前線に戻すべきだと力強く論じてきた。人間の持つ、このきわめて重要な特徴を無視してきた何十年もの歳月が、この学問をひどくいびつなものにしてしまったと彼らは主張する。カバリストが何百年も前から気づいているように、セラピーを成功に導く鍵はこの資質を活性化することにある。そして、それがうまくいけば、この新たな内面の資源を、速やかにしかも自信をもって結集できるようになるかもしれない。

ユダヤの神秘の伝統が今日の我々に教えるもう一つの重要な教訓は、通常および変性意識状態の両方に関するその精巧なモデルにある。一九六〇年代に初めて、特定化学物質の人間に及ぼす影響が徹底的に調査されて以来、意識の根本的性質に取り組もうとする気運が高まってきた。見たところ正常で、社会にもよく適応し、散文的でさえある人が、幻覚剤を摂取して一、二時間のうちに、宗教的エクスタシーの絶頂や恐怖のどん底を経験するのはどうしてか。我々の精神構造は実際それほど脆いものなのか。さらに、ジョン・リリーの興味をそそる本で一般に広まったような感覚剥奪の研究から明らかになってきたのは、体内に幻覚剤を取り込まなくとも、単に光や音、運動といっいうことだ。

た外部からの感覚刺激を一切遮断しただけで、たちまち、多くの人が強烈な人格変化を経験すると

カバラーの立場からすれば、そのような発見はまるで驚くにあたらない。何百年も前から、その賢者たちは、心の内なる「ブラインド」のせいで、ふだん目覚めているときの状態がひどく制限されていることを強調してきた。一歩踏み出すごとに開かれるはずのめくるめく世界がそのせいで遮られてしまっている、と。我々はヴェールに包まれているがごとく、道を日々歩んでおり、このヴェールのせいで、普段の意識からはそのような他の諸次元が隠されてしまっているとカバリストは言う。たいていの場合、我々は半ば眠っているような状態で行動しており、自分を取り巻くものを心底経験し尽くすことなどけっしてないのだ、と。十三世紀の『ゾーハル』はこう明言している。「人の子の視野の暗さたるや、己が世界の土台も見えておらず、それに気づきもしない。[5]」けれども、第六章で述べた通り、心のシャッターは絶対不可欠なものだとカバラーは確言している。それがなかったならば、たちまち、恐ろしいまでに神々しい輝きに圧倒されてしまうであろうと。

このような理由から達人たちは、異なる意識状態へと一足飛びに「トリップ」することはけっして勧めずに、むしろ、身体活動やコミュニティとの関わりにしっかりと根を下ろしながら、ゆっくりと着実に進むようにと説いた。薬物を用いるにせよ、世間との交わりを一切絶つにせよ、心の中のブラインドをいきなり打ち壊すようなことをすれば、必ずや精神の安定を失う羽目になるというのが彼らの見方だった。我々の通常の心は非常に精妙にできており、下手にいじくるべきではないと考えられているのだ。それゆえ、「天のヴィジョンの園に立ち入る」ことは、大手柄でも何でも

ないとユダヤの神秘家たちは主張する。そんなことをすればやはり、生命も正気も保てなくなってしまう。

この点で、カバラーの見方はすでに、現代の行動科学のかなりの部分に織り込まれてきている。誕生したとき、あるいはもっと以前から、我々の神経系には「感覚フィルター」が組み込まれているという考えは、現在ではもうすっかり主流派に受け入れられている。それどころか、この原理はますます信憑性を増してきた。一九五〇年代後半にウィリアム・ブロードベントによって初めて明確に表明されて以来、重い精神病の研究、特に総合失調症や自閉症の研究において、この原理に則った調査がますます数を増してきている。患者を困惑させるような状況を「作り出している」としてその家族を責めるのではなく、研究者たちはむしろ、本質的には注意障害として、つまり、外界からの感覚情報を処理するうえでの問題として、この症候群に取り組もうとしている。したがって、革新的なセラピストはそのような患者に対して、過剰刺激の「負荷」がかかりうる状況にどう対処すればよいかを教えようとする。刺激に圧倒されて「崩壊」しないために、強烈な刺激を避けるすべを身につける必要があるからだ。

ユダヤの神秘の伝統の特徴としてもう一つ重要なのは、心身が密接に絡み合っていることを前提にしている点である。心の健康と体の健康は互いに分かちがたく関連し合っており、別々に分けて考えることはできないとその主要な書物は力説してきた。我々は、心と体を持っているのではなく、一つの生物体の心でもあり、体でもあるのだ。現在のようにホリスティック医学がもてはやされるようになる何百年も前から、初期ハシディズムの師たちは、秘められた怒りと抑鬱のような精神状態を、身体疾患の二つの主要要因として正確に指摘していた。ハシディズム創始者たちは適切にも、その弟子たちに対し、自分の感情を定期的に表出するとともに、自己を冷静に省みて日々の出来事を検討する時間を設けるようにと勧めた。

さらに達人たちは、肉体を拒むことも、肉体を酷使して虐待することもやってはならないと一貫して教えてきた。無理のしすぎは心身の健康を害するとして、はっきり咎めたのである。バアル・シェーム・トーヴ自身が次のように述べたと言われている。「食事や睡眠に費やす時間を無駄と思ってはならない。その時間に内なる魂が休息をとることによって、新たな熱意をもって聖なる営みを再開できるようになるのだから。(6)」

人間の肉体を神聖なものとみるその信念に沿って、カバリストたちは昔からずっと積極的な性生活の重要性を強調してきた。確かに、『ゾーハル』のような書物ははっきりと、性が神聖なのは夫婦間の場合に限られると謳っている。けれども同時に、愛をともなう性交の喜びを尊いものと考え、エクスタシーの更なる高みへと昇りつめる入口とさえ見なしてきた。地上で真の性愛行為がもたらす至福は、天上での最も崇高なる合一に相当するものと考えられている。実際、『ゾーハル』の随所に描かれている夫婦の営みのあからさまぶりたるや、ひと時代前までさかのぼらずとも全面的に発禁処分になっていただろうと思われるほどである。

もちろん、この数年間に行動医学の分野では、心と体は密接に関連しているという認識がますます高まってきている。現在では、喘息や偏頭痛から心疾患やガンにいたるまで、主要な非感染性疾患のほとんどすべてについて、こうした心と体の結びつきを示す研究文献が、少なくとも基礎的なものは出揃っている。これらの研究の中には、性的抑圧が前立腺障害や膣障害のような体の病気の発症の一因になっていると指摘するものさえある。心の新しい科学は間違いなく、カバラーにおいて長年信奉されてきた心身一如の原理にしっかりと根ざしたものになるであろう。

注目すべきことに、これまでずっとカバラーの神話的要素にすぎないと思われてきたことがらが、今日、大勢の科学的研究者たちの間で支持され始めている。たとえば、誰もがみなその内面に、ネシャマー、すなわち超越的自己をもっているという観念が、これまでずっとユダヤの秘教の道の基礎をなしてきた。したがって、その実践家たちは、我々の内面に超感覚的能力が存在することを認めてきた。これこそが、聖書時代には一般に、預言という、霊感にあふれた行為に必要と考えられていた能力である。カバリストたちは、それ自体を目的として霊能を求めることは断じて勧めなかったが、人間にはみな、通常の時空の法則に縛られない知覚を得る潜在能力がある、という確固たる信念を抱いてきた。内面がさらに発達すればするほど、そのような能力がますます目覚めてくるのである。たとえば、夢は、日常生活についての有益な洞察を伝えるだけでなく、テレパシーや透視力をも宿していると言われている。ユダヤの神秘家たちは、夢をはじめとする無意識の様々な顕れに最高の敬意を払ってきた。このような通常は隠れて見えない存在次元との接触を深めることで、高次の意識状態を獲得できるかもしれないとカバラーは力説する。「夢は幻視よりも明確であり、幻視でおぼろげに見えていたものの意味を説明してくれることがある」[7]と『ゾーハル』は述べている。

超感覚的能力の研究は、保守的傾向の強い人々からしばしば物笑いの種にされてきたが、同時に、現代心理学における最も才能豊かな人々の心を惹きつけてもきた。ウィリアム・ジェームズは、批判を浴びせてくる輩と闘いながら、当時芽生えつつあった超心理学分野での意欲的研究に、二十年以上にわたって心血を注いだ。英国および米国において無数の現象を自ら調査研究し、最終的に、人生の終わり間近になって、自分がこれまで目撃してきた現象の中には正統派科学ではどうしても説明のつかないものがあるとの結論を下したのだった。一九〇九年に、『心霊研究家の最後の感懐』と題する最終報告書を発行した。その中で、この明敏な思想家は次のようにきっぱりと言い切っている。「あらゆるいんちきに混じって、真の超常的知識が存在することを・・・私は記録し続けたいのだ。超常的知識とはつまり、通常の情報源である感覚にはその源を見出すことができない知識のことである。」(8)

何十年もの間、主流派の研究者たちは、我々に超感覚的能力がそなわっている可能性など考えてみようともしなかったが、こうした状況は大きく様変わりし始めてきている。現時点では、この分野の専門家のほとんどが心霊状態の現実性を確信していると言えば、誤解を招くことになるだろう。しかしながら、もっと柔軟で開かれた見方を切実に求める人々の数が着実に増えてきている。事実、精神医学分野で最高の権威を誇る専門誌『アメリカ精神医学ジャーナル』が最近、このテーマについて行なわれた全国調査の有望な結果を報告した。統合失調症の理解の先駆者であるスタンリー・ディーン博士の調査から、回答を寄せた精神科医の過半数が、医学部のカリキュラムに超心理学を加えるべきだと考えていることが明らかになったのである。ということは、医者の卵たちが、透視、テレパシー、スピリチュアル・ヒーリング、その他、カバラーの道に示されているような、人間の潜在能力の訓練を受けるようになる日もそう遠くはないのかもしれない。*

霊能者に対する見方にもまして興味深いのはおそらく、「死の瞬間」および死後の出来事に関するカバラーの刺激的な描き方であろう。ユダヤの秘教の体系は、それが初めて記されたときからずっと、人間の地上での最後の瞬間がいかに重要であるかを生き生きと描いてきた。ハシディズムの文献はとりわけ、その創始者たちがどれほど「安らかに、意識を曇らせることなく」、そして最後まで自分の能力をしっかりとコントロールしたまま、この世を去ったかという逸話に満ち溢れている。そのような人々は、意識を完全に維持したまま死ぬことこそ、理想的な死に方なのだというメッセージを身をもって示したのだった。今日、芽生えつつあるホスピス運動によって、まさにこの考え方が全面的に支持されてきている。だれもが尊厳を失わずに死ぬ権利を大切にするという点で、この取り組みもやはり、良き生の最後にふさわしい「良き死」の本質的価値を賞揚するものである。パーカー・ロスマンが『ホスピス』(Rossman, 1977)の中でこの傾向について述べているように、その要をなしているのは、「死にゆく人々には心身ともに支度がととのってから死へと旅立つ権利がある」[9]という考え方である。何十年もの間、正統派心理学においてこの話題はタブーだった。おそらく、自らの人生でこの段階に直面しつつある中年研究者たちが、無意識にこの話題を遠ざけているのである。

---

*訳注　訳者からの質問に対する回答によれば、著者は、その後の精神医学の発展を回顧して、執筆当時の楽観主義を反映していることを認めているが、今日でもなお、この一文を残しておきたいとのことである。

けていたのだろう。ところが現在、死生学（サナトロジー）は科学的研究の重要な一分野となり、独自の専門誌や職能団体が創設され、研究シンポジウムが開催されるまでになっている。

しかし、肉体の死はけっして終わりではないとカバラーはずっと主張してきた。その主要な思想家たちは肉体の死を、異次元の体験への入口にすぎないと見なしてきた。『ゾーハル』のような根本書にははっきりと、死にゆく行為が、さらに上の存在レベルへの移行として、明確な諸相とともに、描かれている。それに加えて、ある状態から次の状態に至る際にも意識が完全に連続していることを、カバリストたちは強調してきた。「現世においてある一定方向に進んでいる人は、来世に旅立つと、その方向にさらに遠く導かれてゆくことになる」(10)と『ゾーハル』は述べている。この書にはまた、我々は死ぬ瞬間にきまって、あの世に先立った愛する人々がそばにいるのを感じるとともに、燦然たる天上の光、エーン・ソーフに包まれているという感慨に満たされるとも記されている。また、劇的な体外離脱体験を伝える別のカバリストの報告によると、賢者たちは、瀕死状態のとき、あるいは瞑想中に忘我の境地に達したときにさえ、自分が肉体から離脱したことに気づいたという。当然のことながら、現代心理学が誕生して以来、そのような奇妙な話はただの迷信として退けられてきた。オカルトかぶれというレッテルを貼られるのを恐れて、ほんの一握りの偶像破壊者以外は誰一人、このような文献には目を留めようともしなかったのである。

そのような状況を考えると、現代の心の探求者たちが今、カバラーにおいて入念に検討されてきたこのきわめて刺激的なテーマに目を向け始めていることは、何ともすばらしい。つい数年前まで、名望ある現代思想家のほとんどだれからも相手にされなかったことが、興味をそそる思索や科学的研究の的になってきたのである。最近は様々な本や論文がこぞって、「臨死体験」と呼ばれるこの基本的現象に光を当ててきており、カバラーのような古来の魂の道が昔から主張してきたことと、信じがたいほどよく似た内容のことを述べている。

いったん医者に死を宣告されながら、その後生き返った人たちが異口同音に報告しているのは、あの世に先立った愛する人々の存在を感じるとともに、得も言われぬほどすばらしい「光の存在」に遭遇したということである。多くの人はこの出来事によって、死に対する姿勢が、さらには日々の生活に対する態度も、根本から変化したという。彼らは自分の人生や宇宙全体に本来備わっている意味を、以前よりもはるかにしっかりと確信するようになったのだ。レイモンド・ムーディー博士が、影響力のある著書『かいまみた死後の世界』(Moody, 1978)の中で述べているように、「彼らはそのヴィジョンを得たことで、新たなる目標と新たなる道徳原理、そして、それらに従って生きる努力をしようという新たなる決意を抱くに至ったのである(11)」。

この現象がとどのつまりはどういうものであるかを確信もって突き止めることはまだできないが、行動科学の革新的研究者の多くが現に、この問題をきわめて真剣に取り上げている。『アメリカ精神医学ジャーナル』の一九八〇年一〇月号で、ブルース・グレイソン博士とアイアン・スティーヴンソン博士が「臨死体験」に関する独自の調査結果を報告している。この現象には、まさに生の本質に関する何かを明かしてくれる可能性や、心の奥底の価値観を変化させる不可思議な力があるのだから、徹底的な研究がなされてしかるべきだと彼らは主張した。五百年以上にわたって、ユダヤの神秘家たちはこれと全く同じことを述べてきている。さらに彼らは、人格について、および人間の到達しうる最高次の領域に関する考え全体の中に、これらの発見を躊躇うことなく組み込んできた。

ということは、要するに、カバラーの難解な象徴表現がひとたび真に理解されたならば、この古くからの伝統が、ちんぷんかんぷんの言葉や無意味なたわごとの寄せ集めに思えたりは決してしなくなるのである。確かに、その特殊な用語は難解であって、初めのうち西洋人の耳にはなじみにくい。栄光の玉座、天の王と女王、ナツメヤシといった象徴的言及は、今日の我々にとってほとんど意味がない。けれども、ユダヤの秘教の体系が、人間の心について驚くほど包括的かつ明快で、しかも首尾一貫した図式を提供してくれることは明らかなようである。我々の心の仕組みについて、新しい心理学の描く像が、ほぼすべての点において、まさにカバリストたちが何百年も前から信奉してきたものに収束してきたことは注目に値する。

今こそそのとき

神的なるものへと向かうこの道が、これほど素晴らしく洗練されたものでありながら、長いこと顧みられずにきたのは何故なのだろうか。悲しむべきことだが、ユダヤの秘教の伝統は、おそらく他の主要な宗教のどれよりも、現代の先見の明ある科学者たちから無視されてきたのだろう。本書で示してきた内容に照らすならば、これは皮肉きわまりない状況といえる。たとえば、ウィリアム・ジェームズは、『宗教経験の諸相』についての素晴らしい講演の中で、キリスト教、ヒンドゥー教、仏教、イスラム教の教えを心理学の智恵の宝庫であると認めている。ところが、注目すべきことに、ユダヤ教およびその神秘の支流についての本格的議論は一切なされていないのである。こうした傾向が、つい数年前まで続いてきた。このような歴史的状況が生まれる背景には、いくつかの興味深い理由が存在してきた。

まず第一に、主要なカバラーの書がこれまでずっと、西洋の大勢を占める人々には容易に読めない書物だったことがあげられる。『ゾーハル』の大部分が初めて英語に翻訳されたのは一九三〇年代になってからであり、その他の主要な書物のほとんどは、この二十年間にようやく現代語に翻訳されるようになってきたばかりだ。たとえば、謎めいた十二世紀の『バーヒール』の英語版が初めて出版されたのは一九八〇年のことである。ゲルショム・ショーレムが、カバラーを発展させた決定的状況について徹底分析して抜粋を挙げるまで、この古来の秘教に関心をもつ欧米の研究者に利用できる文献はないも同然だったのである。

そのような状況下で、ジェームズやその同僚たちは、カバラーの道への手引きを一体誰に求めることができたであろうか。ハインリヒ・グレーツやその仲間のドイツ系ユダヤ人の合理主義者たちが著した権威ある書物は、カバラーを、無知な者やばか者や気がふれた者の巣窟として描いている。この記述が、今日に至ってもなお、ユダヤ文化に関心をもつ大勢の人々に影響を及ぼしているのである。では、西洋に暮らす見識あるカバリストたちはどうしていたのだろう。彼らはほぼ全員が正統派の宗教実践者で、秘教の教えを外部に広めることを固く禁じられてきた。ルバヴィッチ派ハシディームのようなグループが秘教の伝統を公表するようになってきたのは、ほんのここ数年来のことなのだ。ジェームズ教授をはじめとするハーバードの知識人たちが、ボストンのどこか貧相な正統派シナゴーグの年寄りのもとに、情報を求めて押しかけたとは到底想像しがたい。二十世紀半ばになるまで、ユダヤ教神秘主義に関心をもつ人々にとって事実上唯一の「外部」情報源は、ハシディズムの起源に華麗な文体で独自に解釈を施したマルティン・ブーバーの解説書だった。

現在、西洋世界では、これまでになくカバラーへの関心が高まっている。それにもかかわらず、何冊かの根本書、たとえば、モーゼス・コルドヴェロの『パルデース・リンモーニーム』やハイム・ヴィタルの『生命の樹』などは依然として、えり抜きの専門家たちにしか利用できない状況におかれている。一部の書物はすでに現代へブライ語版としてイスラエルに存在している。しかし、それ以外のものは未だに元の写本の状態で、大学や国の文書館にひっそりと眠っているのである。翻訳されて、興味のある一般の人々に読めるようになる書物の数は年々増えてはいる。しかしながら、現代においてカバラー思想がなかなか広まらないのは、それについての利用可能な情報が圧倒的に不足しているせいであることは間違いない。

一般の人々がこの古来の伝統について無知のままできたもう一つの理由は、人間の心を科学的に探究しようとした初期の人々の姿勢にあるとみるべきだろう。ジーグムント・フロイト、アルフレート・アードラー*、エーリッヒ・フロム、ヴィルヘルム・ライヒ、フリッツ・パールズのような現代の心理学および心理療法の独創的思想家たちは、みなユダヤ人の家系にありながら、その民族的、

*訳注　アードラーについての記述は日本語版において新たに追加された。

宗教的アイデンティティをかなぐり捨てようとした。フロイトは、一般に知られているよりもはるかに神秘主義に好意的で、心霊現象の現実性を示す事実に興味を惹かれていた。にもかかわらず、一生涯、この関心を周到に隠し通したのだった。精神分析は、その創始者がユダヤ人でなかったならば、もっとずっと速やかに受け入れられていただろうと辛辣に論評したとき、彼はおそらく、自らの歴史的立場を正確に見極めていたのだろう。事実、一八九九年に出版されたフロイトの革新的な『夢判断』が、一九二七年にもなってなお、著名な同僚から酷評されている。妙なたわごとばかり書かれており、まるで「料理番のズボンに入っていそうな、粗悪な紙に刷られた陳腐な夢占いの本[12]のようだというのだ。

ゲルショム・ショーレムが、興味深い自叙伝『ベルリンからエルサレムへ　青春の思い出』(Scholem, 1980) の中で述べているところによると、エーリッヒ・フロムは一九二〇年代の初めに一時、ベルリンで彼と共に『ゾーハル』の研究をしていたという。けれども、その四年後にフロムは「熱烈なトロツキー主義者となり、私のことをプチブル根性に毒されたやつと哀れんだ[13]」とショーレムは回想している。強い影響を及ぼした性革命論者、ヴィルヘルム・ライヒは、ユダヤ文化、特にその伝統の根本にはほとんど敬意を払わなかった。フロイトと同様に、ライヒもやはり、先祖に著名なラビがいたようだが、間接的にでも「ユダヤ的」と見なされる事柄とはいっさい縁を切ったという点でその師を凌いだ。晩年のライヒは、宗教心理学に相当な関心を払うようになり、それが目指すものにだんだんと共感を抱くようになっていった。だが、ユダヤ教の主流派にも秘教にも、決して検討を加えようとはしなかった。フリッツ・パールズは、人生の終末に半自叙伝的な本を出版した。その中で、この創意あふれる心理療法家は、ライヒそっくりに、ユダヤの教えをあからさまに蔑む態度を見せている。おもしろいことに、これらの人物に共通するのは、ヨーロッパ文化に同化されたドイツ系、オーストリア系のユダヤ人だという点である。カバラーをこき下ろす悪意に満ちたグレーツの本を、彼らが読んでいたかどうかはわかっていない。しかし、フロイトは別にするとしても、彼らはみな、カバラーに対するグレーツの侮蔑の念を共有していた。カバラーは彼らに何の興味ももたらさなかったのだ。

アドラーについて言えば、彼は常に聖書の倫理的な知恵に敬意を払っていた。けれども、将来の出世を考えて若いときにキリスト教に改宗した彼は、四人の子どもたちにはまったくユダヤ教を教えなかった。また、アドラーはこの先祖伝来の宗教の神秘的側面に惹かれたこともなかった。

またもや皮肉なことに、大勢の才能ある現代心理学の革新者の中でただ一人、プロテスタントの牧師の息子であるカール・ユングだけが、カバラーの体系を心理学的知識の真の源泉として認めたのである。しかも、ユングは、『ゾーハル』といったカバラーに関する基本図書を一切介さずに、むしろ、クノール・フォン・ローゼンロートが書いた十七世紀のラテン語の論文を通じて、ユダヤの秘教の道に到達したのだった。

このスイス人の精神分析家は、死後に出版された個人的な往復書簡の何か所かでカバラーに言及している。さらに彼は、ルーリアの概念である「器の破壊」のような、より専門的な用語にさえ触れている。最も興味を引かれるのは、一九五七年に書かれた手紙の中ではっきりと、ユダヤ教神秘主義とフロイト理論の関連性を指摘していることである。この強靭な革新者の著作を真に理解したならば、「正統派ユダヤ教を超えて、地下で働いているハシディズムへと・・・そしてさらに、複雑きわまりないカバラーへと運ばれてゆくであろう。しかし、カバラーは依然として心理学的探究がなされぬままである」[14]と彼は記している。

フロイトはこの関連性の存在を否定したかもしれないが、精神分析とカバラーの諸概念との間には、容易に見てとれる類似性が存在する。事実、この古来の秘教は、数えきれぬほど様々な点で、行動科学の重要な洞察のほぼすべてを事実上先取りしてきた。ユダヤ教の一次文献に不案内であることを自認していたユングは、神的なるものを実証できるような心理学を求めながらも、それを成し遂げることができなかった。しかし彼は、ユダヤ教神秘主義こそが道を照らす光明であると考えていたのだ。多くの人々が人間の可能性の新たなビジョンを探し求めている今、カバラーは、おそらく発祥のときから持ち続けてきたと思われる、比類なき今日性をもって我々に語りかけてくる。

註

序

（1） Abraham Isaac Kook, *The Lights of Penitence*, *Lights of Holiness*, *The Moral Principles*, *Essays*, *Letters*, *and Poems*, translated by Ben Zion Bokser（New York : Paulist Press, 1978）, p. 67.

第1章

C.G. Jung, *Letters*, *volume 2*,edited by Gerhard Adler（Princeton : Princeton University Press, 1975）,p. 155.
Herbert Weiner,*91/2 Jewish Mystics*（New York : Collier, 1969）, p.17.

（1） Louis Jacobs, *Jewish Mystical Testimonies*（New York : Schocken, 1978）, p. 31.
（2） Detlef Ingo Lauf, *Secret Doctrines of the Tibetan Books of the Dead*（Boulder : Shambhala, 1977）, p. ix.
（3） *Bahir*, translated by Aryeh Kaplan（New York : Weiser, 1980）,1, p.1.
（4） Ibid.,4,p.2.
（5） Ibid., p. vii.
（6） Jacobs, p. 62.
（7） *Zohar*, volume 1,translated by Harry Sperling and Maurice Simon,（London : Soncino Press, 1933）, pp. 323–324.
（8） Lao Tzu, *Tao Te Ching*, translated by D.C. Lau（Baltimore : Penguin, 1974）, p. 125.
（9） *Zohar*, volume 1, p. 160.
（10） *Zohar*, volume 1, p. xiii–xiv.
（11） Solomon Schechter, “Safed in the Sixteenth Century,” *Studies in Judaism*, second series（Philadelphia : Jewish Publication Society, 1908）, p. 223.
（12） Moses Cordovero, *The Palm Tree of Deborah*, translated by Louis Jacobs（New York : Sepher–Hermon, 1974）,

p. 117.

(13) R. J. Zwi Werblowsky, *Joseph Karo, Lawyer and Mystic* (Philadelphia : Jewish Publication Society of America, 1977), p. 15.

(14) Gershom Scholem, *Major Trends in Jewish Mysticism* (New York : Schocken, 1974), p. 254.

(15) Louis I. Newman, *Hasidic Anthology* (New York : Schocken, 1975), p. 203.

(16) Ibid., p. 137.

(17) Ibid., p. 158.

(18) J.G. Weiss, “Via Passiva in Early Hasidism,” *Journal of Jewish Studies*, 1960, 11, p. 149.

(19) Louis Jacobs, *Hasidic Thought* (New York : Schocken, 1976), p. 72–73.

(20) Newman, p. 476.

(21) Jacobs, *Hasidic Thought*, p. 132.

(22) Schneur Zalman of Liady, *Tanya*, translated by N. Mindel (New York : Kehot Publication Society, 1973), p. 79.

(23) Jacobs, *Hasidic Thought*, p. 131.

(24) *Rabbi Nachman's Wisdom*, translated by Aryeh Kaplan (Brooklyn : Aryeh Kaplan, 4804-16 th Avenue, 1976), p. 151.

(25) Weiner, p. 198.

(26) Michael Meyer, *Ideas of Jewish History* (New York : Behrman House, 1974), p. 217.

(27) Ibid., p. 217.

(28) Heinrich Graetz, *History of the Jews*, volume 4 (Philadelphia : Jewish Publication Society of America, 1894), p. 14.

(29) Ibid., volume 5, pp. 375–376.

第2章

Zohar, volume 2, p. 36

Rabbi Nachman's Wisdom, p. 142.

(1) Fritjof Capra, *The Tao of Physics* (Boulder : Shambhala, 1975), p. 25.

(2) Abraham Maslow, *The Psychology of Science* (New York : Harper and Row, 1966), p.1.
(3) Ibid., pp.4–5.
(4) Zohar, volume 1, p. 84.
(5) Moses Chaim Luzzatto, *The Way of God*, translated by Aryeh Kaplan (Jerusalem : Feldheim, 1978), p. 195.
(6) *Zohar*, volume 1, p. 146.
(7) Ibid., p. 121.
(8) *Zohar*, volume 2, p. 121.
(9) *Zohar*, volume 1, p. 177.
(10) *Rabbi Nachman's Wisdom*, p. 143.
(11) Capra, pp. 154–155.
(12) *Zohar*, volume 1, p. 63.
(13) *Book of Creation*, translated by Irving Friedman (New York : Weiser, 1977),1, p.1.
(14) Schneur Zalman of Liady, pp. 89–91.
(15) *Bahir*, 172, p. 65.
(16) Albert Einstein, *Cosmic Religion* (New York : Covici, Friede, 1931), p. 102.
(17) Albert Einstein, *The World as I See it* (New York : Covici Friede, 1934), p. 264.

第3章

Zohar, volume 1, p. 286.
Newman, p. 384.
(1) *Zohar*, volume 2, p. 280.
(2) *Rabbi Nachman's Wisdom*, p. 156.
(3) *Zohar*, volume 3, p. 227.
(4) Ibid., p. 231.
(5) *Rabbi Nachman's Wisdom*, p. 141.

(6) Kook, p. 67.
(7) Newman, p. 267.
(8) Ibid., p. 53.
(9) Ibid., p. 506.
(10) Ibid., p. 244.
(11) Ibid., p. 244.
(12) Zalman M. Schachter, "The Dynamics of the *Yehudit* Transaction." *Journal of Psychology and Judaism*, Fall 1978, 3(1), pp. 11, 14.
(13) *Zohar*, volume 1, p. 44.
(14) *Zohar*, volume 2, p. 205.
(15) *Zohar*, volume 1, p. 293.
(16) Luzzatto, *The Way of God*, p. 63.
(17) *Rabbi Nachman's Wisdom*, p. 132.
(18 a) Moses Chaim Luzzatto, *The Path of the Just*, translated by Shraga Silverstein (Jerusalem : Feldheim, 1966), p. 189.
(18 b) Ibid., p. 215.
(19) Newman, p. 18.
(20) Irving Block, "Chabad Psychology and the *Benoni of Tanya*," *Tradition*, Fall 1963,6(1), p. 35.
(21) Newman, p. 257.
(22) *Zohar*, volume 4, p. 334.
(23) Raphael Patai, *The Hebrew Goddess* (New York : Avon, 1978), p. 104.
(24) Ibid., p. 111.
(25) *Bahir*, 131, p. 48.
(26) Ibid., 198, p. 80.
(27) Ibid., 155, p. 56.
(28) *Zohar*, volume 2, pp. 174–175.

(29) *Zohar*, volume 5, p. 93.
(30) *Zohar*, volume 1, pp. 113–114.
(31) Ibid., p. 159.
(32) *Zohar*, volume 2, p. 212.
(33) Newman, pp. 254–255.

第4章

Rabbi Nachman's Wisdom, pp. 150–151.
Martin Buber, *The Tales of Rabbi Nachman*, translated by Maurice Friedman (New York : Avon, 1970), p. 37.
(1) *Rabbi Nachman's Wisdom*, p. 189.
(2) Luzzatto, *The Way of God*, p. 45.
(3) *Rabbi Nachman's Wisdom*, p. 416.
(4) Schneur Zalman of Liady, p. 47.
(5) Abraham ben Samuel Abulafia, *The Path of the Names*, translated and adapted by Bruria Finkel, Jack Hirschman, David Meltzer, and Gershom Scholem (Berkeley : Trigram, 1976), p. 24.
(6) Luzzatto, *The Path of the Just*, p. 329.
(7) *Rabbi Nachman's Wisdom*, p. 324.
(8) Luzzatto, *The Way of God*, p. 199.
(9) *Zohar*, volume 1, p. 243.
(10) Itzhak Bentov, *Stalking the Wild Pendulum* (New York : Dutton, 1977), p. 225.
(11) Abulafia, p. 25.
(12) Ibid., p. 25.
(13) *Rabbi Nachman's Wisdom*, p. 401.
(14) Ibid., p. 179.
(15) Ibid., p. 151.

(16) *Oxford Annotated Bible*, edited by Herbert C. May and Bruce M. Metzger (New York : Oxford University Press, 1962) ,1 Ezekial 15–29, p. 1001.

(17) Gershom G. Scholem, *Jewish Gnosticism, Merkabah Mysticism, and Talmudic Tradition* (New York : Jewish Theological Seminary of America, 1965) , p. 15.

(18) *Book of Creation*,5, p. 15.

(19) Abulafia, p. 39.

(20) Ibid., p. 39.

(21) Ibid., p. 24.

(22) Jack Hirschman, “On the Hebrew Letters,” *Tree*, Summer 1971,2, pp. 37–38.

(23) *Zohar*, volume 2, p. 159.

(24) Carl G. Jung, *Man and his Symbols* (New York : Doubleday, 1964) , p. 90.

(25) Metzger, p. 189.

(26) J.G. Weiss, “The Kavvanoth of Prayer in Early Hasidism,” *Journal of Jewish Studies*, 1958(9), p 179.

(27) Schneur Zalman of Liady, p. 225.

(28) Ibid., p. 225.

(29) *Rabbi Nachman’s Wisdom*, p. 266.

(30) Louis I. Jacobs, *Hasidic Prayer* (New York : Schocken, 1978) , p. 105.

(31) Ibid., p. 107.

(32) Ibid., p. 108.

(33) *Rabbi Nachman’s Wisdom*, p. 177.

(34) Frederic J. Heide and Thomas D. Borkovec. “Relaxation–Induced Anxiety : Psychophysiological Evidence of Anxiety Enhancement in Tense Subjects Practicing Relaxation,” Paper presented at the 1980 Annual Convention of the Association for Advancement of Behavior Therapy, New York, p.1.

(35) *Rabbi Nachman’s Wisdom*, p. 191.

(36) Ibid., p. 303.

第5章

Buber, p. 35.

Zohar, volume 1, p. 16.

(1) Frank Goble, *The Third Force* (New York: Pocket Books, 1974), p. 54.

(2) Ibid., p. 54.

(3) *Zohar*, volume 1, p. 323.

(4) Luzzatto, *The Way of God*, p. 61.

(5) Ibid., p. 63.

(6) *Zohar*, volume 1, p. 332.

(7) *Zohar*, volume 3, p. 77.

(8) Gershom Scholem, *The Messianic Idea in Judaism*, translated by Michael Meyer and Hillel Hankin (New York: Schocken, 1978), p. 224.

(9) Newman, p. 474.

(10) Schneur Zalman of Liady, p. 237.

(11) *Rabbi Nachman's Wisdom*, p. 148.

(12) Ibid., p. 179.

(13) Luzzatto, *The Way of God*, p. 103.

(14) *Bahir*, 190, p. 75.

(15) *Zohar*, volume 3, p. 217.

(16) *Zohar*, volume 2, p. 152.

(17) Schneur Zalman of Liady, pp. 77–79.

(18) *Rabbi Nachman's Wisdom*, p. 222.

(19) Norman Garmezy, "The Psychology and Psychopathology of Attention," *Schizophrenia Bulletin*, 1977,3(3), p. 365.

(20) Keith H. Nuechterlein, "Reaction Time and Attention in Schizophrenia: a Critical Evaluation of the Data and

Theories," *Schizophrenia Bulletin*, 1977,3(3),p. 403.
(21) Ibid., p. 403.
(22) Aldous Huxley, *The Doors of Perception and Heaven and Hell* （New York : Harper and Row, 1963）,pp. 22–23.
(23) Ibid., p. 57.
(24) *Rabbi Nachman's Wisdom*, p. 129.
(25) Scholem, *Major Trends in Jewish Mysticism*, p. 254.
(26) *Rabbi Nachman's Wisdom*, p. 105.
(27) Luzzatto, *The Path of the Just*, p. 41.
(28) *Zohar*, volume 4, p. 14.
(29) Abulafia, p. 26.
(30) Ibid., p. 26.
(31) *Zohar*, volume 1, p. 84.
(32) *Zohar*, volume 3, p. 74.
(33) Huxley, p. 22.
(34) Govinda, *The Way of the White Clouds*, p. 103.
(35) *Zohar*, volume 3, pp. 47–48.
(36) Huxley, title page.

第6章

Zohar, volume 2, p. 200
A. Z. Idelsohn, *Jewish Music and its Historical Development* （New York : Schocken, 1967）, p. 414.
(1) Newman, p. 447.
(2) *Zohar*, volume 1, p. 303.
(3) Newman, p. 447.
(4) Moshe Halevi Spero, "Anticipations of Dream Psychology in the Talmud," *Journal of the History of the Behavioral*

Sciences, October 1975, 11(4), p. 376.
(5) *Zohar*, volume 2, p. 259.
(6) Ibid., p. 200.
(7) Ibid., p. 258.
(8) Ibid., p. 228.
(9) Ibid., p. 236.
(10) *Zohar*, volume 1, p. 116.
(11) Ibid., p. 164.
(12) *Zohar*, volume 2, p. 259.
(13) Werblowsky, p. 182.
(14) *Zohar*, volume 5, p. 140.
(15) Werblowsky, pp. 47–48.
(16) *Zohar*, volume 2, p. 199.
(17) Ibid., p. 79.
(18) Stanley Krippner, "Dreams and other Altered Conscious States," *Journal of Communication*, Winter 1975, p. 174.
(19) Ibid., p. 177.
(20) Montague Ullman, "The Role of Imagery," *Journal of Communication*, Winter 1975, p. 163.
(21) Ibid., p. 163.
(22) *Zohar*, volume 4, p. 225.
(23) *Oxford Annotated Bible*,2 Kings 3 : 15, p. 457.
(24) Ibid.,1 Samuel 16 : 16, p. 353.
(25) Scholem, *Jewish Gnosticism*, *Merkabah Mysticism*, *and Talmudic Tradition*, p. 11.
(26) Ibid., p. 21.
(27) *Bahir*, 47, p. 17.
(28) Amnon Shiloah, "The Symbolism of Music in the Kabbalistic Tradition," *World of Music*, 1978, 20(3), p. 58.

（29） Jacobs, *Jewish Mystical Testimonies*（New York： Schocken, 1978）, p. 60.
（30） *Oxford Annotated Bible*, Joshua 6 : 20, p. 269.
（31） *Zohar*, volume 3, p. 59.
（32） Ibid., p. 60.
（33） Dov Baer of Lubavitch, *Tract on Ecstasy*, translated by Louis Jacobs（London： Vallentine Mitchell, 1963）, p. 78.
（34） Ibid., p. 77.
（35） Ibid., p. 77.
（36） Ruth Rubin, *Voices of a People*（New York： McGraw-Hill, 1973）, p. 247.
（37） Ibid., p. 247.
（38） Yaacov Mazor and André Hadju, "The Hasidic Dance *Nigun*," *Yuval*, 1974,3, p. 139.
（39） Gordon Epperson, *The Musical Symbol*（Ames, Iowa： Iowa State University, 1967）, p. 25.
（40） Newman, p. 203.
（41） Joseph Haleri, "My Hasidic Adventure," *East West Journal*, October 1974,4, p. 31.
（42） Robert Bruce Williams, "Music Therapy： How It Helps the Child," *Psychology of Music*, 1978,6(1), p. 57.
（43） Helen I. Bonny and Walter N. Pahnke, "The Use of Music in Psychedelic（LSD）Psychotherapy." *Journal of Music Therapy*, summer 1972,9, p. 70.
（44） W. Otto Meissner, *Your Need of Music*（Milwaukee： Meissner Institute of Music, 1926）, p. 23.

第7章

Luzzatto, *The Way of God*, p. 121.
Zohar, volume 2, p. 199.
（1） *Zohar*, volume 1, p. 139.
（2） *Zohar*, volume 2, p. 20.
（3） Luzzatto, *The Way of God*, p. 389.
（4） Ibid., p. 391.

(5) Ibid., p. 217.
(6) Ibid., p. 233.
(7) *Zohar*, volume 5, p. 363.
(8) Luzzatto, *The Way of God*, p. 233.
(9) Abulafia, pp. 60–61.
(10) Ibid., pp. 56–57.
(11) Werblowsky, p. 56.
(12) Meltzer, p. 190.
(13) Ibid., p. 190.
(14) Ibid., p. 190.
(15) Werblowsky, p. 263.
(16) Jane Roberts, *Seth Speaks* (Englewood Cliffs, New Jersey : Prentice–Hall), pp. 30&6.
(17) Jacobs, *Jewish Mystical Testimonies*, p. 143.
(18) Ibid., p. 144.
(19) Sigmund Freud, *Studies in Parapsychology*, translations by Alix Stratchey, C.J.M. Hubback, and Edward Glover (New York : Collier, 1966), p. 87.
(20) Werblowsky, p. 314.
(21) Ibid., p. 314.
(22) Ibid., p. 315.
(23) *Zohar*, volume 1, p. 352.
(24) Newman, p. 262.
(25) Newman, p. 262.
(26) Blofeld, p. 92.
(27) Govinda, *The Way of the White Clouds*, p. 82.
(28) Naftdi Hertz Ehrmann, *The Ray*, translated by Karen Paritzky, (Jerusalem : Feldheim, 1977), p. 117.

第8章

Schneur Zalman of Liady, pp. 174–175.

Luzzatto, *The Path of the Just*, p. 23.

(1) Schneur Zalman of Liady, p. 79.

(2) Luzzatto, *The Way of God*, p. 127.

(3) Ibid., p. 129.

(4) Newman, pp. 174–175.

(5) Ibid., p. 128.

(6) Jean Shinoda Bolen, *The Tao of Psychology* (New York : Harper and Row, 1979), pp. 47–48.

(7) Newman, p. 373.

(8) Edwin Wallace, “Freud’s Mysticism and its Psychodynamic Determinants.” *Bulletin of the Menninger* Clinic, May 1978, 42(3), p. 207.

(9) Newman, p. 67.

(10) Ibid., p. 71.

(11) *Rabbi Nachman’s Wisdom*, p. 445.

(12) Newman, p. 71.

(13) Ibid., p. 70.

(14) Ibid., p. 70.

(15) J. Bruce Long, “The Death that Ends in Hinduism and Buddhism.” Edited by Elisabeth Kübler–Ross, *Death, the Final Stage of Growth* (Englewood Cliffs, New Jersey : Prentice Hall, 1975), p. 62.

(16) Ibid., p. 66.

(17) *Zohar*, volume 2, p. 307.

(18) Raymond Moody, *Life after Life* (New York : Bantam, 1976), p. 55.

(19) Ibid., Foreword by Elisabeth Kubler–Ross.

(20) *Zohar*, volume 2, p. 309.
(21) Schneur Zalman of Liady, p. 127.
(22) Newman, p.2.
(23) *Zohar*, volume 2, pp. 17–18.
(24) *Zohar*, volume 1, p. 324.
(25) Newman, p.3.
(26) Ibid., p.1.
(27) Fritz Perls, *Gestalt Therapy Verbatim* (New York : Bantam, 1972), p. 56.
(28) Werblowsky, p. 245.
(29) *Zohar*, volume 3, p. 333.
(30) Werblowsky, p. 113.
(31) Werblowsky, pp. 114–115.
(32) David Meltzer, *The Secret Garden : an Anthology in the Kabbalah* (New York : Seabury, 1976), p. 193.
(33) Luzzatto, *The Way of God*, p. 121.
(34) John Blofeld, *The Tantric Mysticism of Tibet* (New York : Causeway, 1974), pp. 47–48.
(35) *Zohar*, volume 2, p. 22.
(36) Werblowsky, p. 241.
(37) Lama Anagarika Govinda, *Foundations of Tibetan Mysticism* (New York : Weiser, 1975), p. 247.
(38) Newman, p. 97.

第9章

Kook, p. 340.
Kook, p. 351.
(1) William James, *The Varieties of Religious Experience* (Garden City, New York : Doubleday, 1978), p. 133.
(2) Ibid., p. 133.

(3) Abraham Maslow, *Toward a Psychology of Being* (New York : Van Nostrand, 1968), p. 113.
(4) *Rabbi Nachman's Wisdom*, p. 142.
(5) Zohar, volume 3, p. 79.
(6) Newman, p. 451.
(7) Zohar, volume 2, p. 79.
(8) *William James on Psychical Research*, edited by Gardner Murphy and Robert O. Ballou (Clifton, New Jersey : Augustus M. Kelley, 1973), p. 322.
(9) Parker Rossman, *Hospice* (New York : Fawcett, 1977), p. 39.
(10) Zohar, volume 1, p. 324.
(11) Moody, p. 93.
(12) Ernest Jones, *The Life and Work of Sigmund Freud*, edited by Lionel Trilling and Steven Marcus (New York : Basic Books, 1961), p. 235.
(13) Gershom Scholem, *From Berlin to Jerusalem*, translated by Harry Zohn (New York : Schocken, 1980), p. 156.
(14) Carl Jung, *Letters*, volume 2,edited by Gerhard Adler (Princeton : Princeton University Press, 1975), p. 359.

用語解説

アダム・カドモン Adam Kadmon
天地創造のときに生まれた原人。この元型的人間の性質が、我々一人ひとりに反映されていると言われている。

バアル・シェーム・トーヴ Baal Shem Tov
「誉れ高き人」の意。カリスマを持つハシディズム創始者、イスラエル・ベン・エリエゼル（一六九八―一七六〇）の通称である。

バーヒール Bahir
『清明の書』。一一七五年頃に初めて、南フランスのプロヴァンス地方に現れた、著者不明の書物。

ベシュト Besht
ヘブライ語の名前「バアル・シェーム・トーヴ」の省略形。

ビットゥール・ハイェシュ Bittul Ha-Yesh
高次の意識状態を体験するための自我の滅却を意味するハシディズム用語。

ハバド Chabad

リアディのラビ・シュヌール・ザルマーン（一七四七―一八一二）が練り上げた形而上学的体系。ルバヴィッチ派ハシディズムの思想の基礎をなしている。最高位に位置する三つのセフィロート、すなわち、智慧を意味するホフマー（chochmah）、理解を意味するビーナー（binah）、知識を意味するダアト（daath）の最初の文字をとって作られた言葉である。

ドゥヴェークート Devekuth

神的なるものに忠誠を尽くしている心の状態。

エーン・ソーフ Ein Sof

「無限者」。宇宙の万物がここから生まれる。この概念は、東洋の「輝ける虚空」という考え方によく似ている。

ゲマトリア Gematriyah

意味は異なるが数値の等しいヘブライ語の言葉のあいだに、どのような対応関係が秘められているかを探る瞑想法。

ギルグリーム Gilgulim

それぞれの霊魂が完全な悟りに達するまで繰り返される「サイクル」すなわち「生まれ変わり」。この概念は、霊魂の生まれ変わりを信じ、各人が地上で何度も生涯を送るものと考える。

ハラハー Halacha

正統派ユダヤ教の律法体系。その精緻さには、多数のレベルの隠された意味が反映されていると、カバリストたちは考えてきた。

ハシディズム Hasidism

十八世紀後半に東欧のユダヤ人の間で興った、カリスマ的指導者を始祖とする民衆運動。ハシード(hasid)は、「敬虔な」という意味のヘブライ語で、それが名詞として使われたときの複数形がハシディーム(Hasidim)でハシディズムを信奉する人々の集団を意味する。ただし、十二世紀ドイツの「ハシディーム」と呼ばれる一団は、名前は似ているが、ハシディズムとは関係ない。

ヘーハロート Hekhalot

「天の広間」。紀元前一世紀から紀元十世紀まで、ユダヤの神秘家たちの間で実践されていた瞑想の最中に、おぼろげに見えるとされるもの。

ヒトラハヴート Hitlahavut

人生のあらゆる側面において神的なるものを求める、「焼けつくように強烈」な精神状態。

カバラー Kabbalah

「受け取る」という意味のヘブライ語に由来する言葉。ユダヤ教神秘主義それ自体を示す総称として用いられることが多いが、より厳密には、十二世紀後半以降のユダヤの秘教思想を指す。

カヴァナー Kavvanah

古典的なラビ用語としては、精神の集中を意味する。しかし、ハシディームの間では、より高次の意識領域に達するのに必要とされる、注意を一点に向けたような状態を指すようになった。

カヴァノート Kavvanoth

十六世紀サフェドのカバリストたちが考案した瞑想訓練を意味する専門用語。十のセフィロートに関連する複雑な視覚化の行が含まれる。

クリッポート Kelipot

宇宙の創造のときに生じた「殻」、すなわち不純な力。人間は誰しも、自分が日常生活で遭遇するクリッポートを浄化してゆく責任を負っていると言われている。

ケテル Keter

十のセフィロートの最上位に位置する「王冠」。宇宙に浸透してゆく能動的な力とも考えられている。

マギード Maggid

トランス状態にある達人を介してコミュニケーションを行なう、霊的実在と思われるもの。霊的に進歩を遂げた人間をも意味する。

マルクート Malkuth

十のセフィロートの最下位に位置する「王国」。宇宙のなかの、受動的で受容的な力とも考えられている。ケテルの項も参照。

マスキリーム Maskilim

「啓蒙された人」。十八世紀後半から十九世紀前半に、西欧のユダヤ人の中に初めて現れた同化主義者たちをさす。マスキリームは、ユダヤ教のカバラー的要素やハシディズム的要素を極度に軽蔑していた。

ミトナゲディーム Mittnagedim

ハシディズム運動の「反対者」である、正統派ユダヤ教徒。ミトナゲディームは、東欧のユダヤ人の間にハシディズムが広まるのを抑えようとして、極端な行動に出た。

ネフェシュ Nefesh

人間の自己のうちで、最も低次で最も肉体的な部分。肉体の死と同時に消滅すると言われている。

ネシャマー Neshamah

自己の非肉体的で超越的な部分。肉体の死後も存続する。我々一人ひとりの中にはこの他に、さらにいっそう非物質的な二つの構成要素が存在するとほのめかすカバリストもいる。

ニグニーン Niggunin

ハシディズムで用いられていた、歌詞のないのメロディー。単数形は「ニグーン」。

ノタリコン Notarikon

ヘブライ語の単語を分解して、それぞれの文字を頭文字とする単語で構成される文を作ることにより、秘教の知識を得ようとする瞑想法。

レッベ Rebbe

魂の師を意味するハシディズム用語。

ルーアハ Ruach

人間の自己のうちで、ネフェシュとネシャマーの中間の性質をもつ部分。ルーアハは、肉体の死後まもなく消散する。

セーフェル・イェツィーラー Sefer Yetzirah

『創造の書』。三世紀から六世紀の間に成立した著者不明の書。ヘブライ語で書かれたものとしては最古の形而上学の書物である。

セフィロート Sefirot

絶えず相互に作用し合いながら、宇宙の万物の根底をなしていると言われる十のエネルギーエッセンス。歴史上、多種多様な図に描かれてきたが、その中で最も重要なのは「生命の樹」である。

シェヒナー Shekinah

神の女性的側面。信心深い人々の間に住まっているが、その源泉からは追放されているものとして描かれる。

タルムード Talmud

口伝されてきたユダヤの律法の概要を、パレスチナとバビロニアの賢者たちが成文化して集大成したもの。五百年頃に完成。当時のユダヤ世界の二大中心地であったパレスチナとバビロニアに、それぞれのタルムードが存在する。多くの主要なカバリストは、タルムード研究にたいへん精通していたが、ハシディズムの人物の中には、その意義を軽んずる者もおり、そのせいでミトナゲディームの怒りを買うことになった。

タニア Tanya

リアディのラビ・シュヌール・ザルマーンが著した重要な理論書の題名で、「教えられしこと」の意。その主要な部分をなす第一巻は一七九七年に出版され、以来、ルバヴィッチ派のハシディームやその他の人々によって徹底的に研究されてきた。

ティクーン Tikkum
宇宙の神聖さを回復させること。人間一人ひとりの行ないが、このプロセスを促すか、妨げるか、そのいずれかの働きをするものとして描かれる。
トーラー Torah
狭義には、モーセ五書のこと。広義には、聖書とタルムードを含む二十四の書物から成るものとして理解されている。
生命の樹 Tree if Life
宇宙とそのあらゆる側面を象徴する中心的隠喩。十のセフィロートが描かれる図の中で、最も典型的なものが「生命の樹」である。どんな生物にも無生物にも、この構造が反映されていると言われる。
イッフード Yichud
視覚化と十のセフィロートを用いる瞑想訓練。十六世紀サフェドのカバリストたちが考案した方法。
ツァディーク Zaddik
「敬虔なる者」。ハシディズムにおいては、ツァディークはコミュニティの霊的指導者であり、コミュニティと神の世界の媒介者と考えられている。
ゾーハル Zohar
『光輝の書』。十三世紀後半のスペインに初めて現れた。カバラーの「バイブル」ともいうべき、影響力の最も強いカバラーの書である。伝統主義者たちは、二世紀のシメオン・バル・ヨハイの著作であるとしてきたが、今日の学者たちは、モシェ・デ・レオンの著作であると考えている。その大部分が一二八〇年代または一二九〇年代に成立したと言われている。

訳者あとがき

本書は、Edward Hoffman, *The Way of Splendor : Jewish Mysticism and Modern Psychology*, Northvale, New Jersey & London : Jason Aronson Inc., 1981, 1989の全訳である。ただし、最初はShambalaから出版された。

著者のエドワード・ホフマンは、一九五一年にニューヨークのユダヤ人家庭に生まれ、心理学と教育学を専攻してコーネル大学を卒業し、ミシガン大学で博士号を取得した。ニューヨークで臨床心理学者として活動するかたわら、ユダヤ人のための高等教育機関であるイェシヴァ大学の助教授も務める。アメリカ心理学の支配的な潮流であった行動主義と精神分析に抗して、人間性に即した心理学を目指してマズローやロジャーズらによって四十年ほど前に旗揚げされた人間性心理学(humanistic psychology)の今日を代表する一人である。心理学と宗教に関連する著書あるいは編書がすでに一ダース以上も出版されているが、それらはいくつかのグループに分けることができよう。

第一は、心理学者の伝記で、邦訳されているのは、*The Right to be Human : A Biography of Abraham Maslow* (1988)『真実の人間　アブラハム・マスローの生涯』（上田吉一訳）誠信書房、一九九五年と *The Drive for Self : Alfred Adler and the Founding of Individual Psychology* (1994)『アドラーの生涯』（岸見一郎訳）金子書房、二〇〇五年である。初期にライヒの伝記 *The Man Who Dreamed of Tomorrow : The Life and Thoughts of Wilhelm Reich* も書かれているが、これはまだ訳されていない。取り上げられているのがいずれもユダヤ人であり、ユダヤ教の伝統への彼らの関わりに並々ならぬ注意を払っていることは、著者がユダヤ人であることからいって当然ではあるが、やはり注目すべきである。

第二は、有名無名を問わず、人生の知恵をテーマとするアンソロジーの編集である。読者層としては、必ずしも心理学の素養が前提にされず、あらゆる人々が想定され、いずれもコンパクトな装丁で、贈り物に向いている。

しかし、筆者が著者に問い合わせて確認したことだが、著者はやはり、聖書の知恵文学（たとえば、「箴言」や「知恵の書」などに代表される）に見られるようなユダヤの知恵（ホフマー）の伝統を意識している。それゆえ、これらの本はいわば、現代版知恵文学とでも言えようか。といっても、その場合に取り上げられる人々はユダヤ人に限定されず、また、古今東西にわたっている。

このうちで訳書となっているのは、*Future Visions : The Unpublished Papers of Abraham Maslow* (1996)『マスローの人間論　未来に贈る人間主義心理学者のエッセイ』（上田吉一・町田哲司訳）ナカニシヤ出版、二〇〇二年、*The Book of Fathers' Wisdom* (1997)『子どもに伝える父親たちの知恵』

（村本詔司・今西康子訳）草思社、二〇〇三年、および *The Book of Graduation Wisdom* (2003)『これから社会に出る君へ　有名人が贈る60の勇気』（田村浩訳）草思社、二〇〇五年である。子ども時代の神秘体験を集めた *Visions of Innocence* (1992) は興味が尽きず、是非とも邦訳されるべき本である。他に、『子どもたちに伝える父親の知恵』の母親版といえる *The Book of Mothers' Wisdom* (1998) という母親たちの知恵の本や、誕生日を迎えたときの有名人の感慨を集めた *The Book of Birthday Wishes* (2001)、そして心理学者のものとしては、ユングの知恵の言葉を集めた *The Wisdom of Carl Jung* (2003) がある。

第三のグループが、ユダヤ教神秘主義の解説書だが、この宗教的伝統と今日の西洋心理学のある見えざるリンクを示唆しようとして書かれているかに見えるのが類書にない特徴である。若干二十九歳で執筆された本書はその中でも最初に邦訳されたものである。他に、*Sparks of Light: Counseling in the Hasidic Tradition* (1983), *The Heavenly Ladder: Kabbalistic Techniques for Inner Growth* (1985), および *The Kabbalah Deck: Pathway to the Soul* (2000) などがある。ヘブライ語のそれぞれの文字の神秘的な意味を解説した A Mystical Journey Through the Hebrew Alphabet というビデオの台本も書いている。

日本の鈴木大拙の活動に代表されるように、一九五〇年代と一九六〇年代にアメリカ合衆国に種々の東洋思想が紹介され、普及し、心理学をはじめとしてアメリカのこれまでの文化を大きく塗り替えてきたことは、記憶に新しく、今も、以前に比べてより地道な仕方ではあるが、このプロセスは現在も進行している。

こうした文化変容を一方で歓迎しながら、他方で、ある複雑な思いを抱いてきたに違いない集団がユダヤ人ではなかろうか。スピノザ、マルクス、フロイト、アインシュタインなどの活躍なしに、今日のいわゆる現代西洋文化が語られようか。ユダヤ人こそ、その立役者ではなかったか。ある意味で、西洋合理主義の代表者、そして、推進者と言える。しかし彼らは、その一方で、人間性の計り知れない闇に対する独特の感性とそこを有意義かつ、しぶとく生き延びる才能にも恵まれてきた。ユダヤ人たちのそのような底力がまた、非ユダヤ人たちにはこのうえなく不気味に思われ、迫害の歴史を生じさせてきたともいえるのだが・・・。しかし、彼らの底力の源泉は、やはり煎じ詰めれば、数千年にわたるユダヤ教の伝統に求めるほかないだろう。たとえ、西洋文明に偉大な貢献をした何人かのユダヤ人が無神論を唱えていたにしても、その無神論さえ、ユダヤの伝統と無関係ではありえない。

著者ホフマンが、本書の中でしばしば指摘しているのは、ユダヤ教神秘主義（カバラーとその大衆運動としてのハシディズム）の思想が、二十世紀後半の西洋人を魅了してきている東洋思想とのあいだで、ホリスティックな観点などを分かち合っているということである。著者は、実は自分たち西洋人が東洋思想を迂回してであるが、ヘレニズム思想とならんで、自らの思想的源泉のひとつであるヘブライズムに回帰する道を実際に歩み始めているのではなかろうか、と言いたいのかもしれない。読者は、ユダヤ教の輪郭や歴史にふれるだけでも、これまで自明視されてきた「東洋」と「西洋」という文化概念の二項対立がいかに相対的なものであるかに気づかされるであろう。

生まれ変わり（reincarnation）の思想が、仏教にだけでなく、紀元前の旧約の時代ではないにしても、十五、六世紀のスペインに起こったカバラー思想にあったということには驚かされた。ただし、生まれ変わりの原因は、仏教では、無常なものに執着しつづけるからであるのに対して、ユダヤ教では、この世での各人の使命が全うされていないからであるという点で、異なっている。ハシディズムにも菩薩に対応するような人々がいるということも興味深い。

スペインに発生してからカバラーが広がった南フランスはオク語を話す地域という意味でラングドク Lang d'Oc と呼ばれてきたが、その地はカバラーが栄えたのとほぼ同時期に、キリスト教会からは異端とされて弾圧を受けたカタリ派が栄えた地でもある。人文書院から一九九二年に出版されている原田実の『黄金伝説と仏陀伝』から教えられたことだが、その教義にも生まれ変わりの思想が含まれており、実際、「西洋の仏教」とも呼ばれたくらいである。地理的、時代的近さから言っても、カバラーとカタリ派のあいだ、さらにはこれらの「西洋の」宗教と仏教のあいだに何らかの交渉がなかったかどうかは、まだ歴史的好奇心の段階にとどまっており、思想史上の、重要な未開拓地である。

ここで興味深い事実を、未邦訳だがリチャード・ヒューズ・シーガーの『アメリカにおける仏教』（一九九九）から紹介しておこう。すなわち、アメリカに仏教を伝え、広め、発展させるうえでユダヤ人の果たしてきた役割はきわめて大きく、仏教集団内でのユダヤ人の比率は、米国総人口におけるそれの約十二倍であり、さらに、ユダヤ人とチベット人がディアスポラ（離散）という歴史的運命を共にしてきたということである。ひょっとすると、ユダヤ教は、仏教とキリスト教の間の溝だけでなく、東洋あるいは少なくとも日本と西洋の間の溝を埋める重要なヒントを提示しているのではないかとさえ思われてくる。

本書の内容をごく簡単に紹介しておこう。第一章は、紀元前の預言者の時代から現代に至るまでのユダヤ教神秘主義の雄大な歴史的展望を与えてくれる。第二章はその宇宙観を扱い、この伝統に独特な、セフィロートや生命の樹がわかりやすく紹介されている。身体観をテーマとする第三章は、ともすれば禁欲的、肉体蔑視に陥りがちな他宗教からユダヤ教を際立たせており、特に、近年盛んになってきているボディ・ワークに関心のある読者にとっては見逃せない章であろう。心の平安を得る技法を扱う第四章を読む者は、どうしても他の瞑想技法や今日の西洋のさまざまな心理療法との比較を考えてしまうであろう。第五章は、カバラーがいかにトランスパーソナル心理学の知見と思想を先取りしているかを教えてくれる。余りにも強烈な刺激で心のバランスを失わせないための、内なるブラインドというアイディアは、筆者に、直接の光を避けて映像を愛することを教えたゲーテとの関連を考えさせた。ゲーテ自然科学の基本概念である。収縮と拡大も、ルーリアのツィムツームを連想させる。実際、ゲーテは『詩と真実』で述べているように、カバラーに啓発され、通暁しており、カバラーは錬金術とともに彼の世界を深く理解するうえで欠かせない手がかりの一つである。夢と音楽の深い意味とその治療的意義を扱う第六章は、もちろん、夢分析を行う臨床家と音楽愛好家の双方にとって興味深い。大胆にも、第七章は超心理学、第八章は今日の死生学に関わり、最終章は、カバラー心理学を展望する。

キリスト教についても言えることだが、日本では、それにもましてユダヤ教についての理解は、これまでごく一般的なレベルにとどまってきたきらいがある。日本人がユダヤ人について知っていることといえばせいぜい人類の歴史に重要な貢献をなしたユダヤ人が少なくないこと、ヒトラー独裁下でのドイツとその占領地域でのホロコースト、ナチスの迫害を逃れるために多くの優れたユダヤ人知識人がアメリカに亡命して、精神分析を含めて世界の知性の中心がヨーロッパからアメリカに移動したかに見えること、そして、今日の世界でのイスラエルとアラブ諸国、否、むしろイスラム原理主義者の、共存をほとんど不可能とする対立ぐらいではなかろうか。マルティン・ブーバーやゲルショム・ショーレムの書物を読んでユダヤ教についての理解を得ている人は非常に少ないであろう。カフカの小説の読者はそこからどれぐらいユダヤ的なるものを感じ取っているだろうか。筆者にとっては、映画にもなったミュージカル『屋根の上のバイオリン弾き』が、ハシディズムの発生地となる東ヨーロッパのユダヤ人たちの生活を具体的に伝えてくれるものであり、お気に入りの映画のひとつである。心理学関係でユダヤ人の友人が少なからずいることをありがたく思う。彼らはホフマンほどには、自分たちの宗教について多くを語らないが、そのユダヤ的背景に気づいていなければ、彼らとはごく表面的にしか付き合っていないことになることを感じる。本書を通じて読者は、心理学の歴史を、ユダヤ教神秘主義の伝統の目を通じて見直すことを学ぶであろう。

本書は、日本にも深い影響を及ぼしてきているアメリカの心理学文化を背景にしているせいか、少なくとも心理学に関心のある人々には読みやすく、心理学とのリンクを通じてユダヤ教を身近な伝統として感じさせると同時に、心理学の歴史についての見方も変えてくれるであろう。

本書が出版されてからすでに四半世紀が経過し、その間に心理学も含めて世界は大きく変わってしまっており、時代錯誤を感じさせかねない箇所もいくつかある。しかし、人類の歴史とともに数千年を生き延びてきたユダヤ人たちの心の支えは今日でも、ユダヤ人、非ユダヤ人を問わず、闇を照らす光である。

とはいえ、著者自身が言うように、本書が出版されて以来、ユダヤ教神秘主義に対する関心が高まっているようなので、その後に出版された重要な関連文献をリストアップしてもらい、人文書院版では「追加文献」を付け加えることにした。また、一九八九年に再版される際に付け加えられた「はしがき」も含めることにした。

ヘブライ語の用語や人名をいかにカタカナ表記するかには苦慮させられた。どうもユダヤ人の間でさえ、各言語での標準的な表記だけでなく、発音さえ、標準化されていないようである。そこで、やはり、わが国のユダヤ教専門家の吟味に耐える程度のカタカナ表記が無難と思われた。最終的には最善の方策が得られた。書店で偶然『岩波講座　東洋思想』を見つけた。その二つの巻がユダヤ思想に割り当てられていること自体、非常に特筆すべきことだが、そこに新進気鋭の市川浩（東京大学大学院）氏の名を見つけ、早速コンタクトをとり、カタカナ表記の面での助力をお願いしたところ、快諾してくれた。本書でのヘブライ語のカタカナ表記は氏の教示に従うものである。氏の協力に心から感謝する。

翻訳で今西康子氏とコンビを組むのは、同じ著者の『子供たちに伝える父親の知恵』に次いで二度目である。作業の要領は前とほぼ同じで、彼女が前もって用意した翻訳原稿にチェックをいれ、メールを通じて協議しながら各章の原稿を仕上げていった。どちらにとっても未知の領域で、楽しく仕事をさせてもらった。

最後になるが、筆者からの本書の翻訳の提案を快諾してくださった谷誠二氏、そして、原稿を綿密にチェックし、仕事を着実に進めてくださった井上裕美氏に感謝する。

二〇〇六年六月十七日

村本　詔司

索　引

あ行

アインシュタイン、アルベルト Einstein, Albert　96-98,137,290
アウト・ダ・フェ auto-da-fe　40
アキバ、ラビ Rabbi Akiva　27,179
アシュケナジ・ラビ・イツハク Ashkenazi Rabbi Isaac　45
アダム・カドモン Adam Kadmon　89-90
アツィルート Aziluth　93
アスィヤー Assiyah　94
アブラハム Abrahama　235-236
アブラハム・ベン・ダヴィッド、ラビ・(ラアヴァド) Rabbi Abraham Ben David (Raavad)　31
アブラフィア、アブラハム Abrafia, Abraham　32-36,137,141,194,229,240
アラマ、イツハク Arama, Issac　222
アリ Ari　46-48
アルカベツ、ソロモン Solomon Alkabez　224,280
『アルティス・カバリスティカ・スクリプトレス』*Artis Cabalisticae Scriptores*　49
イェソード Yesod　86
イェフディーム yechudim　152,156
イッフード yihud, yichud　111
『イオン効果』*The Ion Effect*　204
イツハク、ベリチェフのラビ・レヴィ Issac, Beritchev の Rabbi Levi　228
イツハク、ルブリンのラビ・ヤアコブ Issac, Rabbi Jacob, of Lublin　252
イザベラ女王 Isabella　40
イスラエル・ベン・エリエゼル Israel Ben Elieser→バアル・シェーム・トーヴ
異端審問 Inquisition　39-40,48
イツハク、ラビ・ヴァイス J. G. Weiss, J. G.　56
ヴィタル、ハイム Vital, Chaim　242-244
ヴェルブロウスキ、R. J. ツヴィ Werblowsky, R.J. Zwi　44,242,245,274
生まれ変わり reincarnation　274-281
ウルマン、モンタギュー Ullman, Montague　214
『易経』*I-Ching*　29,150
エーン・ソーフ Ein Sof　60,85,155,194,257,300
エジソン、トマス Edison, Thomas　204
エゼキエル Ezekiel　26-27,146-147,236
エリシャ・ベン・アブヤ Elisha Ben Abuya　27,179
エリメレフ、リゼンスクのラビ Elimelech, Rabbi, of Lizensk　265

オシス、カーリス Osis, Karlis　268
オットー、ヘルベルト
Otto, Herbert　170
オルンシュタイン、ロベルト Ornstein, Robetrt　146

か行

カヴァナー kavvannah　54,114,118,142,144,292
カヴァノート kavvanoth　156
ガオン、ヴィルナのエリヤ Gaon, Elijah of Vilna　58,213,235,253-254
カクテルパーティー症候群 cocktail party syndrome　183
ガファレル Gaffarel　49
ガーフィールド、パトリシア Garfield, Patricia　210
カフカ Kafka, Franz　64
カプラ，フリッチョフ　Capla, Fritjof　71-72
神の摂理 Divine Providence　258
カロ、ヨセフ Karo, Joseph　43-45,58,209,235,244-247,254,276-277
『樹』*Tree*　153
キューブラー＝ロス、エリザベス Kubler-Ross, Elisabeth　263,269
共時性 synchronicity　261
キリスト教神秘主義　Christian mysticism　30
ギルグリーム gilgulim　276,278
クブス Cubs　45
クリップナー、スタンリー Krippner, Stanley　214
グリーリー、アンドリュー M. Greeley, Andrew M.　177
グレーツ、ハインリヒ Graetz, Heinrich　67,303,306
クンダリーニ・ヨーガ Kundalini Yoga　31,34
ケイシー、エドガー Cayce, Edgar　245
ゲヴラー Gevurah　86
ケテル Keter　86
ゲーヒンノム Gehinnom　269-270
ゲマトリア Gematriyah　150
クリッポート（クリッパーの複数形）kelippoth　91
ゲレル・レッベ Gerer rebbe　281
光輝の書→『ゾーハル』
向精神薬 mind-altering medicine　187
孔子 Confucious　216
降霊術　spiritualism　209
『心の科学ジャーナル』*Journal of Mental Sciences*　186
『心の務め』　*Duties of Heart*　30
コルドヴェロ、ラビ・モーゼス
Cordevero, Moses　41-43,45,304
コレツのレッベ Koretzer　rebbe　260

さ行

サナトロジー（死生学）thanatology　300
サムソン、スピトフカのラビ・ヤコブ Samson, Rabbi Jacob, of Spitovka
シュヌール・ザルマーン
Zalman, Rabbi Schneur　21,59-61,88,106,113,137,157,175,181,227-228,250,256-258,266,269-270,290
シェーカー派 Shakers　230
ジェームズ、ウィリアム

James, William　73,169,175,245,
283,285,298,302-304
シュヴィラー　shevirah
シェヒナー Shekinah　42,79,88,
121-125,223,272
自我滅却 annihilation of the ego
157
シクストゥス四世 Pope Sixtus IV
40
思考停止 thought stopping　163
自己実現者 self-actualizer　177
自動筆記 automatic writing　32
シメオン・バル・ヨハイ、ラビ Rabbi Simeon bar Yochai　35-36,41,62
シャハテル、ラビ・ザルマン Schachter, Rabbi Zalman　111,
150,269
シュメルケ、ラビ Schmelke, Rabbi
265
『シュルハン・アルーフ』（用意されたテーブル）Shulchan Arukh（"The Prepared Table"）　43
ジョーンズ、アーネスト Jones, Earnest
262
シンガー、アイザック・バシェヴィス Singer, Isaac Bashevis　260
神秘主義 mysticism　29,41,73,75,
97,103,109,115,121,126,140,149,179,
223,271,304,306-307
スウェーデンボルイ、エマニュアル Swedenborg, Emanual　191
ススヤー、ラビ Sussya, Rabbi　203
スーフィズム Sufism　30,62,163,
219
ズブリン、ジョン Zublin, John　184
生命の樹 Tree of Life　29,37,47,76,
83-93,153-157,243,304
清明の書→『セーフェル・バーヒール』
絶頂体験 peak experience　167,170,
176-177,182,185,187,189,192,195,
232,258,286
聖四文字（テトラグラマトン）Tetragrammaton　93
セフィラー Sephira　85,86,88-89
セフィロート Sephirot　29,42,47,
60,85,86,89,91,95-96,155-157,
161-162,244
『セーフェル・イェツィーラー』（創造の書）*Sefer Yetzirah*（*Book of Creation*）　28-30,149
『セーフェル・ハ・エーツ・ハッハイーム』（生命の樹の書）*Sefer Ha-Etz Chaim*　47
『セーフェル・ハ・ギルグリーム』（変容の書）*Sefer Ha-Gilgulim*
47,277
『セーフェル・ハ・ヘズヨーノート』（幻視の書）*Sefer Ha-Hezoynot*
47,242
『セーフェル・ハシディーム』（敬虔者の書）*Sefer Hasidim*（*Book of the Devout*）　31
『セーフェル・バーヒール』（清明の書）*Sefer Bahir*（*Book of Brillance*）
30-31,89,124,179-180,219,274
選択的注意 selective attention　184
千里眼 clairvoyance　63,214,234,
236,242,249,252
ソイカ、フレッド Soyka, Fred　204
創造の書→『セーフェル・イェツィーラー』

相対論的物理学 relativistic physics 82
『続死ぬ瞬間』 263,265
『ゾーハル』(光輝の書) *Zohar*(*Book of Splendor*) 29,35–39,42,49,68,75,78–80,102,105,107,112–113,119–120,125–127,139–140,145,154,171,173,180,192–195,202–203,205–208,210,212–213,215,220–222,234–239,244,267–269,271,274–277,279,289

た行

ダアト Daat 60,86
タイタツァク、ラビ・ヨセフ Taytazak, Rabbi Joseph 247
タイテバウム、ラビ・イェクティエル Teitebaum, Rabi Yekuthiel 262
タゴール Tagore 230
『タニア』*Tanya* 60–61,157,176
ダビデ David 203,205,217,222,235
魂の家族 family of souls 278
『タルムード』*Talmud* 26,28,49,113,123,205
ダンテの『神曲』Dante's *Divina Comedia* 271
タントラ・ヨーガ Tantra Yoga 47,128,159,163,193
『チベット死者の書』*Tibetan Book of the Dead* 266
チベット仏教 Tibettan Buddhism 28,44,57,89,142,195,200,223,244,255,266,275,280
チャップマン、J. Chapman, J. 186
超心理学 parapsychoogy 47,237,242,250,253,298
沈黙の叫び silent scream 159
ツァデイキーム zaddikim 57,253,255,272,290
ツァディーク zaddik 57,137,225,252,254
ツィムツーム Tsimtsum 46,84
ツヴィ、シャブタイ Zevi, Sabbhatai 50
絶頂体験 peak experience 164,176
ツカート、モーゼス Zucato, Moses 48
『ティクーネー・ゾーハル』 *Tikkune Zohar* 36
ティクーン tikkun 91
ティフェレト Tiferet 86,162
テレパシー telepathy 212–214,234,251,255,297–298
「伝道の書」Ecclesiastes 160
天のアカデミー Celestial Academy 272
天の広間→『ヘーハロート』
道教 Taoism 47,72,79,200
ドゥヴェークート devekuth 137–138
ドヴ・ベール、ラビ Dov Baer, Rabbi 55,57,117,225–226,250
トーベン、ボブ Toben, Bob 97
『トメル・デボラ』(デボラの椰子の木) *Tomer Deborah* 42
トーラー Torah 31,209,254
トランス trance 43,56,59,148,209,217,237,243,247–248
トランスパーソナル心理学 transpersonal psychology 74,286

な行

ナジャラ、イスラエル・モーセス Najara, Israel Moses 224
ナータン、ネミトフのラビ Nathan, Rabbi of Nemitov 138
ナフマン、ブラツラフのラビ Nachman of Bratslav, Rabbi 81,106-108, 111,135,138,142-144,152,158-159, 228,251,265
ナハマニデス Nachmanides 35
ナランホ、クラウディオ Naranjo, Claudio 146
ニグニーン niggunin 229
ニグーン Niggun 229
ニコラウス三世 Nicholas III 33
ニュートン、サー・アイザク Newton, Sir Isaac 72,290
ニュヒターライン、キース Nuechterlein, Keith 186
人間性心理学 humanistic psychology 74,212,273-274,286,289,293
ネシャマー neshamah 105,114,136, 257,267
ネツァハ Netzah 86,88
ネフェシュ nefesh 105,114,136,267
ノタリコン Notarikon 150

は行

バアル・シェーム・トーヴ Baal Shem Tov 51-55,62,67,107,113,116-117,140,152,156,161,173-174,225, 230,249-250,260,273,296
バイオフィードバック biofeedback 132,164
ハイゼンベルクの不確定性原理 Heisenberg's Uncertainty Principle 78
パデレフスキー、ジャン Paderewski, Jean 233
ハルパーン、スティーヴン Halpern, Steven 233
ハイデ、フレデリック J. Heide, Frederick J. 164
ハヴェリーム Chaverim 42
ハガダー Haggadah 131
『バガヴァド・ギーター』 *Bhagavad Gita* 266
ハクスリー、オルダス Huxley, Aldous 187-189
ハシディズム Chasidism 31,50-51, 54,56-64,67-68,252-255
ハシディーム（ハシードの複数形） Hasidim 31,51,162,203,255-256, 262,264,281
ハシード Hasid 64,112,115,203,229, 251,256,264-265
ハシード、ラビ・ザルマーン Hasid, Rabbi Zalman 266
ハジュ、アンドレ Hadju, Andre 229
ハーシュマン、ジャック Hirschman, Jack 153
ハスカラー運動 Haskalah movement 65
ハタ・ヨーガ hatha yoga 101,220
ハバド Chabad 60,175
バハヤ・ベン・ヨセフ・イブン・パクーダ Bachya ben Joseph Ibn Paquada 30
『バーヒール』 *Bahir*→『セーフェル・バーヒール』

ハラハー halacha　324
パールズ、フリッツ Perls, Fritz　273,286,306
『パルデース・リンモーニーム』（石榴の園）*Pardes Rimmonim*　41,304
バル・ヨハイ、シメオン bar Yochai, Simeon→シメオン・バル・ヨハイ
バルド bardo　28
バルーフ、メジボツのラビ Baruch, Rabbi, of Medzibo　255
ハレリ、ジョセフ Haleri, Joseph　230
パーンク、ウォルター Pahnke, Walter　232
ピアジェ、ジャン Piajet, Jean　92
ビットゥール・ハイェシュ bittul hay-esh→自我滅却
ヒトラハヴート Hitlahavut　325
ビーナー binah　60,86
ピンハス、コレツのラビ　251
Pinchas, Rabbi, of Koret
『修理屋』　51
ブナム、ラビ Bunam, Rabbi　110,265
ブーバー、マルティン Buber, Martin　18,51,63,304
フメルニツキ、ボグダン Chmielnitzki, Bogdan　50
プライマル・セラピー Primal Therapy　160
『永遠なる生の書』*The Book of Eternal Life*　151
ブルーナー、ジェローム
Bruner, Jerome　185
ブレイク、ウィリアム Blake, William　176,196
フロイト Freud, Sigmund　72,102,106,126-127,175,198-200,202,207,209,213,251,262-263,285,304-305
ブロードベント、ウィリアム Broadbent, William　183,295
ブローフェルド、ジョン Blofeld, John　255,279
フォン・ローゼンロート、クノール von Rosenroth Knorr　49,306
『ヘーハロート』（天の広間）の書 *Heikhalot*　27,148,217
ベテル・イェシヴァ Beth El Yeshiva　37,68
『ベート・ヨセフ』（ヨセフの家）*Beth Yosef*（*"The House of Joseph"*）　43
ヘセド Hesed　86,162
ベシュト Besht → バアル・シェーム・トーヴ
ベノニ benoni　137
ベレーシート Bereshit　26
ベン・アザイ Ben Azai　27,179
ベン・アブヤ Ben Abuya　27,179
ベン・ゾーマ Ben Zoma　27,179
変性意識状態 altered state of consciousness　43,47,56,62,141,151,214,237,283,293
ベントフ、イツハク・Bentov, Itzhak　141
フメルニツキ、ボグダン Chmielnitzki, Bogdan　50
ホクマ→ホフマー
chochmah, Hokhmah　60,86
菩薩 Bodhisattva　280
ホード Hod　86,88
ボニー、ヘレン・L Bonny, Helen L.

232
ホーリズム　holism　70,80,105,109
ボルコヴェック、トマス・D Borkovec, Thomas D.　164
ポルノイ・ハシディズム Polnoer Hasidism　272
ボーレン、ジーン・シノダ Bolen, Jean Shinoda　261
ホロコースト Holocaust　39,50,289

ま行

『マアセ・ベレーシート』（創造のわざ）*Ma'aseh Bereshit*　26
『マアセ・メルカヴァー』（神の（戦）車のわざ）*Ma'aseh Merkabah*　26
マイヤー、マイケル Meyer, Michael　67
マイモニデース Maimonides　33
マイモニデース夢研究所 The Maimonides Dream Laboratory of the Maimonides Medical Center　214
マギード maggid マギディーム maggidim はその複数形　44,55–56, 244–248
『マギード・デヴァライ・レ・ヤアコヴ』（ヤコブへの神の言葉）*Maggid Devaray Le-Yaakov*　57
『マギード・メシャリーム』*Maggid Mesharim*　44,244
マスキリーム（マスカリム Maskalim の複数形）Maskilim　61,66
マズロー、エイブラハム Maslow, Abraham　73,167,175,177,192, 232,258,286,291
マゾル、ヤアコヴ Mazor, Yaacov　229
マッギー、A. McGhie, A.　186
『迷えるものたちへの導き』*Guide for the Perplexed*　33
マラノ Marano　39
マラマッド、バーナード Malamud, Bernard　51
マルクス、カール Marx, Karl　197
マルフート Malkuth　88
マルコ、ソロモン Malkho, Solomon　247
ミシュナー Mishnah　245
ミツヴァー mitzvah　260
ミトナゲディーム　Mitnaggedim　58,117,326
ムサル運動 Musar movement　42
ムーディ、レイモンド Moody, Raymond　268
瞑想 meditation　19,44,47,64,68,110, 130–166,211,217,232,244
メシア運動 the Messianic movement　33,48,50,119
『メシラト・イェシャリーム』*Mesillat Yesharim*（正義の道）　247
メジリッチのラビ・ドヴ・ベール Baer, Rabbi Dov, of Mezritch→ドヴ・ベール、ラビ
メルカヴァー Merkabah　26,29,122, 138,146,156,193,217–218
メンデルスゾーン、モーゼス Mendelssohn, Moses　65
モシェ・ハレヴィ、Moshe Halevi, 205
モシェ・レイブ、ラビ、サソフの Rabbi Mose Leib of Sassover　110
モーセ Moses　225,239–240,279
モーゼス・コルドヴェロ Moses Cor-

dovelo→コルドヴェロ、ラビ・モーゼス
モシェ・デ・レオン Moses de Leon
モーゼス・ツカート Moses Zucato→ツカート、モーゼス
モシェ・ハイム・ルザット Moses Chaim Luzzatto 48,77,114,136,172,178,192,212,237-239,247-248,258-259

や行

ヤーコブソン、イズラエル Jakobson, Israel 66
ヤノフ、アーサー Janov, Arthur 160
ヤハウェ Yahweh 120,123
ユダヤ教ヨーガ Jewish yoga 32-35
ユダヤ教改革運動 The Jewish Reform Movement 21
ユダヤ啓蒙主義運動 The Jewish Enlightenment movement 65
『ユヴァル』*Yuval* 229
夢 dream 44,47,163,197-215,297
夢籠り dream incubation 212
夢断食 dream fast 208
『夢判断』 262
ユング Jung, Carl 50,73,155,214,252,261,285,306
ヨーガ Yoga 34,200,220
ヨセフ、プルノイエのラビ・ヤコヴ Rabbi Jacob Joseph of Pulnoye 161
シメオン・バル・ヨハイ、ラビ Simeon bar Yochai, Rabbi→シメオン・バル・ヨハイ、ラビ
ヨハナン・バル・ナッパハ、ラビ Rabbi Yohanan bar Nappaha 123
ヨルデ・メルカヴァー Yorde Mekabah 27

ら行

ライヒ、ヴィルヘルム Reich, Wilhelm 73,102,127,305
『ラジエルの書』*Book of Raziel* 201
ラビ学者 Rabbinical scholar 38
ラビ体制 Rabbinical Establishment 38
ラマ・ゴーヴィンダ Lama Govinda 195,280
ラメド・ヴォヴ Lamed-vov 281
『ラアヤ・メヘムナ』*Ra'ya Mehemna* 36
リード、ヘンリー Read, Henry 212
リーバー、アーノルド Lieber, Arnold 81
リュース、ゲイ Luce, Gay 81
量子力学 quantum mechanics 72,82
リラクセーション relaxation
リング、ケネス Ring, Kenneth 195,268
臨死体験 near-death experience 268-269,283,301
ルーアハ ruach 105,114,267
ルシャン、ローレンス LeShan, Lawrence 250
ルソー、ジャン=ジャック Rousseau, Jean Jacques 197
ルザット、ラビ・モシェ・ハイム, Rabbi Moses Chaim→モシェ・ハイム・ルザット

ルバヴィッチ、ラビ・ドヴ・ベール・Lubavitch, Rabbi Dov Baer→ドヴ・ベール、ラビ
ルバヴィッチ派 Lubavitch 59,113,137,181,270,303
ルーリア、イツハク Luria, Isaac 44-48,53-54,63,68,84,107,152,191,223-224,242-243,274,277,291
霊能 psychic ability 213,240,249,254
霊媒 medium 244,247,250
『レハー・ドディ』*Lekha Dodi* 46,66,223
レキヴィツァ・レッベ Lekhivitzer rebbe 204
『リックーテー・アマリーム』*Likkutey Amarim* 57,60
『リックーテー・モハラン』*Likkutey Moharan* 62
レッベ Rebbe 327
老子 Lao Tse 37
ロバーツ、ジェーン Roberts, Jane 245-246
ロング、J.ブルース Long, J. Bruce 266

わ行

ワッツ、アラン Watts, Allan 37

文　献

Aberbach, David. “Freud’s Jewish Problem.” *Commentary*, June1980, 69 (6), 36－39.

Abulafia, Abraham ben Samuel. *The Path of the Names*. Translated and adapted by Bruria Finkel, Jack Hirschman, David Meltzer, and Gershom Scholem. Berkeley : Trigram. 1976.

Alvin, Juliette. *Music Therapy*. New York : Basic Books, 1975. （ジュリエット・アルヴァン『音楽療法』（櫻林仁・貴行子訳）音楽之友社，1969.）

Ausubel, Nathan. *The Book of Jewish Knowledge*. New York : Crown, 1964.

Bachya, ben Joseph ibn Paquada. *Duties of the Heart*, volumes 1 and 2. Translated by Moses Hyamson. Jerusalem : Feldheim, 1978.

Bahir. Translated by Aryeh Kaplan. New York : Weiser, 1980.

Bakan, David. *Sigmund Freud and the Jewish Mystical Tradition*. New York : Schocken, 1958.

Bentov, Itzhak. *Stalking the Wild Pendulum*. New York : Dutton, 1977.

Bergman, Paul. “Music in the thinking of great philosophers.” *Music Therapy*, 1952, 2, 40－44.

Bindler, Paul. “Meditative Prayer and Rabbinic Perspectives on the Psychology of Consciousness : Environmental, Physiological, and Attentional Variables.” *Journal of Psychology and Judaism*, Summer 1980, 4 (4), 228－248.

Black Elk Speaks. Lincoln : University of Nebraska Press, 1961. （ジョン・G・ナイトハルト『ブラック・エルクは語る』（宮下嶺夫訳）

めるくまーる，2001.）
Block, Irving. “Chabad Psychology and the Benoni of Tanya.” *Tradition*, Fall 1963, 6(1), 30－39.
Blofeld, John. *The Tantric Mysticism of Tibet*. New York： Causeway, 1974.
Blumenthal, David R. *Understanding Jewish Mysticism*. New York： Ktav, 1978.
Bokser, Ben Zion. “The Religious Philosophy of Rabbi Kook.” *Judaism*, Fall 1970, 19(4), 396－405.
Bolen, Jean Shinoda. *The Tao of Psychology*. New York： Harper and Row, 1979.（ジーン・シノダ・ボーレン『タオ心理学』（渡辺学ほか訳）春秋社，1987.）
Bonny, Helen I. “Music and Consciousness.” *Journal of Music Therapy*, Fall 1975, 12(3), 121－135.
Bonny, Helen I. and Pahnke, Walter N. “The Use of Music in Psychedelic（LSD）Psychotherapy.” *Journal of Music Therapy*, summer 1972, 9, 64－67.
Book of Creation. Translated by Irving Friedman. New York： Weiser, 1977.
Boxberger, Ruth. “Historical Bases for the Use of Music in Therapy.” *Music Therapy*, 1951, 11(2), 125－165.
Broadbent, William. *Perception and Communication*. Oxford： Pergamon, 1958.
Buber, Martin. *Hasidism and Modern Man*. Translated by Maurice Friedman. New York： Horizon, 1958.（マルティン・ブーバー『ハシディズム』（平石善司訳）みすず書房，1997.）
Buber, Martin. *I and Thou*. Translated by Ronald Gregor Smith. New York： Charles Scribner's Sons, 1958.（マルティン・ブーバー『我と汝』（田口義弘訳）みすず書房，1978. マルティン・ブーバー『我と汝　対話』（植田重雄訳）岩波書店，1979）

Buber, Martin. *Tales of the Hasidim : the Early Masters*. New York : Schocken, 1961.

Buber, Martin. *The Tales of Rabbi Nachman*. Translated by Maurice Friedman. New York : Avon. 1970.

Bulka, Reuven P. *Mystics and Medics*. New York : Human Sciences Press, 1979.

Capra, Fritjof. *The Tao of Physics*. Boulder : Shambhala, 1976. (F・カプラ『タオ自然学　現代物理学の先端から「東洋の世紀」が始まる』(吉福伸逸訳) 工作舎, 1979.)

Chapman, J. and McGhie, A. "A Comparative Study of Disordered Attention in Schizophrenia." *Journal of Mental Science*, 1962, 108, 487－500.

Chapman, Loren J. "Recent Advances in the Study of Schizophrenic Cognition." *Schizophrenia Bulletin*, 1979, 5(4), 568－580.

Chazan, Robert and Raphael, Marc Lee. *Modern Jewish History, A Source Reader*. New York : Schocken, 1974.

Comay, Joan. *The Temple of Jerusalem*. New York : Crown, 1964.

Cordovero, Moses. *The Palm Tree of Deborah*. Translated by Louis Jacobs. New York : Sepher-Hermon Press, 1981.

Daly, Mary. *Beyond God the Father*. Boston : Beacon, 1973.

Dean, Stanley R., Plyer, C.O. and Dean, Michael L. "Should Psychic Studies be Included in Psychiatric Education?" *American Journal of Psychiatry*, October 1980, 137(10), 1247－1249.

Dimont, Max I. *The Jews in America*. New York : Simon and Schuster, 1980.

Dov Baer of Lubavitch. *Tract on Ecstasy*. Translated by Louis Jacobs. London : Vallentine Mitchell. 1963.

Ehrmann, Naftali Hertz. *The Rav*. Translated by Karen Paritzky. Jerusalem : Feldheim, 1977.

Einstein, Albert. *Cosmic Religion*. New York : Covici, Friede, 1931. (ア

ルベルト・アインシュタイン『宇宙人と超宗教』（中森岩夫訳）たま出版，1991.）
Einstein, Albert. *The World as I See it*. New York : Covici, Friede, 1934.
Epperson, Gordon. *The Musical Symbol*. Ames, Iowa : Iowa State University, 1967.
Epstein, Perle. *Kabbalah, the Way of the Jewish Mystic*. New York : Doubleday, 1978.（パール・エプスタイン『カバラーの世界』（松田和也訳）青土社，1995.）
Epstein, Perle. *Pilgrimage*. Boston : Houghton Mifflin, 1979.
Fleer, Gedaliah. *Rabbi Nachman's Foundation*. New York : Ohr MiBreslov, 1976.
Frey-Wehrlin, C.T. "Reflections on C.G. Jung's Concept of Synchronicity." *Journal of Analytic Psychology*, January 1976, 21(1), 37－49.
Freud, Sigmund. *The Interpretation of Dreams*. Translated by James Stratchey. New York : Basic Books, 1965.
Freud, Sigmund. *Studies in Parapsychology*. Translations by Alix Stratchey, C.J.M. Hubback, and Edward Glover. New York : Collier, 1966.
Garfield, Patricia. *Pathway to Ecstasy*. New York : Holt, Rinehart, and Winston, 1979.（パトリシア・L・ガーフィールド『夢学（ユメオロジー）　創造的な夢の見方と活用法』（花野秀男訳）白揚社，1993.）
Garmezy, Norman. "The Psychology and Psychopathology of Attention." *Schizophrenia Bulletin*, 1977, 3(3), 360－369.
Goble, Frank. *The Third Force*. New York : Pocket Books, 1974.
Govinda, Lama Anagarika. *Foundations of Tibetan Mysticism*. New York : Weiser, 1975.
Govinda, Lama Anagarika. *The Way of the White Clouds*. Boulder : Shambhala, 1970.
Graetz, Heinrich. *History of the Jews*. Philadelphia : Jewish Publication

Society of America, 1894.
Greeley, Andrew M. *The Sociology of the Paranormal*. New York : Sage, 1976.
Greyson, Bruce and Stevenson, Ian. “The Phenomonology of Near-Death Experiences.” *American Journal of Psychiatry*, October 1980, 137(10)1193－1196.
Grof, Stanislav and Halifax, Joan. *The Human Encounter with Death*. New York : Dutton, 1977.（スタニスラフ・グロフ『意識の臨界点　トランスパーソナルヴィジョン』（吉福伸逸訳）雲母書房，1996.）
Haleri, Joseph. “My Hasidic Adventure.” *East West Journal*, October 1974, 4, 30－31.
Halevi, Z’ev ben Shimon. *Adam and the Kabbalistic Tree*. New York : Weiser, 1974.（ゼヴ・ベン・シモン・ハレヴィ『カバラ入門　生命の木　スピリチュアルシリーズ』（松本ひろみ訳）出帆新社，2002.）
Halevi, Z’ev ben Shimon. *Kabbalah*. New York : Thames and Hudson, 1980.（ゼヴ・ベン・シモン・ハレヴィ『イメージの博物誌11　ユダヤの秘義　カバラの象徴学』（大沼忠弘訳）平凡社，1982.）
Halpern, Steven. *Tuning the Human Instrument*. Belmont, California : Spectrum Research Institute, 1978.（スティーブン・ハルパーン『幻視のリズム』八幡書店，2001.）
Head, Joseph and Cranston, S.L. *Reincarnation : the Phoenix Fire Mystery*. New York : Crown, 1977.
Heide, Frederic J. and Borkovec, Thomas D. “Relaxation-Induced Anxiety : Psychophysiological Evidence of Anxiety Enhancement in Tense Subjects Practicing Relaxation.” Paper presented at the1980 Annual Convention of the Association for Advancement of Behavior Therapy, New York.

Heifetz, Harold. *Zen and Hasidism*. Wheaton, Illinois : Theosophical Publishing House, 1978.

Hirschman, Jack. "On the Hebrew Letters." *Tree*, Summer1971, 2, 34－45.

Hoffman, Edward. "The Kabbalah : its Implications for Humanistic Psychology." *Journal of Humanistic Psychology*, Winter1980, 20（1）, 33－47.

Huxley, Aldous. *The Doors of Perception and Heaven and Hell*. New York : Harper and Row, 1963.

I Ching. Translated by Richard Wilhelm, rendered into English by Cary F. Baynes. Princeton : Princeton University Press, 1967.

ldelsohn, A.Z. *Jewish Music and its Historical Development*. New York : Schocken, 1967.

Illich, Ivan. *Medical Nemesis*. New York : Pantheon, 1976.

Jacobs, Louis. *Hasidic Prayer*. New York : Schocken, 1978.

Jacobs, Louis. *Hasidic Thought*. New York : Schocken, 1976.

Jacobs, Louis. *Jewish Mystical Testimonies*. New York : Schocken, 1978.

James, William. *The Varieties of Religious Experience*. Garden City, New York : Doubleday, 1978.（ウィリアム・ジェームズ『宗教的経験の諸相』（桝田啓三訳）岩波文庫.）

William James on Psychical Research. Gardner Murphy and Robert O. Ballou, editors. Clifton, New Jersey : Augustus M. Kelley, 1973.

Jones, Ernest. *The Life and Work of Sigmund Freud*, edited by Lional Trilling and Steven Marcus. New York : Basic Books, 1961.（アーネスト・ジョーンズ『フロイトの生涯』（竹友安彦・藤井治彦訳）紀伊國屋書店, 1969.）

Jung, Carl. *Man and his Symbols*. New York : Doubleday, 1964.（カール・G・ユング『人間と象徴』（河合隼雄訳）河出書房新社, 1975.）

Jung, Carl. *Letters*, volume2. Edited by Gerhard Adler. Princeton :

Princeton University Press, 1975.
Kook, Abraham Isaac. *The Lights of Penitence, the Moral Principles, Lights of Holiness, Essays, Letters, and Poems*. Translated by Ben Zion Bokser. New York : Paulist Press, 1978.
Krippner, Stanley. "Dreams and other Altered Conscious States." *Journal of Communication*, Winter 1975, 173 − 182.
Kübler-Ross, Elisabeth. *Death, the Final Stage of Growth*. Englewood Cliffs, New Jersey : Prentice-Hall, 1975. (エリザベス・キューブラー=ロス『死、それは成長の最終段階—続死ぬ瞬間』(鈴木晶訳) 中公文庫, 2001.)
Kübler-Ross, Elisabeth. *On Death and Dying*. New York : Macmillan, 1969. (エリザベス・キューブラー=ロス『死ぬ瞬間—死とその過程について』(鈴木晶訳) 中公文庫, 2001.)
Lamm, Norman. "The Letter of the Besht to R. Gershon of Kutov." *Tradition*, Fall 1974, 14(4), 110 − 125.
Lao Tzu. *Tao Te Ching*. Translated by D. C. Lau. Baltimore : Pengum, 1974. (『老子』(小川環樹訳) 中公文庫, 1997.)
Lauf, Detlef Ingo. *Secret Doctrines of the Tibetan Books of the Dead*. Translated by Graham Parkes. Boulder : Shambhala, 1977.
LeShan, Lawrence. *The Medium, the Mystic, and the Physicist*. New York : Viking, 1975.
Lieber, Arnold L. and Sherin, Carolyn R. "Homicides and the Lunar Cycle : Toward a Theory of Lunar Influence on Human Emotional Disturbance."*The American Journal of Psychiatry*, July1972, 129(1), 101 − 106.
Lieber, Arnold L. "Human Aggression and the Lunar Synodic Cycle." *Journal of Clinical Psychiatry*, May1978, 39(5), 385 − 387.
Lieber, Arnold L. *The Lunar Effect*. New York : Doubleday, 1979. (アーノルド・L・リーバー『月の魔力』(藤原正彦・藤原美子訳) 東京書籍, 1996.)

Love, Jeff. *The Quantum Gods*. London : Comptom Russell, 1976.
Luce, Gay Gaer. *Body Time*. New York : Pantheon, 1971.
Luzzatto, Moses Chaim. *The Path of the Just*. Translated by Shraga Silverstein, Jerusalem : Feldheim, 1966.
Luzzatto, Moses Chaim. *The Way of God*. Translated by Aryeh Kaplan. Jerusalem : Feldheim, 1978.
Mann, W. Edward and Hoffman, Edward. *The Man Who Dreamed of Tomorrow : a Conceptual Biography of Wilhelm Reich*. Los Angeles : Tarcher, 1980.
Maslow, Abraham. *The Psychology of Science*. New York : Harper and Row, 1966.（アブラハム・マスロー『可能性の心理学』（早坂泰次郎訳）川島書房，1971.）
Maslow, Abraham. *Toward a Psychology of Being*. New York : Van Nostrand, 1968.（アブラハム・マスロー『完全なる人間』（上田吉一訳）誠信書房，1964.）
Mazor, Yaacov and Hadju, André. "The Hasidic Dance *Niggun*."*Yuval*, 1974, 3, 136－265.
Meissner, W. Otto. *Your Need of Music*. Milwaukee : Meissner Institute of Music, 1926.
Meltzer, David. *The Secret Garden : an Anthology in the Kabbalah*. New York : Seabury, 1976.
Meyer, Michael. *Ideas of Jewish History*. New York : Behrman House, 1974.
Minkin, Jacob S. *The Romance of Hassidism*. North Hollywood, California : Wilshire, 1971.
Mishra, Rammurti. *Fundamentals of Yoga*. New York : Lancer, 1959.
Moody, Raymond. *Life after Life*. New York : Bantam, 1976.（レイモンド・ムーディ『かいまみた死後の世界　よりすばらしい生のための福音の書』（中山義之訳）評論社，1984.）
Najaro, Claudio and Ornstein, Robert. *On the Psychology of Meditation*.

New York : Viking, 1971.
Newman, Louis I. *The Hasidic Anthology*. New York : Schocken, 1975.
Nuechterlein, Keith H. "Reaction Time and Attention in Schizophrenia : a Critical Evaluation of the Data and Theories."*Schizophrenia Bulletin*, 1977, 3(3), 373－428.
Olan, Levi A. *Judaism and Immortality*. New York : Union of American Hebrew Congregations, 1971.
Osis, Karlis and Haraldsson, E. *At the Hour of Death*. New York : Avon, 1977.（カーリス・オシス，エルレンドゥール・ハラルドソン『人は死ぬとき何を見るのか　臨死体験1000人の証言』（笠原敏雄訳）日本教文社, 1979.）
Oxford Annotated Bible. Edited by Herbert G. May and Bruce M. Metzger. New York : Oxford University Press, 1962.
Pagels, Elaine. *The Gnostic Gospels*. New York : Random House, 1979.
Patai, Raphael.*The Hebrew Goddess*. New York : Avon, 1978.
Perls, Fritz. *Gestalt Therapy Verbatim*. New York : Bantam, 1972.（フレデリック・S・パールズ『ゲシュタルト療法　その理論と実際』（倉戸ヨシヤ他訳）ナカニシヤ出版，1990.）
Petuchowski, Jacob J. *Prayerbook Reform in Europe*. New York : World Union for Progressive Judaism, 1968.
Playfair, Guy L. and Hill, Scott. *The Cycles of Heaven*. New York : St. Martin's Press, 1978.
Poncé, Charles. *Kabbalah*. Wheaton, Illinois : Theosophical Publishing House, 1978.（チャールズ・ポンセ『カバラ今日の世界のための序説と解説』（邦高忠二訳）創樹社，2001.）
Rabbi Nachrnan's Wisdom. Translated by Aryeh Kaplan. Brooklyn : Aryeh Kaplan, 4804－16th Avenue, 1976.
Reed, Henry. "Dream Incubation : a Reconstruction of a Ritual in Contemporary Form."*Journal of Humanistic Psychology*, Fall 1976, 16(4), 53－70.

Ring, Kenneth. *Life at Death*. New York : Coward, McCann, and Geoghegan, 1980. （ケネス・リング『いまわのきわに見る死の世界』（中村定訳）講談社，1981.）

Roberts, Jane. *Seth Speaks*. Englewood Cliffs, New Jersey : Prentice-Hall, 1972. （ジェーン・ロバーツ『セスは語る　魂が永遠であること』（紫上はとる訳）ナチュラルスピリット，1999.）

Rosner, Fred. "Mental Disorders : A Chapter from the Work of Preuss." *Journal of Psychology and Judaism*, Winter 1978, 3 (2) , 126 − 142.

Rossman, Parker. *Hospice*. New York : Fawcett, 1977.

Rubin, Ruth. *Voices of a People*. New York : McGraw-Hill, 1973.

Safran, Alexandre. *The Kabbalah*. Translated by Margaret A. Pater. Jerusalem : Feldheim, 1975. （サフラン『ユダヤ教思想の統一性と永続性』（西村俊昭訳）創文社，1994.）

Saminsky, Lazare. *Music of the Ghetto and the Bible*. New York : Bloch, 1934.

Schachter, Zalman M. "The Dynamics of the *Yehudit* Transaction. "*Journal of Psychology and Judaism*, Fall 1978, 3 (1) , 7 − 21.

Schachter, Zalman M. *Fragments of a Future* Scroll. Germantown, Pennsylvania : Leaves of Grass Press, 1975.

Schaya, Leo. *The Universal Meaning of the Kabbalah*. Translated by Nancy Pearson. Baltimore : Penguin, 1974.

Schechter, Solomon. *Studies in Judaism*, 2nd series. Philadelphia : Jewish Publication Society, 1908.

Schneur Zalman of Liady. *Tanya*. Translated by N. Mindel. Brook-lyn : Kehot Publication Society, 1973.

Scholem, Gershom G. *From Berlin to Jerusalem*. Translated by Harry Zohn. New York : Schocken, 1980.

Scholem, Gershom G. *Jewish Gnosticism, Merkabah Mysticism, and Talmudic Tradition*. New York : Jewish Theological Seminary of America, 1965.

Scholem, Gershom G. *Major Trends in Jewish Mysticism*. New York : Schocken, 1974.（ショーレム『ユダヤ神秘主義　その主潮流』（山下肇訳）法政大学出版局，1985.）

Scholem, Gershom G. *The Messianic Idea in Judaism*. Translated by Michael Meyer and Hillel Halkin. New York : Schocken, 1978.

Scholem, Gershom G. *On the Kabbalah and its Symbolism*. Translated by Ralph Manheim. New York : Schocken, 1965.（ショーレム『カバラとその象徴的表現』法政大学出版局，1985.）

Schullian, Dorothy M. and Schoen, Max. *Music and Medicine*. New York : Henry Schuman, 1948.

Shah, Idries. *The Sufis*. New York : Doubleday, 1964.（イドリース・シャー『スーフィー　西欧と極東に隠されたイスラームの伝統』（久松重光訳）国書刊行会，2000.）

Shamir, Yehuda. "Mystic Jerusalem. "*Studia Mystica*, Summer 1980, 3 (2), 50－60.

Shiloah, Amnon. "The Symbolism of Music in the Kabbalistic Tradition." *World of Music*, 1978, 20 (3), 56－64.

Singer, Isaac B. *Reaches of Heaven*. New York : Farrar, Straus and Giroux, 1980.

Soyka, Fred. *The Ion Effect*. New York : Bantam, 1978.

Spero, Moshe Halevi. "Anticipations of Dream Psychology in the Talmud. "*Journal of the History of the Behavioral Sciences*, October 1975, 11 (4), 374－380.

Steinsaltz, Adin. *The Essential Talmud*. Translated by Chaya Galai. New York : Basic Books, 1976.

Steinsaltz, Adin. *The Thirteen Petalled Rose*. Translated by Yehuda Hanegbi. New York : Basic Books, 1980.

Stoddard, Sandol.*The Hospice Movement*. New York : Vintage, 1978.（サンドル・ストダード『ホスピス病棟から』（高見安規子訳）時事通信，1994.）

Stone, Merlin. *When God was a Woman*. New York : Dial, 1976.

Suares, Carlo. *The Cipher of Genesis*. Boulder : Shambhala, 1978.

Suares, Carlo. *The Resurrection of the Word*. Translated by Vincent and Micheline Stuart. Boulder : Shambhala, 1975.

Tart, Charles C. *Altered States of Consciousness*. Garden City, New York : Anchor, 1972.

Tart, Charles C. *States of Consciousness*. New York : Dutton, 1974.

Tart, Charles C. *Transpersonal Psychologies*. New York : Harper and Row, 1975.

Toben, Bob. *Space-Time and Beyond*. New York : Dutton, 1975.

Trachtenberg, Joshua. *Jewish Magic and Supersitition*. New York : Atheneum, 1975.

Tree, Summer 1971, 2.

Tree, Winter 1972, 3.

Tree, Winter 1974, 4.

Tree, Summer 1975, 5.

Ullman, Montague and Krippner, Stanley, with Alan Vaughan. *Dream Telepathy*. New York : Macmillan, 1973.（モンタギュー・ウルマン，スタンリー・クリップナー，アラン・ヴォーン『テレパシー夢・ESP夢・予知夢の科学』（神保圭志訳）工作舎，1987.）

Ullman, Montague. "The Role of Imagery. *Journal of Communication*, Winter 1975, 162－175.

Unterman, Alan. *The Wisdom of the Jewish Mystics*. New York : New Directions, 1976.

Van Dusen, Wilson. *The Presence of Other Worlds*. New York : Harper and Row, 1974.

Waite, Arthur E. *The Holy Kabbalah*. Secaucus, New Jersey : University Books, 1975.

Wallace, Edwin R. "Freud's Mysticism and its Psychodynamic Determinants. "*Bulletin of the Menninger Clinic*, May 1978, 42(3), 203－

222.
Watts, Alan. *Psychotherapy East and West*. New York : Pantheon, 1961. (アラン・A・ワッツ『心理療法東と西』(滝野功訳) 誠信書房, 1992.)
Weiner, Herbert. 9 1/2*Mystics*. New York : Collier, 1969.
Weiss, J. G. "The Kavvanoth of Prayer in Early Hasidism."*Journal of Jewish Studies*, 1958(9), 163－192.
Weiss, J. G. "Via Passive in Early Hasidism. "*Journal of Jewish Studies*, 1960, 11, 137－155.
Werblowsky, R. J. Zwi. *Joseph Karo, Lawyer and Mystic*. Philadelphia : Jewish Publication Society of America, 1977.
Werner, Eric. *A Voice Still Heard*. University Park, Pennsylvania : Pennsylvania State University Press, 1976.
White, John. *A Practical Guide to Death and Dying*. Wheaton, Illinois : Theosophical Publishing House, 1980.
Wiesel, Elie. *Souls on Fire : Portraits and Legends of Hasidic Masters*. New York : Random House, 1972. (エリ・ヴィーゼル『伝説を生きるユダヤ人』(松村剛訳) ヨルダン社, 1985.)
Wijnhoven, Jochanan H. A. "Gershom G. Scholem : the Study of Jewish Mysticism." *Judaism*, Fall 1970, 19(4), 468－481.
Williams, Robert Bruce, "Music Therapy : How it Helps the Child. "*Psychology of Music*, 1978, 6(1), 55－59.
Wilson, Colin. *New Pathways in Psychology*. New York : Mentor, 1974. (コリン・ウィルソン『至高体験　自己実現のための心理学』(四方田犬彦訳) 河出書房新社, 1998. 箱崎総一『カバラ　ユダヤ神秘思想の系譜』青土社, 1986／2000.)
Zohar, volumes 1 －5. Translated by Harry Sperling and Maurice Simon. London : Soncino Press, 1931－1934.

＊　＊　＊

1989年以降に刊行された重要な文献を以下に追記する。

A Mystical Journey through the Hebrew Alphabet, VHS Video. Written by Edward Hoffman, illustrated and produced by Harvey Gitlin. New York : Four Worlds Press

Ginsburgh, Yitchak. *The Alef-Bet : Jewish Thought Revealed Through the Hebrew Letters.* Northvale, New Jersey : Jason Aronson, 1991.

Hoffman, Edward (Editor). *The Wisdom of Carl Jung.* New York : Kensington, 2003.

Hoffman, Edward. *The Kabbalah Deck.* San Francisco : Chronicle Books, 2000.

Hoffman, Edward. *The Right to be Human : A Biography of Abraham Maslow*, 2nd edition. New York : McGraw-Hill, 1999. Reprinted by Four Worlds Press.（エドワード・ホフマン『真実の人間　アブラハム・マスローの生涯』（上田吉一訳）誠信書房、1995.）

Hoffman, Edward. *The Hebrew Alphabet : A Mystical Journey.* San Francisco : Chronicle Books, 1998.

Hoffman, Edward (Editor). *Future Visions : the Unpublished Papers of Abraham Maslow.* Thousand Oaks, California : Sage, 1996.（エドワード・ホフマン『マスローの人間論』（上田吉一・町田哲司訳）ナカニシヤ出版、2002.）

Hoffman, Edward (Editor). *Opening the Inner Gates : New Paths in Kabbalah and Psychology.* Boston : Shambhala, 1995. Reprinted by Four Worlds Press. New York

Hoffman, Edward. *The Drive for Self : Alfred Adler and the Founding of Individual Psychology.* Reading, Massachussetts : Addison-

Wesley, 1994.（エドワード・ホフマン『アドラーの生涯』（岸氏見一郎訳）金子書房、2005.）
Hoffman, Edward. *Visions of Innocence: Spiritual and Inspirational Experiences of Childhood.* Boston: Shambhala, 1992.
Hoffman, Edward. *The Heavenly Ladder: Kabbalistic Techniques for Inner Growth.* San Francisco: HarperCollins, 1985. Reprinted by Four Worlds Press.
Jacobson, Simon. *Toward a Meaningful Life: The Wisdom of the Rebbe Menachem Mendel Schneerson.* New York: HarperCollins, 2004.
Kaplan, Aryeh. *Jewish Meditation.* New York: Schocken, 1985.
Kaplan, Aryeh. *Meditation and Kabbalah.* York Beach, Maine: Weiser, 1982.
Kushner, Lawrence. *The River of Light: Jewish Mystical Awareness.* Woodstock, Vermont: Jewish Lights, 2000.
Kushner, Lawrence. *The Book of Letters, a Mystical Alef-Bait*, second edition. Woodstock, Vermont: Jewish Lights, 1990.
Lindblom, J. *Prophecy in Ancient* Israel. Philadelphia: Fortress Press, 1962.
Ribner, Mindy. *Kabbalah Month by Month.* San Francisco: Jossey-Bass, 2002.
Schachter, Zalman M. and Hoffman, Edward. *Sparks of Light: Counseling in the Hasidic Tradition.* Boston: Shambhala, 1983.
Schacter-Shalomi, Zalman M. *Wrapped in a Holy Flame: Teachings and Tales of the Hasidic Masters.* San Francisco: Jossey-Bass, 2003.
Schachter-Shalomi, Zalman M. *Paradigm Shift.* Edited by Ellen Singer. Northvale, New Jersey: Jason Aronson, 1993.
Schachter, Zalman M. "The Dynamics of the *Yehudit* Transaction." *Journal of Psychology and Judaism,* Fall1978, 3(1), 7－21.
Schachter, Zalman M. *Fragments of a Future Scroll.* Germantown, Pennyslvania: Leaves of Grass Press, 1975.

Schneerson, Menachem Mendel. *Toward a Meaningful Life.* Edited by Simon Jacobson. New York : HarperCollins, 2004.

Scholem, Gershom G. *Jewish Gnosticism, Merkabah Mysticism, and Talmudic Tradition.* New York : Jewish Theological Seminary of America, 1965.

訳者略歴

村本詔司（むらもと・しょうじ）

1947年大阪生まれ。1975年京都大学大学院教育研究科博士課程単位取得退学。スイス政府給費生としてチューリッヒ大学と現存在分析研究所に留学。現在、神戸市外国語大学教授。専門は心理学と思想史。著書に『ユングとゲーテ』（人文書院）、『ユングとファウスト』（人文書院）、『心理臨床と倫理』（朱鷺書房）、訳書にC·G·ユング『心理学と宗教』（人文書院）、マイロン・シャラフ『ウィルヘルム・ライヒ』（新水社）、ジュラルド・コウリー他『援助専門者のための倫理問題ワークブック』（創元社）、など。
個人HP http://www 5 d.biglobe.ne.jp/~shojimur/

今西康子（いまにし・やすこ）

1958年神奈川県生まれ。翻訳業。共訳書にクレア・ビーケン『もっと痩せたい！—からだを憎みつづけた私の13年間の記録』（大和書房）、キャロル・ガービッチ『保健医療職のための質的研究入門』（医学書院）、エドワード・ホフマン『子どもに伝える父親たちの知恵』（草思社）、アンドリュー・パーカー『眼の誕生—カンブリア紀大進化の謎を解く』（草思社）、など。

ISBN4-409-33050-0 C3011

カバラー心理学《しんりがく》
—ユダヤ教《きょう》神秘主義《しんぴしゅぎ》入門《にゅうもん》

二〇〇六年 八 月 五 日 初版第一刷印刷
二〇〇六年 八 月一〇日 初版第一刷発行

著 者 エドワード・ホフマン
訳 者 村本詔司
今西康子
発行者 渡辺博史
発行所 人文書院
〒六一二-八四四七
京都市伏見区竹田西内畑町九
電話〇七五（六〇三）一三四四
振替〇一〇〇〇-八-一一〇三
印刷 亜細亜印刷株式会社
製本 坂井製本所
乱丁・落丁本は小社送料負担にてお取替致します。

http://www.jimbunshoin.co.jp/

ユングと脱近代（心理学人間の誕生）
P・ホーマンズ
村本詔司訳
ユングの『自伝』やフロイトとの往復書簡の分析から新しい社会学理論の方法を駆使してユングに迫る。
2600円

自我と無意識の関係
C・G・ユング
野田倬訳
集合的無意識の概念を紹介し、個性化過程の考えを打ちだし、ユング心理学の基盤を築き上げた代表作。
1500円

ユング思想と錬金術（錬金術における能動的想像）
フォン・フランツ
垂谷茂弘訳
「三段階の結合」を中心テーマに、ユングが錬金術に仮託したその中核思想が平易に説かれる。
2800円

臨死の深層心理
フォン・フランツ他
氏原寛他訳
垣間みられた「死後の世界」の報告を分析し、「臨死体験」の意味をさぐり、死の準備の重要性を説く。
1900円

フリーメイソンと錬金術
吉村正和
西洋独特の精神主義、価値体系に肉薄する、ヨーロッパ神秘思想史に関心を抱く読者必携の書。
2700円

実践カバラ（自己探求の旅）
大沼忠弘
カバラ思想の核心をなす魔法修行の実践面に徹し、その初歩的教程をつぶさに記述した画期的な著作。
2800円

表示価格（税抜）は二〇〇六年七月現在